U0738386

NAL
宁波学术文库

JD44.201407

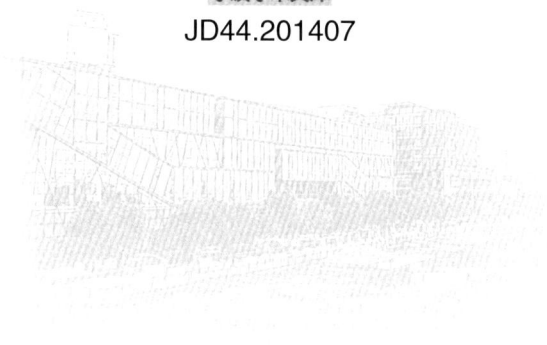

宁波小企业发展现状研究

NINGBO XIAO QIYE FAZHAN XIANZHUANG YANJIU

唐新贵　等著

ZHEJIANG UNIVERSITY PRESS
浙江大学出版社

目　　录

第一章　小企业发展地位和作用

21世纪,小企业在世界各国迅猛发展,表现出强大的生命力。特别是在后金融危机时期、中国经济重大转型期、宁波经济社会转型发展期,小企业发挥了重要的作用。

第一节　小企业发展相关概念界定

小企业发展,涉及理论研究的角度和切入点、小企业的界定和小企业发展的内涵。

一、理论研究的角度和切入点

在关于小企业的众多研究中,"宁波小企业发展现状调研"课题组理论研究的角度是小企业的发展问题。目标是通过实证调研分析宁波小企业发展现状,为宁波小企业的健康、有序发展提供对策。课题组的研究思路是:在分析小企业发展的地位和作用、梳理小企业发展理论基础和设立调研框架后,重点分析宁波小企业的基本情况与总体特征,并针对宁波具体行业的小企业现状开展调研,分析典型案例,提出问题和对策。我国中小企业划型标准规定了16个行业。据国家工商总局全国小型微型企业发展报告课题组的分析,截至2013年年底,小型微型企业一方面多集中在以资源开发型、产品初加工、服务低层次为主的传统行业,一方面不断涌现出敢于创新的各类新兴行业和新型业态,行业多集中在农业、工业、批发业、零售业、租赁和

商务服务业、建筑业、房地产开发经营、软件和信息技术服务业,占比分别为
2.47％、14.16％、16.78％、11.12％、7.6％、3.85％、1.91％和 1.61％。[①] 在
结合宁波小企业具体情况的基础上,课题组对小企业各行业归类整理后划
分出农业、工业、生产性服务和消费性服务小企业四大类,在各大类小企业
中根据具体细分行业展开调查。农业小企业包括农、林、牧、副、渔业从事种
植、养殖、加工、流通的各类所有制和组织形式的小企业,其中流通小企业又
包括从事农产品(农、林、牧、副、渔业)流通的批发、零售、运输、仓储的小企
业。工业小企业包括提供生活消费品、制作手工工具的轻工业小企业与为
国民经济各部门提供物质技术基础的主要生产资料的重工业小企业。生产
性服务小企业包括交通运输、仓储和邮政业;信息传输、计算机服务和软件
业;金融业;租赁和商务服务业;科学研究、技术服务和地质勘查业五大类。
消费性服务小企业包括批发业、零售业、房地产开发经营、物业管理、住宿
业、餐饮业和其他未列入生产性服务业中的相关服务行业。

　　课题组研究的切入点是宁波小企业发展的现状,包括小企业的产业规
模、成长阶段、空间分布、资源要素、技术创新和管理水平。小企业发展,关
键点是小企业和发展。小企业是国民经济的重要组成部分。不同于大型企
业、中型企业和微型企业,小企业是劳动力、劳动手段或劳动对象在企业中
集中程度较低,或者生产和交易数量规模较小的企业,具有基建投资小、建
设周期短、投资效果发挥快、生产上机动灵活、适应性强等优势。发展的本
质是新事物的产生和旧事物的灭亡,是向前的、上升的、进步的运动过程。
在发展中,有量的变化,也有质的变化,有正向的变化,也有负向的变化,它
是一个螺旋上升的变化过程。小企业发展也是一个不断变化的过程。在小
企业发展的各个阶段,小企业遇到的问题不同,状况迥异。在诞生初期,即
创新(初创)期,小企业遇到的主要问题是融资困难和资金利用率低;在发展
期,遇到的问题多为决策者如何把握发展方向以开拓市场;在稳定期,遇到
更多问题,如盲目追求多元化、创业者管理能力不足、人才流失等;在转型
期,发展问题表现为效益下滑、运行机制墨守成规、组织结构复杂导致政策
执行力下降。[②]

[①] 调查:小微企业 1169.97 万户占企业总数 76.57％. 中国青年网,http://finance.
youth. cn/finance_gdxw/201404/t20140403_4967290. htm,2014-04-03.

[②] 王益锋、吴亚萍:《基于生命周期理论的小微企业发展》,《科技进步与对策》2013 年
第 30 卷第 4 期,第 83—84 页。

　　针对宁波小企业发展的现状开展调研,课题组依据理论研究与实证研究相结合的方法,在指标选取与修正后,确定了调研指标体系,包括宁波小企业产业规模调查;宁波小企业成长阶段调查;宁波小企业产业结构或空间分布调查;宁波小企业资源要素调查;宁波小企业技术创新调查;宁波小企业管理水平调查。

二、小企业的界定

　　2002 年 6 月 29 日召开的第九届全国人民代表大会常务委员会第二十八次会议通过的《中华人民共和国中小企业促进法》对中小企业的概念作了界定,规定根据企业职工人数、销售额、资产总额等指标结合行业特点划分中小企业。2011 年 7 月,国家工信部、统计局、发改委和财政部四部门研究制定了《中小企业划型标准规定》,根据企业从业人员、营业收入、资产总额等指标,结合行业特点,将中小企业划分为中型、小型、微型三种类型(见表 1-1),相比 2002 年的标准,将小企业从中小企业范围中单独划分出来,并且界定了微型企业的范围。《中小企业划型标准规定》界定的行业包括农、林、牧、渔业,工业(包括采矿业,制造业,电力、热力、燃气及水生产和供应业),建筑业,批发业,零售业,交通运输业(不含铁路运输业),仓储业,邮政业,住宿业,餐饮业,信息传输业(包括电信、互联网和相关服务),软件和信息技术服务业,房地产开发经营,物业管理,租赁和商务服务业,其他未列明行业(包括科学研究和技术服务业,水利、环境和公共设施管理业,居民服务、修理和其他服务业,社会工作,文化、体育和娱乐业等)。

表 1-1　中小企业各行业划型标准

行业名称	指标名称	单位	中型	小型	微型
农林牧渔业	营业收入	万元	500～20000	50～500	<50
工业	从业人员	人	300～1000	20～300	<20
	营业收入	万元	2000～40000	300～2000	<300
建筑业	营业收入	万元	6000～80000	300～6000	<300
	资产总额	万元	5000～80000	300～5000	<300
批发业	从业人员	人	20～200	5～20	<5
	营业收入	万元	5000～40000	1000～5000	<1000

续表

行业名称	指标名称	单位	中型	小型	微型
零售业	从业人员	人	50～300	10～50	<10
	营业收入	万元	500～20000	100～500	<100
交通运输业	从业人员	人	300～1000	20～300	<20
	营业收入	万元	3000～30000	200～3000	<200
仓储业	从业人员	人	100～200	20～100	<20
	营业收入	万元	1000～30000	100～1000	<100
邮政业	从业人员	人	300～1000	20～300	<20
	营业收入	万元	2000～30000	100～2000	<100
住宿业	从业人员	人	100～300	10～100	<10
	营业收入	万元	2000～10000	100～2000	<100
餐饮业	从业人员	人	100～300	10～100	<10
	营业收入	万元	2000～10000	100～2000	<100
信息传输业	从业人员	人	100～2000	10～100	<10
	营业收入	万元	1000～100000	100～1000	<100
软件和信息技术服务业	从业人员	人	100～300	10～100	<10
	营业收入	万元	1000～10000	50～1000	<50
房地产开发经营	营业收入	万元	1000～200000	100～1000	<100
	资产总额	万元	5000～10000	2000～5000	<2000
物业管理	从业人员	人	300～1000	100～300	<100
	营业收入	万元	1000～5000	500～1000	<500
租赁和商务服务业	从业人员	人	100～300	10～100	<10
	资产总额	万元	8000～120000	100～8000	<100
其他未列明行业	从业人员	人	100～300	10～100	<10

资料来源：中华人民共和国政府网，http://www.gov.cn/zwgk/2011-07/04/content_1898747.htm,2011-07-04.

为了便于调研，"宁波小企业发展现状调研"课题组对以上行业进行归类整理。2014年，宁波三大产业比重为3.6：51.8：44.6。第三产业特别是服务业快速发展。服务业中消费性服务小微企业占全市小微企业

43.1%,生产性服务小企业需求量大,是宁波经济发展的"新引擎"。因此,课题组将小企业划分为农业、工业、生产性服务、消费性服务小企业四大类。这种划分体现了宁波的特点,均衡代表了三个产业,服务业的细分更是凸显了宁波小企业的未来发展趋势。

三、小企业发展的内涵

小企业发展包括产业规模、成长阶段、产业结构分布、资源要素、技术创新和管理水平的发展。小企业在发展中产业规模不断扩大,依次发展为中型企业和大型企业,具体划型标准见上述小企业的界定。

第一,小企业成长阶段发展的内涵。从管理学上说,小企业成长是一个通过创新、变革和强化管理等手段,积蓄、整合并促使资源增值进而追求企业持续发展的过程。小企业成长阶段的划分有以员工人数为划分标准、以时间为划分标准、以组织结构或管理制度为划分标准、以产品或业务为划分标准等多重划分标准。戴尔以员工人数为划分标准,把企业自 7 人到 5000 人以上划分为七个成长阶段。威科夫按货运企业员工人数来划分,15 人以下为第一阶段,16～84 人为第二阶段,85 人以上为第三阶段。以员工人数来划分企业,难以对不同行业的企业设定一致的划分标准。利比特和施密特提出企业成长分为三个阶段,创立、年轻和成熟。金伯利将其划分为创立、转变和衰退。美国学者爱迪斯把企业生命周期分为孕育、成长和老化三个阶段,又将各个阶段依次划分为孕育期、婴儿期、青春期、盛年期、稳定期、贵族期、官僚化期、官僚化晚期和死亡期。陈佳贵和黄速建(1998)按不同规模将企业的成长过程划分为孕育期、求生存期、高速发展期、成熟期、衰退期和蜕变期。李业(2000)按销售额将企业的成长过程划分为初生期、成长期、成熟期和衰退期。单文和韩福荣(2002)根据企业的可控性、应变力与规模讨论了企业成长的婴儿期、学步期、青春期、盛年期、贵族期、官僚化期和死亡期。以时间划分企业可适用于所有行业,但客观上不易划分。赛思提出三个阶段:一是单一结构,个人一手包办;二是建立专业职能机构;三是建立总部及分权的各部门。丘吉尔、路易斯和刘元元(1983)根据管理决策风格、组织结构复杂程度、战略规划和业主参与等因素将企业成长过程分为创业、生存、起飞、成功和资源成熟五个阶段。以组织结构或管理制度划分企业成长过程,虽适用于所有行业,但不容易客观分辨企业所处阶段。巴隆和斯科特以产品线为标准把企业成长过程划分为三个阶段,单一产品线、整合的单一产品线和多产品线。以产品线或业务划分企业适用于所有行业,但标准难以测定。格瑞勒(Greiner,1972)以企业年龄、企业规模、演变的时间、改革的时间、行业成长率等五种标准将成长阶段划分为五个,靠创造力而成长、靠指挥而成长、靠授权而成长、靠协调而成长、靠合作而成长。坎农以销售收入和管理复杂性等两个标准将成长阶段划分为五个,企业家阶段、职能发展阶段、分析阶段、增加参谋阶段、再集权阶段。[①] 王德禄根据领导类型、核心部门、组织结构、经营理念和核心资源等标准将成长过程分为技术成长期、规模扩张期、多元成长期和文化融入期。[②] 以多重标准划分企业只是理论模式,缺乏实证研究。结合本课题研究的四大类型小企业,课题组将小企业成长阶段划定为初创期(创新期)、发展期、稳定期和转型期。初创期(创新期),小企业规模较小,企业运行一般凭企业主的经验,发展和绩效几乎依靠少数关键人才,决策权虽高度集中但愿意听取员工的意见,人情味浓,人际范围良好,但受资金、资源等制约,产品市场占有率低,人力资源投入低,但要求人员素质高,企业管理制度和人力资源管理系统尚未形成,部门岗位设置粗放,员工岗位职责不明确,绩效考评简单而随意;发展期,小企业进入高速发展阶段,主导产品开始具有一定的市场占有率,产品质量日益稳定,企业知名度逐渐提升,企业盈利不多但增长速度很快,员工数量不断增加,人力资源管理系统开始形成,组织结构开始明确,领导者开始授权,工作职责与任务的合理性和丰富性增强,并在规章制度安排下有效运行,员工福利不断增加,员工内部提升机会增多;稳定期,小企业主要业务日趋稳定,财务状况良好,企业的战略目标明确,竞争优势也已显现,组织结构、部门岗位设置和各项规章制度趋于合理,企业抗外界干扰能力增强,但各工作岗位满员,员工晋升机会减少,团队成员间冲突加剧;转型期,小企业日益失去活力,运营机制老化,产品更新速度慢,设备陈旧,市场竞争力大幅下降,利润与销售收入下降甚至出现负增长,财务状况开始恶化,企业制度繁多,但有效执行力弱,部门和员工间协作能力变弱,员工工资、福利待遇相应下滑,企业为了生存不得不实行裁员或劝退,如果小企业在这一发展阶段采取有效

---

① 转引自戚永红、宝贡敏:《企业成长阶段及其划分标准:一个评论性回顾》,《商业研究》2004年第4期,第32页。

② 转引自崔晓峰等:《企业成长阶段理论及其影响因素的述评》,《常州工学院学报》2012年第4期,第80—81页。

的企业重组或战略转型,则有机会获得新生。① 小企业在不同的成长阶段,资源要素、技术创新和管理水平相应发展。

第二,小企业资源要素发展的内涵。资源要素发展包括政策法律环境、经济环境等在内的环境发展和投融资发展。小企业的环境发展,首先有完善的政策法律环境。政策法律环境是那些对企业生存和发展有直接或间接影响而企业又不能控制的国家和地区有关经济和技术发展的一系列方针政策和法律所形成的制度体系,包括财税政策、金融政策、政府配套服务政策、知识产权保护政策、法律体系建设等(张树明、张新,2014)。完善的政策法律环境能扶持和保护小企业发展。政府通过制定适度清晰的财政、税收等政策扶持小企业发展,通过制定相关的法律赋予小企业平等的法律地位和均等的市场竞争机会促使其成长。小企业的政策法律环境发展包括完善合理的政策法律、有保障与执行力强的政策法律、高投入的政策资金。② 其次,有健康发展的经济环境。企业的经济环境指企业生存和发展的社会经济状况和国家的经济政策,前者包括经济要素的性质、水平、结构、变动趋势等多方面内容,涉及国家、社会、市场及自然等多个领域,后者是国家履行经济管理职能,调控国家宏观经济水平、结构、实施国家经济发展战略的指导方针。③ 小企业经济环境发展包括土地、资金、技术、人才等要素配置公平,市场准入条件合理与准入领域的逐步放开,稳定颁布与实施的产业政策,逐步健全的扶持小企业发展的法律环境,有效保护小企业合法权益的渠道。④ 小企业的投融资发展,首要是有效的投融资。小企业发展中融资难的原因有,小企业在发展中对资本和债务的需求高于金融体系愿意提供的数额,形成资金缺口("麦克米伦缺口"理论),信贷市场信息的不对称加大融资缺口(Stiglit and Weiss,1981)。关于融资方式,小企业应考虑不同资本结构或金融合约方式在发行成本、风险分担、净收益以及债权人对企业经营影响方面的差异性,以选择最适合的资本结构(企业融资结构理论),根据股价涨跌的

① 孙会、吴价宝:《中小企业人力资源管理人性化与规范化研究——基于员工心理契约动态分析的视角》,《财会通讯》2013 年第 7 期,第 28 页。
② 张树明、张新:《政策法律环境对中小型科技企业成长影响的实证》,《山东大学学报》(哲学社会科学版)2014 年第 1 期,第 104—105 页。
③ 何静:《后危机时代我国中小实体企业经济环境分析》,《经济问题》2014 年第 9 期,第 64 页。
④ 何静:《后危机时代我国中小实体企业经济环境分析》,《经济问题》2014 年第 9 期,第 65—66 页。

九大循环期来融资(金融成长理论)。小企业融资主要对象是地方金融机构,而相关银行及金融机构的监管缺失难以保证公正性和有效性。俄罗斯非银行金融服务通过融资租赁、抵押担保、小额信贷、风险投资和特许经营等多种融资工具带来多元化的融资结构。美国小企业投资公司SBA通过贷款担保调动SBIC的私募资金,向小企业提供商业银行不愿涉足的风险投资。

第三,小企业技术创新发展的内涵。技术创新发展包括不断研发技术与产品,进一步拓宽销售渠道与手段。首先,创新技术与产品。小企业的技术创新是产品、工艺、市场、资源和管理上的创新(熊彼特),包含信息创新,分为自主、模仿和集成创新模式(达格福斯和怀特)。循环经济的技术创新能产生原始创新的引擎效应、模仿创新的扩张效应,继起创新的持续效应和结构优化的集成效应(厄特巴克)。例如瑞典小企业的循环技术。小企业扁平的组织结构加快创新速度,使很多具有创新概念与技术的员工直接从事管理工作,与大企业相比,缩短了1~4倍的技术化周期(阿尔弗雷德·马歇尔)。分工交易结构的分析框架表明,小企业的组织结构扁平使交易产品成为容易测度的生产性产品,降低了创新成本,仅大企业研究经费的二十四分之一。其次,清晰的品牌运营,加大产品宣传力度。品牌是品牌属性、名称、包装、价格、历史、声誉、广告方式的总和(大卫·奥格威),是名称、标识和其他可展示的标记,更是与消费者的"契约"、对消费者的"承诺"和给予消费者的"信任"(林恩·阿普)。品牌应具备属性、利益、价值、文化、个性和消费者评价,其中核心是"价值、文化和个性"(菲利普·科特勒),应具有清晰的品牌意识和定位,极高的知名度、声誉、市场领先和持续利润增长。例如,湖北利用"李娜"品牌效应推动了产业发展。再次,定位准确的市场占有与开发。在西方市场占有理论中,伊萨的供给分析和供给理论使18世纪的英国企业快速发展,凯恩斯的有效需求和需求分析理论使20世纪后的市场占有观念由以生产为中心向以销售和消费者为中心转变。后金融危机时期,我国以欧美日的需求带动出口,进而带动经济顺利增长的模式可预见持续度低。我国仍处于不发达的工业化阶段,存在无效供给与有效需求的错位,要以供给理论为主,着重发展实体经济、推动机制创新、优化结构。在此基础上分析,小企业在占有市场中存在把业务战略当经营战略、信息来源单一、把战术当战略的问题(赵蕾、马丽斌,2011),及缺乏战略定位思想、盲目扩张、定位脱离实际的问题(郝同亮,2010)。小企业开发市场要走特色经营、小而专精经营、依附大企业生产系统联合化经营、寻找市场空白和品牌经营策略

（赵蕾、马丽斌，2011）。最后，在销售渠道中，有系统的物流管理与运作。小企业的物流服务是继物质资源和人力资源后的第三利润来源，能够帮助企业实现生产成本和价值优势。小企业的物流管理是一个系统管理过程，贯穿了原材料供应到提供成品，通过协调物资和信息在客户、企业、供应商之间的流动来满足市场需求。物流管理与运作的发展，包括有适合小企业的物流管理信息系统，即有完善的仓库出入库、报表、库存、采购生产和财务系统；有灵活的市场商品信息收集平台和反馈机制；有适合小企业发展的标准操作流程；有高素质的物流从业人员；有规范的流程培训和岗位操作培训[1]；有跨区域的物流配送体系[2]。

第四，小企业管理水平发展的内涵。管理水平发展包括人力资源、企业文化、企业家能力在内的发展。首先，优化的人力资源管理。应针对员工的心理契约在小企业的创新（初创）、发展、稳定、转型期中呈现出的阶段性特点，优化人力资源管理（孙会、吴价宝，2013）。在小企业发展的创新（初创）期，针对员工现实责任高、发展责任低的特点，小企业巩固、强化创业者与员工间的沟通，促进员工参与管理，尊重、信任员工，培养员工的工作责任感；在发展期，针对员工现实责任高、发展责任高的特点，小企业把员工作为企业主体，开展职业发展培训，建立公平、科学有效的绩效考核和薪酬管理体系，激励员工；在稳定期，针对员工现实责任低、发展责任高的特点，小企业为员工提供学习和成长机会，通过人性化措施强化团队内部关系，营造公平、相互尊重、关爱的工作氛围；在转型期，针对员工现实责任低、发展责任低的特点，小企业提高员工基本工资和福利在薪酬总额中的比例，适当安排和补偿被裁员工，恢复留职员工信心。[3] 其次，先进的小企业文化。从波特五力来分析企业文化对竞争力的影响（陈雪玲，2011）；小企业遵循互惠互利、共进共赢的商业交往原则可降低供应商的讨价还价能力；积极履行社会责任，在顾客的讨价还价中能赢得更多盈利的声望定价；建构起学习型组织架构可从容应对同行间的竞争；坚持先进经营理念可有效抵御替代品的威胁；重视企业声誉提高了潜在进入者的门槛。然后，提高企业家能力。企业

① 陶宇：《中小企业物流管理的现状及思考》，《企业经济》2011年第1期，第58—60页。
② 文龙光：《中小型企业物流管理问题的探讨》，《中国商贸》2011年第30期，第165页。
③ 孙会、吴价宝：《中小企业人力资源管理人性化与规范化研究——基于员工心理契约动态分析的视角》，《财会通讯》2013年第7期，第28—29页。

家具备评估潜在机会的价值和风险的能力,将一切可利用的资源投入到最佳用途以期获得较高投入—产出率的能力,整合利用对企业内部管理能力和对外发展、维持与企业业务有关的个人、单位关系的能力,将创意进行商业化的能力,承担风险和做出正确决策的能力,善于学习和模仿成功经验、做法和敢于突破、超越再创新的能力。① 最后,稳定的客户管理与服务。客户管理与服务是小企业稳定客户来源的基础性工作。小企业针对自身的实际情况,根据提供的产品和服务维系新老客户,稳定客户关系;建立客户信息档案,深入了解客户情况及需求,有完善的客户信息调出系统,并对客户不同时期不同喜好及时更新;提供切实的产品和服务来延长客户周期。②

第二节　小企业发展的背景与地位

在我国企业生产结构、社会经济结构、收入分配结构和政府管理模式转型背景中,小企业的发展促进了区域投资和区域经济增长,是市场经济体制改革的推动力量和抵御经济波动的重要力量。

一、发展背景

我国小企业发展处在企业生产结构、社会经济结构、收入分配结构和政府管理模式转型的背景中。

第一,企业生产结构转型促使小企业发展。交通运输工具改良、交易成本降低、市场扩大等因素使封闭式的企业创新体系和生产体系逐渐被主动加入某一系统分享系统内其他企业创新和销售提升带来的外部正效应所取代。不同规模的企业之间形成了相互对接的创新网络和生产平台,系统内部的各类企业围绕生产链、价值链、创新之间进行再分工,任何一家企业的创新与销量的提高都会对系统内的其他企业产生外部正效应,带来更大的发展机遇。③ 大中型企业开放生产标准和网络创新推动小企业向专业化领

---

① 张根明、陈才:《企业家能力对企业竞争优势的影响研究》,《中国软科学》2010年第10期,第166—167页。

② 刘浩:《优化客户管理　提高经济效益》,《湖北经济学院学报》(人文社会科学版)2013年第11期,第64—65页。

③ 魏杰、尚会永:《我国中小企业发展若干问题研究》,《经济纵横》2010年第7期,第31—32页。

域发展。目前外需萎缩,供应商更倾向于直接向生产型工厂进行贸易采购,首当其冲被"挤出"的是中间贸易商。在这种困境下,流通型外贸企业发展举步维艰,也倒逼传统的中间贸易商转型。作为一家位列宁波外贸十强的老牌企业,宁波宁兴贸易集团有限公司在 2013 年下半年把"服务"剥离出来,成立专门的公司,开发基于云技术的外贸服务平台,为中小企业提供订单融资、进出口代理、业务咨询、风险管理及法律援助等十多个领域的服务。这种"外贸综合服务提供商"使处于发展阶段的小企业更加专注于制造。仅2014 年,宁兴凭借专业的外贸服务能力,已发展会员企业 400 多家。宁海县广豪太阳能科技有限公司是宁兴的客户,自从把报关、单证、退税、融资及核心部件国际采购等一系列进出口手续服务外包后,总体费用节省了一半,公司外贸业务发展大为提速。广豪公司成为宁兴的合作客户后,宁兴发现其产品的核心部件非晶硅电池片的采购成本比较高,如果从公司的美国合作伙伴直接进口,价格可以降低 20%。经过几次小批量试单,广豪决定将非晶硅材料委托宁兴代理向国外采购。这样一来,不但成本降低了,质量也有所提升。在宁兴的专业化服务下,许多小企业接单能力明显增强。宁兴建议太阳花休闲用品有限公司为优质客户提供赊销服务,以争取更多的订单。太阳花面向优质客户的赊销服务帮助企业实现了稳健增长,2014 年公司400 多万美元的出口中,有 200 多万美元是在出货 90 天后收款的。①

　　第二,社会经济结构中第三产业比重提升推动小企业发展。随着我国工业化和城镇化的发展,第一、二产业中的劳动逐步被机器替代,劳动力大量流入第三产业。特别是在新常态下,以市场化为导向改革的深入,中国进入经济结构调整期,一是为了处理高速增长期产生的过剩产能和资产价格泡沫而要求经济活动主体压缩产能、降低财务杠杆比率,从而将一些原有的支柱产业调整为一般产业;二是积极推动技术创新,发展新兴产业并将其培育成新的支柱产业。这使服务业快速发展起来,为居民生活提供服务的消费服务业由模仿型消费和排浪式消费阶段向个性化、多样化趋势转变;各类经济主体对为商务活动提供服务的商务服务业的需求快速增长;集约化、精细化时代,为工农业生产提供服务的生产服务业开始发展;随着人们收入水平的提高,满足人们精神享受服务的精神服务业快速增长。社会分工的深化使精神类、服务类产品占比逐渐扩大,企业生产的专业化和交易范围扩大

---

　　① 宁波老牌外贸企业转型 小微企业有了"外贸保姆". 新民网,http://finance.ifeng.com/a/20140722/12767325_0. shtml,2014-07-22.

越来越需要个性化服务。服务业吸收劳动力的能力强于工业和农业。① 以上这些转变都提高了第三产业在整个社会经济结构中的比重。从 2008 年到 2013 年,第三产业的比重由 41.8% 上升为 46.1%,超过了 2013 年第一产业 10.0% 和第二产业 43.9% 的比重。② 2009—2011 年 3 年间,宁波市第三产业每年以近 200 户,超 100 亿元的增幅稳步增长。仅 2011 年,全市第三产业的新增户数占全年新设企业总数的三分之二以上,资金规模占总数的八成以上,同比 2009 年、2010 年,新设户数分别上升了 3.57 和 4.18 个百分点,资金规模分别上升了 5.62 和 1.69 个百分点。③ 2014 年,宁波市第三产业实现增加值 3391.76 亿元,增长 7.6%,接近第二产业 7.9% 的增长率,远远超出第一产业 1.9% 的增长率。④ 小企业多为第三产业,第三产业的快速发展推动了小企业的发展。

第三,收入分配结构变化加快小企业发展。我国的城乡一体化进程不断融合二元经济,将大量农业劳动者转移到非农产业中。这些农业劳动者的受教育年限和劳动技能不足,很难进入机械化装备程度较高的主要以资本参与分配的大中型企业中,因而不断涌入主要以劳动参与收入分配的小企业。小企业的发展能够将进城务工的农业劳动者吸收到现代经济体系中,提高他们的收入水平,同时使留在农村的劳动者获得更多的土地要素,以资本和技术的结合来提高收入。国家经济转型逐渐改变了财富按照行政级别分配的传统方式,而是更多向依靠劳动和人力资本分配的方式转移。以家庭劳动为基础的服务业小企业,因其价值创造与价值分配主体一致提高了劳动者的收入。高科技小企业中拥有管理能力和技术的劳动者能依靠优秀的人力资本获取更多收入。⑤ 在我国转型新时期,国家、浙江省纷纷出台文件激发大众创业活力,促进创业带动就业,鼓励大众创办个体工商户或企业,并加大创业资金扶持力度。如,正常经营并依法缴纳社会保险费 1 年

① 魏杰、杨林:《经济新常态下的产业结构调整及相关改革》,《经济纵横》2015 年第 6 期,第 1—2 页。
② 中国统计年鉴 2014. 中华人民共和国国家统计局,http://www.stats.gov.cn/tjsj/ndsj/2014/indexch.htm.
③ 宁波第三产业连续三年增幅稳步提升. 中国宁波网,http://news.cnnb.com.cn/system/2012/01/17/007215503.shtml.
④ 《2014 年宁波市国民经济和社会发展统计公报》。
⑤ 魏杰、尚会永:《我国中小企业发展若干问题研究》,《经济纵横》2010 年第 7 期,第 32—33 页。

以上的,给予不超过 5000 元的一次性创业社保补贴,重点人群创办个体工商户或企业带动 3 人就业的,并依法缴纳社会保险费 1 年以上的,给予每年 2000 元的带动就业补贴,超过 3 人就业的,每超过 1 人再给予 1000 元补贴,每年金额不超过 2 万元,补贴期限不超过 3 年。重点人群租用经营场地创业的,有条件的地方可给予租金补贴。① 2015 年,宁波"企业注册零门槛"退出不到一年,宁波人创业热情创下新高。2014 年,宁波市新设内资企业 39148 户,注册资本(金)2479.94 亿元,同比增长 28.3% 和 82%。② 宁波市多个大学成立创业园区,大学生进入各类创业园区、孵化基地等创业平台创业,各园区(基地)给予相应的场租补贴,大学生创办小企业的热情高涨。

　　第四,政府管理模式转型推动小企业发展。我国政府对小企业的认识与管理经历了新中国成立时期、改革开放时期和经济转型新时期几个阶段。在新中国成立时期,政府对小企业的管理模式是"整顿"以私有产权为基础的小企业,赋予大型国有企业优先使用社会资源的权利以着力发展重工业。在改革开放时期,政府逐步转变了非公有制经济是社会主义异己经济成分的观念,在扶大不抑小的战略主导下,重新认识了小企业在经济社会中无法替代的重要作用,出台各种政策补贴小企业,成立大量国有及国有控股担保公司,在商业银行中成立针对小企业融资的部门来支持小企业创新发展。经济转型新时期,全球经济面临各种不同规模企业逐渐形成通过一体化合并业务,围绕产品生产和价值链条进行再分工的合作竞争模式。政府鼓励抓住新的小规模经济发展机会的小企业以适应国际经济社会发展需求。③ 2015 年,宁波市启动扶助小微企业专项行动,推进小微企业上规升级提质发展。"小升规"培育监测库累计入库企业超过 3000 家,新增规模以上小微企业 550 家。针对小微企业融资难、担保难的问题,宁波市积极推动政府支持的担保机构发展,加大财税支持小微企业担保业务力度。2014 年,宁波市经信委首创融资新平台"政银担",连续三年,由宁波市每年安排 500 万元,对融资性担保机构为宁波小微企业贷款提供担保产生的代偿损失,由政府、银行、担保公司三方按 1∶1∶3 的比例共同分担,争取 2015 年为小微企业担

---

　　① 浙江省人民政府关于支持大众创业促进就业的意见.浙江政务服务网,http://www.zj.gov.cn/art/2015/7/30/art_38111_242262.html.

　　② 易鹤:《打造"大众创业"新舞台》,《宁波日报》2015 年 2 月 9 日。

　　③ 魏杰、尚会永:《我国中小企业发展若干问题研究》,《经济纵横》2010 年第 7 期,第 33 页。

保总额 150 亿元。宁波市鼓励大企业带动产业链条上的小微企业加强技术创新与产品创新,包括强化专业服务以提升小微企业运用和保护知识产权的能力;充分利用现有的中小企业公共服务平台,构建大企业与小企业间的创新合作机制,让小微企业创新成果能与大企业进行便捷有效的衔接,促进小微企业与大企业合作共赢、创新发展。

二、经济贡献

中国社科院中小企业研究中心专家陈乃醒指出,小微企业所贡献的 GDP 达到 60%,税收比例 50%,新增劳动力更增加 80%之多。西南财经大学与中国人民银行金融研究所共同成立的研究机构——中国家庭金融调查与研究中心(CHFS)在调查了全国 262 个县的 28000 个家庭后发布了《中国小微企业发展报告 2014》,小型企业在增强经济发展过程中内生动力不小。报告显示,根据 2013 年 CHFS 数据,使用收入法计算,2012 年我国小型微型企业创造的最终产品和服务价值占 2012 年国内生产总值的 24.3%,约四分之一,总量约为 126231 亿元。小企业量大面广,分布在国民经济的各领域,是市场竞争机制的真正参与者和体现者,促进了经济总量增长和财政收入稳定。小企业发展日益成为经济增长的关键,促进了区域投资和区域经济发展。

第一,小企业发展促进了区域投资。西方经济理论认为劳动力与资本的增长、技术进步和制度创新是构成经济增长的要素。哈罗德-多马经济增长模型认为在劳动力增长由外部条件决定的情况下,经济增长取决于资本存量增长,而资本存量增长来源于投资。在国民储蓄中,若高储蓄率能顺利转化为投资就能保障经济稳定持续增长。这种转化需要通过政府、银行、资本市场和私人自主投资四条渠道完成。我国由于历史传统因素,拥有非常高的居民储蓄。而主要来源于居民家庭储蓄的私人自主投资渠道基本上是面向小企业。小企业发展缓慢,则大部分储蓄不能转化为投资,必然减缓经济增长的速度。因此,发展以私人投资为主的小企业,使高储蓄率顺利转化为自主投资,能够推动我国经济快速健康增长。[①] 在浙江省,民营经济在创业初期,以自由资金和民间融资为主,当企业具有一定的规模和实力后,以自由资金和银行借贷为主,民间融资仍是重要的外部资金来源。浙江省的

---

① 李文:《小企业与区域经济发展研究》,2009 年苏州大学硕士学位论文,第 17—18 页。

民间借贷规模大概有 1.5 万亿元。2011 年，中国人民银行温州支行进行的民间借贷问卷调查发现，有 89％的家庭（或个人）和 59.67％的企业参与了民间借贷。《中国小微企业发展报告 2014》显示，我国小微企业的民间借贷活跃，2013 年全国 31.9％的小微企业有负债。在负债小微企业中，有62.9％的小微企业仅从民间借贷，有 14.1％同时从银行和民间借款。从金额上看，民间借款占小微企业负债总额的 45.7％，是小微企业不可或缺的资金来源。民间融资作为小企业重要的融资渠道之一，促进了地方经济的发展，但同时存在涉及高利贷和非法集资等金融风险，对此，浙江省设立了信用担保机构、小额贷款公司、民间借贷登记服务以实现中小企业集群与民间资本对接。① 2013 年 10 月，宁波市成立了首家民间融资管理试点机构——宁海民间借贷登记服务中心，主要从事宁海县民间借贷供需双方的信息登记和发布、借贷登记备案、征信信用查询、民间借贷资金撮合、风险提示等业务，引进了 4 家借贷中介机构，入驻了 6 个政府部门的服务窗口，还有保险公司、律师事务所、会计师事务所等 5 家辅助性服务机构，为借贷双方提供资信评价、信用管理、借贷担保、公正合同、资产评估和法律咨询等一站式配套服务。这一中心刚运行一周，就已受理出资人出资登记 36 笔，金额 3133万元，受理借款人借款登记 24 笔，金额 1325 万元。②

　　第二，小企业发展促进了区域经济发展。小企业集群是集结众多小企业，以动态的网络化系统和矢量相加的合力形式产生强大竞争优势以推动经济增长的产业空间组织形式。在经济全球化的背景下，小企业集群使地区人才集聚、消费增加，推动本地服务业发展；通过市场竞争激发小企业内在活力，增加本地税收，发展城市化经济；通过技术创新活动，提高单个企业生产率，并引发周围企业学习和效仿；通过整合专业化分工，提高专业内技术效率；通过根植于地方社会网络的经济空间集聚，增加交易频率、降低区位成本。我国经济开放程度越高的地区，小企业集群特征就越明显。小企业集群促进了区域经济发展。20 世纪 80 年代中期以来，浙江省以乡镇企业为基础的产业集群迅猛发展。浙江的经济增长主要依托这些产业集群。在这些专业化的产业区中，小企业群落和专业市场之间相互依存、相互促进，

————————

　　①　潘煜双：《中小企业集群融资与民间资本对接运作模式研究——以浙江为例》，《嘉兴学院学报》2012 年第 7 期，第 35 页。

　　②　宁海民间借贷登记服务中心开业. 宁海新闻网，http://nh.cnnb.com.cn/system/2013/10/17/010767727.shtml.

使自然资源贫乏的浙江省在 2007 年创造了令人瞩目的经济成果:在全省 88 个县市区中,已有 85 个县市区形成了块状经济,年产值超过亿元的区块 519 个,块状经济年总产值 5993 亿元,约占当年全省工业总产值的 49%。全省 52 个区块的产品的国内市场占有率达 30%以上。[①] 宁波市小企业具有明显的区域经济特征,发挥了当地资源和传统加工优势,形成了塑料产业、文具、模具制造、机电汽配、汽车摩托车及零部件产业等多个"一镇一品""一村一品"的专业生产群,如余姚的塑料、慈溪的打火机、宁海的文具盒模具制造业、象山爵溪的针织衫裤、江北的医疗器械、镇海的机械装备制造等,单体规模产值超亿元的块状经济有 90 多个,超 5 亿元的有 10 多个,超 10 亿元的有 6 个。宁波发展"补链"型小企业,以"延伸产业链、提升价值链、强化创新链"为目标,引导大中小微各类企业合作、良性发展,鼓励大中型行业龙头企业兼并、重组小微企业,鼓励行业龙头企业扶持产业链的小微企业,鼓励小微企业合作合力发展,使 150 个块状经济逐渐向现代产业集群转型。改造提升后,慈溪小服装鞋帽轻纺业将从原来传统粗放的家庭工业向具有环保、安全新特征的新型家庭工业转变,从原来"低小散"的低端产业层次向中高档、规模化、聚集化转型发展,形成具有市场竞争力的特色优势产业集群。江东宁澳服饰区块,全面改造园区的多数来料加工、电子装配等低附加值劳动密集型小企业,以宁澳服饰为主体,设立与服装产业相关的设计研发中心、电子商务中心、监测中心、销售中心、生产基地、技术中心、物流配送中心、投资公司等,建成后年产值可实现 2.5 亿元。[②]

三、发展地位

从 2014 年国务院 7 次发布直接扶植小企业的政策中可见小企业在国民经济发展中的重要地位。小企业是市场经济体制改革的推动力量和抵御经济波动的重要力量。

第一,是市场经济体制改革的推动力量。小企业多为非公有制经济领域的个体、私营企业和三资企业,是探索公有制的多种实现形式、推动我国所有制结构按照生产力发展要求的方向进行调整和完善的重要力量。新中国成立到改革开放前,我国政府对包括个体、私营经济在内的非公有制经济的小企业认识不断变化,从"公私兼顾、劳资两利、城乡互助、内外交流"到对

---

① 何军香:《中小企业集群的竞争优势分析——以浙江为例》,《浙江师范大学学报》(社会科学版)2010 年第 3 期,第 70 页。

② 冯瑄、苑京成:《整治"低小散"换来新天地》,《宁波日报》2015 年 6 月 12 日。

私人资本主义的"利用、限制、改造"，再到成为"产生资本主义的土壤"被彻底排斥。改革开放后，小企业的发展地位实现了从"社会主义公有制的补充"逐步蜕变为"社会主义市场经济的重要组成部分"①。1978年党的十一届三中全会后，我国经济体制逐渐由计划经济体制转向市场经济体制，非公有制经济开始成为公有制经济的补充。从1978年到1983年，小企业投资者开始多元化，小企业因投资主体的不同划分为个体企业、私营企业、乡镇企业和外资企业，并根据在国民经济中的地位形成了由高到低的"所有制等级序列"。1984年党的十二届三中全会到1992年党的十二大之间，发展国有大型中型企业成为经济体制改革的中心，发展小企业从"所有制等级序列"转变为"重大轻小"，地位尚未得到重视。1995年到2000年间，我国经济发展从"抓大放小"的政策调整为提升国有经济整体质量，发展小企业开始提上日程。1998年年底，我国成立了中小企业司，专门负责制定和落实中小企业公共政策。1999年开始强调发展小企业，在九届人大二次会议中单独提到扶持小企业。2000年7月6日，正式出台《关于鼓励和促进中小企业的若干政策意见》，标志着发展小企业在增长国民经济、繁荣市场、稳定社会、缓解就业压力、吸引民间投资和优化经济结构的地位和作用得到重视与认可。② 小企业范围不断扩大，经济范围不断创新，同时通过改制、改组，使市场在基础资源配置中发挥作用。③ 2005年国务院下发《国务院关于鼓励支持和引导个体私营等非公有制经济发展的若干意见》，是全面促进包括个体经济、私营经济在内的非公有制经济发展的重要政策性文件，从放宽小企业市场准入、加大财税金融支持、完善社会化服务和改进政府监管方面指导小企业发展。④ 2006年，宁波市为认真贯彻落实《国务院关于进一步鼓励支持和引导个体私营非公有制经济发展的若干意见》和《浙江省人民政府关于进一步支持和引导个体私营等非公有制经济发展的实施意见》，进一步推动全市个体私营等非公有制经济实现新飞跃，出台了《关于进一步鼓励支持和引

---

① "中小微企业发展的政策轨迹与走向"研究组：《中国小型微型企业发展的政策选择与总体趋势》，《改革》2012年第2期，第7页。

② 谭琦：《支持我国中小企业发展的公共政策研究》，2014年西南财经大学硕士学位论文，第37—38页。

③ 孙建红：《宁波民营企业制度演变的历史考察》，《中国经济史研究》2011年第2期，第97—103页。

④ 孙建红：《宁波民营企业制度演变的历史考察》，《中国经济史研究》2011年第2期，第97—103页。

导我市个体私营等非公有制经济发展的实施意见》,深刻领会加快非公有制经济发展的重要意义,进一步放宽非公有制经济市场准入,加强个体私营等非公有企业自主创新能力,加大对非公有制经济金融和税收的支持力度,维护非公有制企业和职工的合法权益,切实改进和增强政府对非公有制企业的公共服务能力,加强非公有制企业的行业自律。我国现有的小企业多为民私营性质,既是市场经济体制改革的受益者,也是市场经济体制改革的先行者和推动者。[①] 党的十一届三中全会后,慈溪出现了宁波首个个体民私营经济。新浦、观城、白沙等地先后出现一批以有色金属浇铸、塑料制品、针织、小五金等行业为主的联户以及个体工商户。这些小工厂、小作坊主要是为大中型企业制造小配件小加工,遍布慈溪各个乡镇,到 1984 年,已有 2700 多家个私企业。到 1987 年,宁波市个体工商户从 1978 年的 186 户增加到了 10.5 万户。到 1992 年年底,宁波市个体工商户发展到 14.7 万户,从业人员 25 万人,私营企业 222 户,雇工达到 3.5 万人。以民私营经济为主导的经济发展趋势初步形成。之后,宁波实施乡镇企业改制,实行股份合作制,对"小、微、亏"企业采取拍卖、租赁、兼并,使其基本转化为民营企业。[②] "经普"数据显示,到 2014 年年底,宁波市小企业共有 34608 户,私营小企业为 28228 户,占小企业总数的 81.56%;私营小企业期末从业人员数为 1404206 人,占小企业期末从业人员总数的 74.30%;私营小企业资产总额为 672868412 元,占小企业资产总额的 43.14%;私营小企业全年营业收入为 841391495 元,占小企业全年营业收入总数的 66.08%。中国加入 WTO 后,加速融入全球经济一体化。宁波的个体、私营等非公有制小企业参与到国际经济中,培育以技术品牌、质量、服务为核心竞争力的新优势,促进加工贸易从组装、加工,向研发、设计、核心元器件制造、物流等环节拓展,大力发展拥有自主知识产权的机电产品和现代服务业的贸易,积极开展境外投资合作,促进了全市开放型经济水平的不断提高,实现国际化与企业核心竞争力不断提升。2010 年,国务院出台被称为"新 36 条"的《关于鼓励和引导民间投资健康发展的若干意见》,在"36 号文件"的基础上,更为详细地规定非公有制市场准入,进一步拓宽了非公有制经济允许进入的行业范围。2012 年,

---

① 孙建红:《宁波民营企业制度演变的历史考察》,《中国经济史研究》2011 年第 2 期,第 97—103 页。

② 孙建红:《宁波民营企业制度演变的历史考察》,《中国经济史研究》2011 年第 2 期,第 97—103 页。

宁波市出台《中共宁波市委　宁波市人民政府关于加快培育和发展战略性新兴产业的若干意见》,鼓励各类民间资本参与组建创投公司或其他股权投资机构,并支持成效性好的小企业在创业板和中小板上市融资。2014 年,宁波出台《宁波市人民政府关于进一步鼓励民间资本投资养老服务业的实施意见》,支持民办养老服务机构以股权融资、债权融资、公私合营等方式筹集发展资金,并且鼓励民间资本举办养老护理培训机构。同年,宁波市基本形成"政府引导、社会参与、市场运作、群众受益"的新型社会事业投资运营体系。医疗卫生事业、教育事业、社会福利事业和文化体育事业向民间资本开放。此外,宁波市小企业加快发展速度,向各产业进军。2015 年,宁波启动"小微企业三年成长计划"。到 2017 年,全市将新增信息经济、环保、健康、旅游、时尚、金融、高端装备等七大产业小微企业 18000 家,新增科技型小微企业 2000 家以上,总量达到 6000 家以上,小微企业拥有专利新增 1000 项。宁波还将推动 360 家小微企业在浙江股权交易中心挂牌,其中 40 家企业实现融资规模 3 亿元,小微企业直接融资规模超过 15 亿元。100 家小微企业将被培育成为细分行业的领军企业。

第二,是抵御经济波动的重要力量。小企业是抵御经济波动、保持市场活力的重要力量。与大型中型企业的兴衰与经济周期保持较为紧密的同步性不同,小企业客观上具备劳动力成本低、生产要素流动性强,"船小好制造,船小好调头"等比较优势,对经济危机冲击具有一定的缓冲作用。实践证明,每次经济萧条后的恢复都是从小企业开始的。在经济萧条时,小企业容易进行技术、产品及经营方式等多方面的调整,以适应市场变化的需求,一旦市场好转能尽快恢复生机,率先显示出经济复苏的迹象。在遭遇 2008 年国际金融危机爆发的冲击后,小企业数量不仅没有减少,反而有所增加。经普数据显示,截至 2014 年年底,宁波小企业的数量为 34608 户,占到企业总数的 22.17%,资产总额为 1559846529 元,占全市企业资产总额的 41.69%,全年营业收入为 1273351067 元,占全市全年营业收入的 38.37%。为应对国际金融危机,我国出台大量关于小企业发展的政策。2009 年,国务院颁布《关于进一步促进中小企业发展的若干意见》(国发〔2009〕36 号)。"36 号文件"提出实行小企业融资担保管理办法来缓解融资难问题,扶持小企业自主创新,大规模扩大小企业专项基金规模。2011 年,工业和信息化部发布《"十二五"中小企业成长规划》,国务院常务会议确定支持小型微型企业发展的金融、财税九条政策措施。此外,相关部门在财税方面为小企业发展减负,在融资担保方面完善小企业信用担保体系,在创新发展方面支持科技创新型小企业发展,在公共服务方面按照"政府扶持中介、中介服务企业"的思路和"政府倡导、企业主体、社会参与"的原则推动小企业发展。① 国务院常务会议提出设立 150 亿元的中小企业发展基金用于支持初创的小型微型企业,鼓励支持符合条件的商业银行发行专项用于小型微型企业贷款的金融债缓解融资困难,培育、支持 3000 家小企业创业基地,建立、完善 4000 个中小企业公共服务平台。2013 年,我国在对小企业所得税优惠的基础上,在营业税、增值税方面大力扶持小企业。自 2013 年 8 月 1 日起,对小型微型企业月销售额或营业额不超过 2 万元的增值税小规模纳税人和营业税纳税人,暂免征收增值税或营业税。据统计,这一政策使 600 万户小型微型企业受益。2014 年,国务院常务会议七次发布支持小企业发展的公告,从税收优惠递延、收费减免到定向降准等金融措施,取消和下放相关审批事项,并将资本市场和金融保险产品也纳入扶持发展链条中。

在此基础上,地方政府加大小企业的扶持力度。2008 年,中共宁波市第十一届委员会第五次会议就加快经济发展方式出台了《中共宁波市委关于深入贯彻落实科学发展观加快转变经济发展方式的决定》,加大对科技型中小企业的支持力度。2009 年,出台了《中共宁波市委关于进一步深化改革开放再创科学发展新优势的若干意见》,加快块状经济转型,促进中小企业集群发展。2010 年,出台了《关于建设国家创新型城市促进经济转型升级的若干意见》,发展企业战略联盟,带动中小企业技术进步和产业升级,加大金融机构对科技型中小企业的扶持力度,开发适合科技型中小企业特点的金融服务产品。2011 年出台了《关于金融支持中小微企业发展的若干意见》,要求加强督促引导,确保信贷资金有效支持;主动履行社会责任,改进和优化金融服务;积极推进金融创新,缓解中小微企业的融资压力;加大直接融资力度,建立多渠道融资格局;规范民间金融秩序,拓宽民间资本投资渠道;维护金融生态,为金融支持中小微企业创造良好环境。2014 年,宁波市为贯彻落实《国务院关于进一步支持小型微型企业健康发展的意见》《浙江省人民政府办公厅关于促进小微企业转型升级为规模以上企业的意见》和《中共宁波市委宁波市人民政府关于强化创新驱动建设工业强市的若干意见》,出台《宁波市人民政府办公厅关于促进小微企业转型升级为规模以上企业的实施意见》,通过减轻税费负担、加大财政资金支持、强化融资服务、优化资源

---

① "中小微企业发展的政策轨迹与走向"研究组:《中国小型微型企业发展的政策选择与总体趋势》,《改革》2012 年第 2 期,第 8—13 页。

配置和加强公共服务,引导鼓励小微企业转型升级,促进小微企业"专精特新"发展。

2014年,在严峻的形势下,浙江省首批小微企业升级为规模以上的企业总体运行良好。"小升规"小企业产值规模增速显著,在工业总产值、工业销售产值、出口交货值和新产品值四个指标上增速明显,增长率分别达到34%、32.61%、35.43%和70.5%,是全部规模以上企业增长速度的5.3倍、5.5倍、6.8倍和3.3倍,比全部规模以上企业的增长速度;效益指标高速增长、经济效益明显,"小升规"企业在资产总额、主营业务收入、利润总额和利税总额四个指标的增长率分别达到19.86%、31.15%、49.83%和43.28%,是全部规模以上企业增长速度的4.7倍、7.2倍、9.8倍和8.3倍,远远高于全部规模以上企业的增长速度;推动科技创新突出、社会效益显著,"小升规"企业在科技活动经费投入方面增长了42.4个百分点,远远高于全部规上企业增长7.2个百分点,在吸收社会就业人数上,全部规上企业2014年吸收的就业人数比2013年减少了2.3个百分点,而"小升规"企业比2013年增加了9.46个百分点。[①] 2015年,宁波已培育创新型初创企业5134家,高新技术企业1165家,涌现出一批具有"小升规"潜力的创新型初创企业,形成了近百个产值过10亿元的创新型高成长企业群体。

第三节　小企业发展的作用及对其研究的意义

小企业发展发挥着促进就业和推动创新的重要作用。研究宁波小企业发展现状,对政府决策、小企业发展和宁波经济社会发展具有重要意义。

一、发展作用

国务院常务会议指出,小企业是发展的生力军、就业的主渠道、创新的重要源泉。发展小企业,对促进就业和创新有重要推动作用。

（一）小企业发展促进就业

2013年国家工商总局小型微型企业发展报告课题组在对2012年企业年检数据测算的基础上,刊发了全国小型微型企业发展情况报告。报告显

---

① 应云进等:《浙江首批"小升规"企业2014年度发展良好》,《浙江日报》2015年7月29日。

示,截至 2013 年年底,全国各类企业总数为 1527.84 万户,小型微型企业 1169.87 万户,占企业总数的 76.57%,将 4436.29 万户个体工商户纳入统计后,小型微型企业占的比重高达 94.00%。新增就业和再就业人口的 70% 以上集中在小型微型企业。从资产净值人均占有份额、绝对份额和容纳就业人数空间上看,小型企业已成为社会就业的主要承担者。

首先,从资产净值人均占有份额上看,同样的资金投入,小型微型企业单位投资的劳动力(即就业容量)和单位产值使用劳动力(即就业弹性)都高于大中型企业,可吸纳的就业人员平均比大中型企业多出 4 到 5 倍。在中国 7.67 亿的就业人口中,小型微型企业解决的就业人数已达到 1.5 亿,而且新增就业和再就业人口的 70% 以上集中在小微企业。[①] 数据显示,小型微型企业提供了 85% 的城乡就业岗位,最终产品和服务占国内生产总值的 60%,上缴税收占全国企业的 54.3%。[②] 经普数据显示,截至 2014 年年底,宁波小企业期末从业人员数为 1889890 人,远远高于大型企业的期末从业人员 497395 人、中型企业的期末从业人员 1147528 人和微型企业的期末从业人员 791181 人,占全市企业总人数的 43.69%。其次,从绝对份额上看,比起大中型企业,小型企业创业就业门槛较低、所用资源少、环境适应性更强、创办速度更快,是解决我国城镇就业和农村富余劳动力向非农领域转移就业的主渠道。小型微型企业解决了我国 70% 城镇居民和 80% 以上农民工的就业。中国家庭金融调查与研究中心(CHFS)发布的《中国小微企业发展报告 2014》指出,2013 年 55.4% 的本地农民工和 50.0% 的外地农民工在小型微型企业就业,小型微型企业已成为吸纳农民工就业的中坚力量。宁波是人力资源输入大市。2011 年,宁波市外来务工人员已达 430 万,占总人口的 43%,外来人口总量超过温州位居浙江省第一。在宁波外来人口中,低学历人口规模很大,初中及以下学历的、无技能的外来务工人员比例占到 75%。[③] 2014 年,宁波市发布的《2014 年宁波市人力资源调查报告》显示,宁波市外来劳动力总数为 3544166 人,占人力资源总量的 55.34%,以青壮年劳动力为主,16～25 周岁的外来劳动力为 983655 人,无技术特长人员占比

[①] 工商总局:小微企业创造大量就业. 财新网,http://economy. caixin. com/2014-04-01/100659733. html,2014-04-01.

[②] 王俊峰、王岩:《我国小微企业发展问题研究》,《商业研究》2012 年第 9 期,第 87 页。

[③] 外来务工人员已达 430 万 宁波成为浙江省外来人口第一大市. 新华网,http:// www. zj. xinhuanet. com/newscenter/2011-11-09/content_24087253. htm,2011-11-09.

为72.95%。^①再次,从容纳就业人数空间上看,大企业技术构成、管理水平的提高,企业的优化重组,迅速淡化了劳动密集型特征,能提供的新的就业岗位有限,轻工业和服务业集中的小型微型企业成为新成长劳动力就业和失业人员再就业的主要承担者。《中国小微企业发展报告2014》显示,我国的小型微型企业为年轻人特别是大学生提供了大量的就业机会。在16岁到39岁的就业人口中,在小型微型企业工作的比例高达69.2%,在22岁到29岁的大学生中,在小型微型企业就业的比例为24.7%,在30岁到39岁的大学生中,在小型微型企业就业的比例为17.0%。宁波市为鼓励高校毕业生到中小微企业就业,自2013年起至2015年,对到宁波中小微企业首次就业、工作满一年、按规定缴纳社会保险的宁波生源毕业生、非宁波生源硕士以上研究生、与宁波签订人才智力项目合作框架协议的高校本科及以上毕业生,给予一次性就业补助,标准为专科学历每人3600元,本科及以上学历每人6000元。2014年,宁波市吸引了占比为69.21%的具有大专及以上学历的外来人员来甬工作。^②

(二)小企业发展推动创新

市场经济要有活力,必须要有自由竞争基础上的不断创新。我国产业发展中伴随着兼并重组和资本积聚。大型中型企业在发展中渐渐形成产业寡头。成熟产业凝聚的同时带来自由竞争活力和创业探索能力的降低。实现产业发展与创新活力并存的双赢局面需要一股市场自发的力量。与大型中型企业相比,创新一直是小企业发展的一种竞争手段,是制定竞争策略的中心。小企业在创业热情的推动下不断创新企业技术,提高技术水平,开发新产品,开拓新市场。小企业发展助力传统产业与新兴产业。

首先,小企业发展助力传统产业。我国传统产业存在产品没有经过深加工、附加值低的问题。小企业发展对农业产业化有积极推动作用,例如积极兴办、培育以农副产品加工和销售为龙头的小企业,组成"公司+农户"的工农综合体,带动千万家进入市场。近年来,宁波市的现代"家庭农场"发展快速。"家庭农场"是现代农业家庭组织,以农户家庭为基本组织单位,以市场为导向,以利润最大化为目标,专门从事适度规模的农林牧渔的生产、加

---

① 图解2014宁波外来务工人员结构. 人民网, http://nb. people. com. cn/n/2015/0128/c365604-23709576.html, 2015-01-28.

② 图解2014宁波外来务工人员结构. 人民网, http://nb. people. com. cn/n/2015/0128/c365604-23709576.html, 2015-01-28.

工和销售,并且经过工商部门注册,实行自主经营、自负盈亏的农业经营主体。它从传统农户中脱颖而出并适应现代农业发展,能够提高农业集约化水平,产品更为丰富和安全,拥有新技术、新品种、新设施的优势,在现代农业经营主体中表现最为活跃、最具生命力。[①] 2012 年,宁波市年销售额在 50 万元到 500 万元的家庭农场有 2085 家,这些农业小企业占家庭农场总数的 75.7%,平均每家实现销售收入 200 万元,利润达到 30 万元左右,大大超过普通农户的收入水平。[②] 到 2013 年年底,全市经过工商登记注册的家庭农场总数达到 3179 家。宁波将重点培育一万家"家庭农场",并在此基础上进行标准化建设。宁波生产劳动密集型小企业,借助简单的创意改变和产品翻新,拓展利润空间。以生产一次性塑料打火机为主业的慈溪小企业,自主研发了充电式打火机,外形像 U 盘,机身侧面内嵌了一个微型 USB 接口,不用气体不用煤油,依靠电池完成充电,实现了打火机的安全环保。这款新产品一次性充电后至少可使用 6 万次,出口价最高可卖到 5 美元,利润率在 30% 以上,比传统打火机利润增加 5 倍。[③] 其次,小企业发展助力新兴产业。与大型中型企业相比,小企业缺乏争夺成熟产业的能力,在为大型中型企业提供零部件、中间产品与加工、流通、融资服务等加工增值链的过程中,会将重心转移到寻找新的市场需求增长点上,积极回应市场的多样化、个性化、多变化的需求,探索将小规模新企业做大。新企业进入市场会诞生新产品、新技术,最后促成新兴产业的规模急剧扩张,推动市场创新和科技创新。宁波市上百家慈溪制造中小企业通过融入全球 500 强高端产业链,成为从要素驱动向创新驱动,从中低端转向中高端创新发展、转型发展、跨越发展的标杆。宁波耀华电气科技有限责任公司是一家注册资本 300 万元、员工 180 人的小企业,以真空断路器配套辅助开关配套上无锡西门子,并逐渐进入其全球工厂,从此,其他全球 500 强企业也纷至沓来,目前已与德国西门子、美国 GE、瑞士 ABB、美国伊顿、法国施耐德、法国阿尔斯通等企业建立合作关系。它用更环保、更节能的材料进行工艺设计与改进,研发的新型环保固封极柱项目已通过全套试验,并成功立项 2014 年国家火炬计划和宁波市重点

① 宁波将重点培育一万家"家庭农场". 中国宁波网,http://www.nytrz.com/show-1040.html,2013-02-18.

② 周学勤、李春艳:《宁波农业有看头》,《农村工作通讯》2014 年第 13 期,第 10 页。

③ 方平原、吴剑:《转型升级还是坐以待毙?他们已开始选择——宁波市中小企业转型升级调研系列报道(三)》,《宁波通讯》2011 年第 18 期,第 36 页。

科技项目。该项目目前全球范围内仅瑞士 ABB 研发成功,填补了国内技术空白,打破国外技术垄断局面。该小企业与美国伊顿、德国 AEG 等世界 500 强电力企业达成的合作意向,成为企业新的增长点。2014 年辅助开关、二次接插件等产品市场占有率继续保持在 60% 以上,部分高端产品达到 90% 以上。① 在传统模具行业中,模具多采用铝合金。如今,全球都在关注节能减排,绿色节能环保工业更成了当今时代主流,轻量化也成为模具产业发展的一大趋势。在素有"模具之乡"的宁波北仑,众多小企业通过变更材料、创新工艺来实现轻量化,提升竞争力。北仑的宁波鑫达模具制造有限公司开发镁合金模具,从而进入世界高端汽车产业链。②

二、研究意义

改革开放以来,宁波市作为全国经济发展最具活力的地区之一,小企业的快速发展为全国瞩目。研究宁波小企业发展现状,对政府决策、小企业发展和宁波经济社会发展具有重要意义。

(一)对政府决策的意义

宁波小企业发展现状的调研,为政府决策提供了依据。"宁波小企业发展现状调研"课题组对农业、工业、生产性服务和消费性服务小企业四大类小企业展开调研,使调研更具有针对性。对产业规模的调研,可显示不同规模小企业的占比情况;对宁波各类企业所容纳的从业人员调研,可显示对宁波市就业有更大贡献的企业类型;对资产总计和全年营业收入的调研,可显示不同类型企业的投入产出占比值,从而帮助政府了解宁波何种规模、何种类型的小企业抗风险能力强、投资意愿大。对成长阶段的调研,可显示出不同类型的小企业分别处于初创期(创新期)、发展期、稳定期和转型期的哪种时期,从而帮助政府了解小企业态势和未来发展空间。对空间分布的调研可显示出不同类型的小企业在各县市区的区位优势和产业结构占比情况,从而帮助政府了解同行业内多家不同规模的企业以及位于产业链不同环节的企业集聚的发展方向。对资源要素的调研,可显示出政府政策支持不同类型不同产业小企业的力度,不同类型小企业的人才需求现状、资金使用和

---

① 鲁奕呈、鲁企望:《慈溪百家制造企业融入全球 500 强产业链》,《慈溪日报》2015 年 4 月 18 日。

② 北仑模具产业"瘦身"进入世界高端汽车产业链. 宁波日报网,http://www.nbrb.com.cn/html/news/RollingNews/2014/1210/197878.html? jdfwkey=xd61a3,2014-12-10.

资料来源现状,从而帮助政府了解各行业小企业需求的人才类型、政策倾斜力度和不同区域融资渠道拓展方向。在技术创新调研中,可显示出不同类型的小企业在技术、产品的研发与销售渠道、手段拓宽上的情况,从而帮助政府了解外部引导和扶持小企业的技术创新深入程度、不同的创新方式和研发支出比例。对管理水平的调研,可显示出农业、工业、生产性服务和消费性服务小企业的管理经营现状和影响管理水平的主要因素,从而要求政府在决策中应根据不同区域、不同行业的小企业具体情况,针对性地提升管理水平。

(二)对小企业发展的意义

宁波小企业发展现状调研,拓展了小企业发展的研究内容,推动了小企业的发展。自我国 2002 年通过的《中华人民共和国中小企业促进法》对中小企业的概念作了界定后,小型企业与中型企业联结在一起成为学界研究热点。直到 2011 年四部门研究制定了《中小企业划型标准规定》,将小企业从中小企业范围中单独划分出来,并界定了微型企业范围。小型企业与微型企业又在新时期联结起来成为学界研究重点。这从学术论文搜索结果中可见一斑。以 2011 年为时间点,之前论文名称多为中小型企业研究,之后论文名称多为小微企业研究。关于小企业的研究数据、现实问题、发展困境都隐藏其中。目前,学界的众多学者研究小企业发展问题理论层面多,结合现状开展系统研究的少,具体到某一地区小企业的定量与定性研究更是少之又少。"宁波小企业发展现状调研"课题组以小企业发展作为研究核心,将小企业发展与中型企业、微型企业发展问题区别开,在调研宁波小企业发展现状的基础上,重点研究小企业发展中的核心内容,并开展相对完整和深入的研究。本次调研将小企业的发展内容划分为产业规模、成长阶段、空间分布、资源要素、技术创新以及管理六大板块,每一板块下设分支内容。例如,产业规模板块包括规模类型、营业收入和年投资额;成长阶段板块包括初创期(创新期)、发展期、稳定期和转型期四个时期;空间分布板块包括空间布局和空间集聚分布;资源要素板块包括享受政府政策支持、人才需求、资金使用和资料来源;技术创新板块包括研发技术、产品与拓宽销售渠道、手段;管理水平板块包括产品的销售、管理人才能力、经营状况自评和影响企业发展的制约因素。六大板块内容的横向纵向联接,形成了网状内容体系。

(三)对宁波经济社会发展的意义

宁波小企业发展现状调研深入现实问题研究,推动宁波经济社会发展。理论的研究是为了解决现实问题。本课题通过对宁波小企业数量、规模、行业分类、区域分布、盈利模式、盈利水平、人力资源以及技术水平状况的调研,把握总体发展情况,分析宁波小企业行业分布特征、盈利模式特征和发展水平特征;通过对宁波农业、工业、生产性服务和消费性服务小企业的现状调研,分析宁波小企业的优势与机遇、问题与挑战,深入研究当前宁波小企业发展的路径选择问题,拓展和找寻宁波小企业创新发展能力的基本思路和对策措施。宁波作为我国东南沿海港口城市,经济对外依存度高。后金融危机时期,世界经济萧条引发的市场消费动力不足直接影响宁波小企业的生存。企业原材料成本上升、劳动力成本上涨、外贸订单减少、国际市场开拓困难、税费负担偏重、资金链紧张、银行贷款准入难、抵押担保难、享受优惠政策和优质服务难、银行贷款利率高推动民间高利贷盛行加大小企业融资成本,严重阻碍宁波小企业的发展①。宁波小企业发展现状调研,可显示出宁波农业、工业、生产性服务和消费性服务小企业各自的发展优势与发展中面临的问题,有助于了解宁波各类型小企业选择何种路径利用优势、机遇解决问题,迎接挑战,从而加快宁波经济转型发展;有助于提升宁波各类型小企业的学习能力、知识整合能力和创新能力以帮助它们获得"走出去"发展所需的对新环境持续快速适时感知的动态能力,引导它们选择结合自身特点的投资方式以创新"走出去"融入和服务国家"一带一路"和长江经济带战略的发展路径。同时,本次调研,通过分析各类型小企业吸纳就业人数情况,可引导不同产业规模的小企业在发展转型中大量吸纳高校毕业生;通过分析各类型小企业的产业规模和空间分布情况,可推动宁波小企业向文化产业、医疗养老等新型产业发展,推动宁波民生建设、促进宁波社会和谐。

---

① 王红珠:《宁波小微企业生存问题及扶持对策》,《宁波经济》(三江论坛)2013年第5期,第7—8页。

第二章　小企业发展理论基础与调研设计

　　宁波市经济有没有活力,在很大程度上依赖于小企业的发展状况,对宁波市小企业进行全方位调查和分析是摆在面前十分迫切的课题。当前,宁波小企业发展已经站上新的历史起点,正处于着力培育发展与加快转型升级的关键时期;结构调整、节能减排以及宏观调控中的货币政策趋紧等刚性约束使许多小企业面临严峻挑战。如何对宁波小企业发展现状进行调研? 采用哪些方法进行调研? 解决这些问题是获取科学、真实、有效数据的前提条件。

第一节　小企业发展理论基础

　　长期以来,小企业特别是小微企业在宁波市经济发展中占有绝对优势。改革开放前,全市几乎没有大型企业,小企业一统天下,包罗了全部工业经济。改革开放以后,随着北仑港大规模开发建设,先后兴建了一批港口及电力、石化等临港工业大型企业。即便如此,小企业在宁波市国民经济发展中仍占有绝对优势,而且表现出旺盛的生命力。小企业的发展问题一直是宁波市政府、企业界、学术界关注的问题,调研宁波小企业发展现状是正确认识宁波小企业发展本质和主要构成要素的过程,是科学分析小企业成长能力、实际水平并全面了解企业竞争的优势和弱点的重要基础。小企业发展状况研究是推进小企业问题解决的首要步骤。从实际应用层面,科学评价宁波小企业的发展现状,是揭示影响宁波小企业发展的主要因素和症结所在的前提和保障;从学术研究层面,科学评估小企业发展现状是进一步研究小企业发展因素作用机制分析的基础性工作。企业发展理论是国外经济和管理理论界研究的重要内容之一。影响企业发展的因素是多方面的,既有企业内部因素,又涉及企业外部因素。随着时代的发展,研究企业成长的理论在不断完善,研究的角度不断拓展,形成了众多关于企业成长问题的研究学派。综观这些理论流派的形成过程,可以肯定,企业经营环境的不断改变决定了理论的更替。决定企业竞争力的关键要素是随着企业经营环境的改变而改变的。早期,这个要素可能在企业外部,如掌握一个关键原材料,就可能使一个企业具有竞争优势。而随着知识经济时代的来临,这个关键要素就形成于企业内部,形成了企业资源能力理论,并且这一理论不断在深化。关于企业发展理论的国内外相关研究总结如下。

一、企业发展理论

国外对企业发展成长问题的研究起步较早,形成了以下代表性的理论和观点。

(一)古典经济学派

古典经济学企业发展理论最早可以追溯到古典政治经济学家亚当·斯密,其《国富论》在论证国富之源时,客观上也剖析了企业成长问题。斯密通过制针工厂的例子说明了分工创造的生产力是工厂存在的主要原因,单个企业成长与分工程度呈正相关。随着企业分工的自我繁殖,新企业会不断形成。斯密思想的核心是一国经济中企业数量与分工程度呈正相关关系。斯密的理论认为影响或制约企业成长的几个主要因素及其相互关系已经十分清楚,企业是在市场范围的影响中成长,因此企业规模的大小受限于市场范围。

马歇尔在《经济学原理》中坚持规模经济决定企业成长这个古典企业成长观点的同时,试图把企业成长问题与稳定的竞争均衡条件相协调。其观点是影响企业成长的因素是运动的,不是静止的。他通过引入外部经济、企业家生命有限性和居于垄断的企业这三个因素,把稳定均衡条件与古典企业成长理论协调起来,得出以下观点:企业成长靠的是内部经济和外部经济共同作用;企业家是推动企业成长的关键;企业成长是竞争作用下优胜劣汰的结果。企业规模的扩大会导致企业灵活性下降,使企业的竞争力减弱,当企业成长的负面效应超过正面效应时,企业开始衰退。企业的成长与衰败遵循大自然普遍规律,即物竞天择,适者生存。

(二)新古典企业最优规模理论

新古典经济学主要从技术的角度开始对企业进行研究。企业作为微观经济分析的基本单位,是在技术和市场约束下追求利润最大化。在既定的技术条件下,一家厂商的平均成本会随着产出增加而保持不变(规模报酬不变)、上升(规模不经济)或下降(规模经济)。一个产业中的企业规模和数量与规模报酬程度相关。企业发展就是企业调整产量达到最优规模水平的过程,或者说是从非最优规模走向最优规模的过程。根据新古典经济企业理论,企业发展就在于对规模经济(以及范围经济)的追求,而决定规模经济的主要力量来自外在的因素(既定的技术条件、要素价格等方面)。所以,企业的发展受外在环境的影响。

(三)新制度经济学的交易费用理论

新制度经济学发端于对企业性质的研究,其中的交易费用理论侧重于探讨企业与市场的关系,试图把握企业的性质以及企业的边界。科斯认为,由于市场交易存在诸如签约、监督履约和追索违约等相关的交易费用,这种情况下通过形成一个组织,并允许由企业家权威来支配资源,就可以节约上述利用市场机制的交易费用。因此,企业组织是市场机制的替代物,市场交易费用与组织协调管理费用相等的均衡水平确定了组织的边界,节约市场交易费用的考虑是企业成长的动力。科斯理论强调了合适的制度安排及制度创新对企业成长的重要性,企业科层组织可通过组织和流程再造增强企业的竞争力和成长性,并用交易费用分析了企业的最佳规模。但科斯理论过于重视交易,而给人以交易重于生产之嫌,因而忽视了对企业自身培育资源和能力的研究。

(四)熊彼特的企业成长理论

熊彼特认为,企业的成长是一种非连续性的、突发的动态过程。在动态论的研究框架下,熊彼特的核心思想在于企业家与创新理论。他认为,企业家才是企业成长、经济发展的推动者,社会的经济体系的中心轴是企业家。在熊彼特看来,企业家的任务在于用不同以往的全新的方法把生产诸要素组织、综合起来,进行经营。企业家是实行创新的人。而创新将会导致生产函数的变化,提出新的生产力的曲线,其创新概念实质就是对于新生产函数的设定。总之,熊彼特认为企业成长是"创造性毁灭"的过程,企业成长过程具动态性、非连续性特点,企业家的出现和其创新是企业成长的源泉。模仿使创新导致的超额利润不可能永远存在,其成为企业持续成长的障碍。但是,这种理论轻视了市场和技术以及外部规制对企业家创新的制约。

（五）爱迪思的企业生命周期说

企业生命周期理论是 20 世纪 90 年代以来世界上流行的一种企业管理理论。这一理论的核心观点是企业像生物有机体一样，也有一个从生到死、由盛转衰的过程。组织生命力问题 1965 年就有学者开始研究。W.G.戈登尔的《如何防止组织的停滞和衰老》一文认为：一个组织在经历了停滞之后，完全可以持续不断地完成自我更新，恢复生机。1975 年，组织变革管理大师伊查克·爱迪思博士创办阿迪兹学院，推广其独创的"爱迪思疗法"，协助客户进行组织变革。

1989 年他在著作《企业生命周期》中提出了生命周期概念，描述了生命周期各阶段的企业行为特征，提出了预测、分析及诊断企业文化的工具，以及改变企业文化的爱迪思诊疗法。爱迪思认为，生命周期的概念不只是适用于生命体，也适用于企业这样的组织。企业的成长与老化同生物体一样，企业在生命周期中所处的位置主要是通过灵活性和可控性这两大因素的强弱决定的，成功管理的关键不是排除所有问题，而是把注意力集中到企业目前的生命周期阶段所存在的问题上，这样企业才能成长并成熟起来，去面对下一个生命周期阶段的问题。企业年轻时充满灵活性，但控制力却不一定总是很强；企业老化时，控制力增强了，但灵活性却减弱了。规模和时间都不是引起成长与老化的原因。一家有传统的大公司不一定就老，一家没有传统的小公司不一定就年轻。企业的生命周期可以划分为 10 个阶段：孕育期—婴儿期—学步期—青春期—盛年期—稳定期—贵族期—官僚化早期—官僚期—死亡期。企业稳定期之前统称为成长阶段，之后统称为老化阶段。从成长阶段转变为老化阶段，企业会出现微妙变化。

1995 年，美国学者高哈特和凯利又将企业的生命周期形象地称为"企业蜕变"过程，他们还将企业体形象地称为"生物法人"，号召企业家创造各企业独有的基因结构，并通过塑造独有的 12 对染色体来确保企业健康成长。企业组织体系随着生命周期不断演变的时候，将会展现出可以预测的行为模式，在迈向新生命阶段时，组织体系都将面临某种危机。此时，组织若能通过程序的制定以及有效的决策来进行变革，促成转型的成功，则所面临的问题均属过渡性的正常现象；反之，如果组织只是一味地走老路，那么更多的异常问题将随之而来，而且一旦重复，将妨碍组织的发展能力。

（六）资源基础理论

资源基础论是对新古典经济学企业理论的重大突破。在新古典经济学中,企业是"黑箱",企业之间没有差异。1986年,Barney以新古典经济学为基础,提高了企业资源基础论的核心内容,形成了著名的"战略要素市场"理论。该理论认为,在完全竞争的市场条件下,价格能够反映所有的信息;而在不完全竞争的市场条件下,供给无弹性的资源和能力能够吸收所有的利润。企业为了获取经济租金,就必须在不完全的竞争性战略要素市场上获得资源和能力。

资源基础论打开了企业的"黑箱",认为企业是由一系列独特的资源所组成的,而大多数资源都不可能在短期内迅速完成积累,因而企业间才会产生差异;并提出企业的竞争优势来源于其拥有或能支配的资源。

沃纳菲尔特在其经典论文《企业的资源基础论》中提出,资源一般包括品牌名称,企业自身拥有的技术知识,有技能的雇员、贸易合同、高效率的工作程序等。科里斯和蒙哥马利认为,资源可以多种形式存在;它可能是在竞争性的交易中广泛存在并且很容易购买到的一般要素投入,也可能是高度差异化的、需要多年积累且很难复制的资源,如品牌。他们把资源分为三类:有形资产、无形资产和组织能力。资源基础论认为,这些资源必须"是战略性资源",也只有战略性资源才是持续竞争优势的现实来源。战略资源必须具备四个基本特性:价值性、稀缺性、不可完全模仿性、不可替代性。资源基础论有两个假设:一是某个产业内的某个企业所控制的资源是异质的;二是企业所控制的资源不能完全流动,而且资源的异质性能维持较长的时间。巴尼认为企业的资源和能力如果具有价值性、稀缺性、难以模仿性,那么它们对于竞争优势的创造与保持就显得十分重要。因此,有一些资源基础论的代表认为:企业为了进一步获取持续的"异质性资源",就必须对竞争对手可能存在的模仿行为进行"隔离"或"绝缘"。即形成"隔离机制",通过设置能够组织或缓解市场竞争并能有效保护稀缺资源的各种形式的时滞、信息不对称和壁垒,以获取静态的竞争优势。

美国学者杰伊·巴尼是资源基础理论最著名的代表人物之一,他把资源定义为企业的资产、知识、信息、能力、特点和组织程序,把它们划分为财务、实物、人事和组织资源几个种类。巴尼认为资源的价值是由可以得到的开发资源的机会决定的,这些机会有时会变化,使资源从有价值到无价值;关系到竞争的重要资源具有稀缺性,如果竞争者也具备了相同或相似的资源与能力,该企业就失去了竞争优势;竞争性重要资源的另一个标准是难以模仿,巴尼认为,许多实物资源容易模仿,而基于团队工作、文化和组织程序的资源和能力则难以模仿,这些资源通常是由一段时间内企业自身复杂的历史和难以计数的小决策造成的,它们对特有能力的发展做出贡献。

（七）核心竞争力理论

1990年,普拉哈拉德和哈默尔在《哈佛商业评论》上发表了《公司核心能力》一文,掀起了围绕企业核心能力的研究热潮。他们认为核心能力有三个主要的特征:一是核心能力具有充分的用户价值,可以创造价值降低成本;二是核心能力具备独特性,难以被竞争对手所模仿;三是核心能力具备一定的延展性,能为企业通向多个市场提供支持。在取得竞争优势的过程中,企业内部能力的培养和各种能力的综合运用是最为关键的因素。

核心能力理论认为,积累、保持和运用核心能力是企业开拓产品市场的决定性因素。核心能力的不同造成了企业间的效率差异,这种差异又使不同的企业产生不同的收益;企业获取竞争优势的关键是核心能力,它来自企业在长期的发展过程中积累形成的各种技能的有机融合。

核心能力应当具有:（1）价值性。核心能力应该能够提高企业的效率,或者说核心能力可以使企业在创造价值和降低成本方面比竞争对手做得更好,从而给最终用户带来新增价值或提供根本性的好处。企业环境的改变会威胁到核心能力的价值性。（2）异质性。核心能力不是创造价值的充分条件,价值的创造还以企业比竞争对手更有效地运用不同种类的其他资源为基础。（3）不能仿制性。核心能力通过两种独立机制阻止仿效,一种是与资源的特殊性质(如社会复杂性、因果关系模糊等)有关;另一种是通过采取多种战略措施(如专利、品牌、保护性合同条款、商业秘密等)来保护其有价值的资源。核心能力一旦被仿制,与此有关的企业竞争优势就会减少直至消失。（4）难以替代性。替代品常常会威胁到核心能力,使企业间竞争优势重新定位。

与物质资本不同,公司的核心竞争力不仅不会在使用和共享中丧失,而且会在这一过程中不断成长。由于核心竞争力具有稀缺性、难以模仿性等特征,对于核心竞争力的重视和研究,实际上是将企业竞争优势的生成问题转化为获取和保持企业竞争优势的问题,进而赋予企业可持续发展的基础。

（八）知识基础理论

企业拥有核心能力时会出现核心刚性。核心刚性指在快速的环境变化中,核心能力常常无法随之改变,企业原有的核心能力非但不能成为企业的竞争优势,反而成为企业竞争发展的桎梏。因此许多学者进一步研究企业能力与环境的融合进化,在此基础上产生了企业知识基础论。

能力基础理论所指的核心能力主要是指企业配置、开发和保护资源的能力。这些能力可以概括为不断创新的能力。企业各种资源发挥效用程度上的差别、创新能力的差别，都是由企业现有的知识存量所决定的，能力差别的背后实际上是知识存量的差别，能力是知识存量的显在表现。

知识基础理论认为，企业所具有的知识应是难以模仿的，即企业的默会知识（tacit knowledge），它具有三个特性：一是过程性，如果竞争者没有参与这个过程，是很难体验到这种知识的存在的，更是难以模仿的；二是完整性，企业中明晰的知识是与默会知识结合在一起共同发挥作用的，竞争对手只能模仿明晰知识，而没有认识到默会知识；三是不明确性，在模仿过程中，竞争对手总希望发现并模仿核心因素，但默会知识往往起关键性的作用，使那些想模仿的企业不能确切知道模仿什么，如何模仿。企业知识基础论还认为，知识具有路径依赖或历史依赖性。

核心能力理论认为企业的竞争优势来自企业配置、开发利用与保护资源的能力。但隐藏在企业能力背后的又是什么？研究表明，隐藏在能力背后并决定企业能力的是企业掌握的知识。随着知识经济社会的发展，知识在企业发展中的地位越来越突出。知识基础论认为企业是一个知识积累的组织或者说知识的集合体，企业间的绩效的差异来源于知识的不对称和能力的差异。知识基础理论认为，企业规模效应的实现取决于企业管理者拥有的知识和管理能力，所以组织的知识以及相应的企业能力是企业获得竞争优势的重要因素。企业的知识存量决定企业培植资源等创新活动的能力，从而在企业最终产出及市场力量中体现出竞争优势。知识又具有难以模仿性，具有很强的路径依赖性。所以知识是企业竞争优势得以持续的重要原因，是竞争优势的根源。由企业知识决定的企业认知学习能力是企业开发新竞争优势的不竭源泉。

（九）产业集群理论

哈佛商学院教授迈尔·波特在《簇群与新经济学》一文中认为，"簇群"是位于某个地方，在特定领域获得不同寻常的竞争胜利的公司和机构的集合。簇群既促进竞争又促进合作，竞争是为取胜和保留客户，合作则大多是垂直的，介于相关产业内的公司和本地机构之间。竞争与合作能够并存是因为它们发生在不同的领域，发生在不同的参与者身上。一个由相互独立而联盟的公司和机构组成的簇群，代表着一种富有活力的组织形式，具有效率、有效性和灵活性方面的优势。波特进一步指出：现代竞争取决于生产力,而非取决于投入或单个企业的规模。生产力取决于公司如何竞争,而非它们在何领域竞争。如果公司运用熟练的方法和先进的技术,提供独特的产品和服务,那么就能产生较高的生产力。所有产业都能够运用先进的技术,所有产业都能成为知识密集型产业。波特还认为:簇群一旦开始形成,就会出现一个自我强化的循环,这个循环能促进它的发展,尤其是当地方机构持支持态度和地方竞争富有活力时更是如此。

企业集群论彻底打破了"规模经济"对中小企业发展的制约。企业集群论认为,由相互独立而又非正式联盟的公司和机构组成的簇群,代表着一种富有活力的组织形式,一个簇群的成员之间广泛联结而产生的总体力量大于其各部分之和,故由中小企业组成的专业化簇群同样较易获得规模经济。这样,就将"规模经济"一词的内涵、外延及研究的角度进一步强化和拓宽了。更具意义的是,企业集群论将中小企业存在的形式、存在的领域及中小企业之间的竞争与协调的理论研究,引入了一条新的途径。

一般说来,当产业集群形成后,将可以通过多种途径,如降低成本、刺激创新、提高效率、加剧竞争等,提升整个区域的竞争能力,并形成一种集群竞争力。这种新的竞争力是非集群和集群外企业所无法拥有的。也就是说,在其他条件相同的条件下,集群将比非集群更具有竞争力。可见产业集群现状制约着集群内企业的发展。

二、小企业发展理论

随着科技进步,人类社会进入信息时代,创新日益重要和活跃;产业结构向以尖端技术为先导的知识密集型产业和轻薄短小型的软产业转移;消费需求转向以多品种、高性能的质的需求为主,消费结构逐渐多样化、高级化、专业化和个性化;第三产业迅速发展,以至服务经济化;多品种、小批量生产,个性化消费,弹性的生产生活方式逐步替代少品种、大批量生产,大众化消费,标准化和模式化的生产生活方式;社会分工进一步发展,大企业和中小企业的关系发生了变化;随着经济的全球化,国际竞争加剧,出口产业向高增加值型和知识密集型产业转化;由于科技创新和消费需求变动加快,产品乃至产业生命周期缩短,对企业的灵活性、适应性的要求提高;随着城市化的发展,城市生活方式广为渗透,地区经济在社会经济中的地位日益重要;通过治理以高速增长为目标的大规模集中经济所恶化的人类生存环境,人类与自然的协调越来越受到重视。正是由于上述变化,小企业在很多方面较之大企业显示出更多的优势,小企业已成为现代经济体系中最重要的组成部分。①

（一）社会分工论

1. 产业分工论

随着社会经济的迅速发展，小企业的生命力及在经济中的地位和作用日益凸显，大企业与小企业的关系发生了深刻的变化，由过去不可调和的竞争对立关系，转变为协调合作关系。从直接竞争转为协调竞争，从而出现了社会分工的进一步深化。1965 年，施太莱和莫斯对美国产业组织结构进行了实证分析，认为不同产业适用于不同规模的企业经营，并归纳出 8 种所谓适合小企业经营的细分产业。日本学者太田一郎也认为，可以将经济部门分为集中型和分散型两类。集中型部门往往需要大型设备或巨额投资或产品易标准化且量大品种少，小企业即使存在，其市场占有率也很低，竞争优势很小，处于竞争劣势。分散型部门包括适合多品种小批量生产的部门，以及与大企业相关的生产资料加工和零部件生产部门等，分散型部门更适合小企业的生存和发展。

2. 企业协调论

竞争是市场经济的基本特征之一，但竞争方式却有各种选择。在发达国家中，第二次世界大战以来，垄断大企业与小企业的竞争方式发生了明显变化。即由二战前的垄断大企业对小企业一般采取吞并、排挤和驱逐的直接竞争方式，改变为二战后的垄断大企业对小企业采取扶持、利用、协作的竞争合作方式，即竞合方式。这种方式下，市场的垄断核心层能够允许小企业的竞争周边层的存在，并同其进行有利共图的合作。

20 世纪以来，出于鼓励竞争和小企业在发展经济、增加就业等方面发挥作用的考虑，许多国家从资金、技术、信息、服务、培训等方面对小企业采取了扶植措施，在处理大小企业之间的关系时，多数政府支持企业之间的联合与协作。这为小企业的生存发展和竞合创造了条件。

3. 系列化论

系列化论产生于日本，提倡以大企业为顶点，以中坚企业为骨干，以广大小企业为基础而组成"垂直型"协作方式。大企业通过原材料供应、加工订货、技术指导把小企业纳入生产体系中，而小企业为其生产零部件或提供某种服

---

① 张紫东：《中小企业发展理论评析》，《扬州大学税务学院学报》2008 年第 2 期，第 73—76 页。

务。系列化论的核心,是通过建立系列化生产经营体制,充分发挥不同规模、不同技术水平的企业的优势,从而创造出大大超过各类企业独立生产经营的生产力,实现双赢。系列化生产经营体制不仅通过长期持续交易所建立的信赖合作关系,为大企业节约交易成本、新产品开发时间及费用、生产和管理成本,也减少了小企业信息收集成本和销售成本,提高了小企业经营的稳定性。

4. 缝隙论

针对美国研究开发型即风险企业的广泛发展,霍兰德在《小企业的未来》一书中指出,市场与技术变化的不断相互作用,尽管使资源和经济力量向巨大企业集中,但因为要弥补大规模生产和大量流通之间的缝隙,给小企业的发展创造了机会。对于许多领域,在相对参加自由的动态经济之中,某一领域大企业的巨大性与其他领域小企业的存在绝不矛盾。只要生产、流通和市场技术适应市场扩大的需要而不断进化,企业合并与分化的交互作用就会继续为小企业创造出发展的机会。

小企业可充分发挥"产品差异化"形成的专业技术和经营管理能力,寻找市场的"缝隙"。由于技术革新与市场的动态结合所导致的服务经济化和科技创新的发展,为小企业带来新的缝隙市场,其结果是大企业越来越大,小企业越来越多。

(二)大规模时代终结论

日本进入20世纪70年代后,随着以大型重化工业为核心的"黄金增长阶段"的结束,高速增长期的内外条件逐渐丧失,以及此后国际环境的变化,特别是新技术革命的蓬勃发展,大企业的发展遇到阻力,多元化产业结构应运而生,小企业越来越具备生存条件。

对此,中村秀一郎教授在《大规模时代的终结——多元化产业组织》一书中,批判了在大企业支配和控制下,小企业将永远处于不稳定和"无力化"状态这一近代经济学中关于小企业的错误论点。认为随着现代资本主义的变化,由于产业结构和需求结构变动等诸多原因,大企业生产经营举步维艰,大规模时代已经终结。相反,小企业有出现结构性大发展的可能性,因为促使小企业存在和发展的客观基础正在形成。

英国学者舒马赫在《小的是美好的》中,主要从社会的角度指出:专业化、大型化的生产模式,看上去是解决了生产问题,但实际上是一种假象。这种生产模式导致经济效率降低、环境污染、资源枯竭,并滋生了许多社会问题,不能成为经济发展的方向,必须重新选择一种发展模式。大型化与自动化的经济理论是 19 世纪思想遗留的产物,不能解决今天的任何实际问题。今天需要有一种崭新的思想体系,一种以人为重点而不是以物为重点的体系,即大众生产而不是大量生产。要使社会"持久发展",必须要走小型化、中间化的发展道路,特别是要发展小企业和"中间技术"。美国未来学家托夫勒在《第三次浪潮》中也有类似的看法。

他认为,第二次浪潮的特征是长期生产数百万件同一标准的产品,而第三次浪潮生产的却是短期的、个别的和完全定做的产品。为适应这一潮流,大量的小企业发展起来,人类社会正处在分散—集中—分散的发展过程之中的第三个过程。第二次浪潮的特征是大规模生产,是先进的最有效的生产方式。而当第三次浪潮来临时,由于信息生产、家庭生活、市场地点和劳动就业都在进一步细分,上述所有观念都面临着挑战。

大规模时代终结论,主要是基于大规模生产所产生的各种问题,论证当经济、社会出现一系列的重大变化后,大企业所表现出的种种不适应性。相反,小企业较之大企业更具活力,也更有生命力,可能获得结构性大发展。这无疑是对上述理论的发展。但是,它对大规模经济的看法,未免失之偏颇。对经济发展中出现的一些新情况的本质原因也未加注意,还停留在一种就事论事的水平上。大规模在个性化方面虽有劣势,但这种劣势不足以将其一笔抹杀,因为现代经济不是前次"产业革命"经济的简单回归。它必须建立在产品较为丰富的基础之上,而大企业的存在就是产品丰富的前提之一。更何况,在很多方面,小企业的广泛发展尚离不开大企业的存在。

三、国内学者对小企业发展理论的研究

我国学者对小企业成长理论的研究较晚。刘万元从企业和政府两个层面对其进行研究,认为企业层面的企业文化、人力资源、管理方式、人才水平与规模、营销规模、研发技术等,以及政府层面的政府观念、政策措施、法律和政府职能等因素都对企业的成长产生重要影响。

刘刚(2003)以演化理论为基础,通过引入"主导逻辑"这一概念,分析了企业主导逻辑演进与企业发展的关系。刘刚认为:主导逻辑是惯例化的企业核心知识,在既定的惯例下,主导逻辑推动了企业的扩张,并构成企业竞争优势的基础。但是,当外部环境发生变化时,主导逻辑必须通过自身的不断演进来适应环境的变化,企业需要通过知识创新来构造新的主导逻辑,通过主导逻辑的推广普及、差异化、知识重组和新主导逻辑的形成等演进过程,企业将获得持续发展。

孔冬(2005)从新制度经济学变迁理论的角度来诠释小企业软环境供给创新,通过对我国小企业软环境供给创新过程的分析,认为我国小企业软环境供给创新作为一种重要的内生性资源,经过改革开放20多年来的几次变迁,已经成为促进小企业健康发展的重要因素。孔冬提出必须以科学发展观为指导,加速小企业软环境建设,促进小企业的健康发展,解决深层次的问题。

姚军、陈晓鸣(2004)针对政府规制问题,提出了解决起步阶段小企业融资困难的建议,指出:政府要强化服务功能,疏通小企业融资困难,转变政府职能、规范政府行为,为小企业提供良好的制度环境;并且重点规范小企业的经营行为,提高其财务的透明度,引导小企业提高信贷水平;放宽限制,鼓励企业进行直接融资,减少对银行贷款的过度依赖。

尹柳营、杨凯云(2002)则运用战略资源学派有关竞争优势理论,从资源的角度将企业系统的核心竞争力分为对企业长期生存至关重要的战略逻辑与公司远景层面、核心能力层面、价值链配置层面和对企业短期生存举足轻重的最终产品与细分市场层面这四个层面。

储小平、李怀祖(2003)通过对家族企业成长过程的分析,论证家族企业成长瓶颈的实质是信任资源约束,进而概括了华人社会三种信任资源产生的机制,并分析其对华人家族企业成长的影响,提出华人社会独特的泛家族信任既对家族企业的成长提供了较大的空间,但又对其成长形成制约;泛家族信任的运作成本高于理性制度信任,它在企业融资的广度和效度上的功能低于市场经济中理性制度信任的功能。

曹利军(2008)认为,从企业成长的要素看,企业组织可划分为资源、流程和价值观三个层次。动态地讲,成长的不同发展阶段,不同的行业,三个层次要素对企业成长所起的作用不同。与此相对应,企业成长的内涵也经历了从更大到更强再到更好的演变历程。为了企业可持续发展,必须在追求增量型成长与跳跃型成长之间保持平衡。首先,后者须以前者所提供的资源和稳定性为基础和条件;其次,在保持增量型成长的同时,必须积极创造条件,随时做好准备,一旦机会出现,尽全力实现跳跃型成长。事实上,正是两种成长方式之间的有机平衡,铸就了基业长青型企业。

张大海(2005)认为,企业发展的动力来自创新,只有不断地进行创新,企业才能实现可持续发展。所谓创新就是建立一种新的生产函数,生产函数即生产要素的一种组合比率,也就是说,创新是将一种从来没有过的生产要素和生产条件的新组合,引入生产体系,通过市场谋取潜在利润的活动和过程。

梁嘉骅、葛振忠、范建平(2002)认为:(1)企业生态系统是一个自适应复杂系统;(2)组成企业的人是自适应契约人,并且是有限理性的,他们不仅追求自身利益的极大化,并且会利用自身掌握的私有信息实施谋求自身利益而损害他人利益的行为,所以决定了企业内部具有不稳定性;(3)企业同样是自适应契约人,它对环境具有自适应和创新改造环境的能力,它会追求自身利益极大化,并且会表现出机会主义行为,环境资源的有限性和企业追求自身利益极大化决定了企业的竞争性;(4)企业间的竞争性、自适性、创新性和有限理性决定了企业生态系统的复杂性;(5)企业研究必须从竞争的角度,从企业与其所处的生态环境的角度来把握,企业研究的根本内容:一是如何维持企业内生态环境的动态稳定性;二是如何使企业适应竞争的生态环境;(6)企业管理是制度安排,是设计和执行一种合适的制度,以确保企业内生态环境的动态稳定性和适应竞争的外生态环境。

近年来,我国的一些学者以西方理论为指导,就小企业的影响因素问题,创建了各种分析框架。比较有代表性的有:王芳华等提出的十个管理诉求范式,认为企业要实现可持续发展,必须遵循十个管理诉求,即今天的管理孕育明天的事业,求发展不求生存,创新力与控制力的动态效率统一,以竞争力而不是风险承担为导向的制度安排,努力使竞争优势异质化、复合化和连续化,核心理念的真实性、统帅性、恒久性和渗透性,做强重于重大,战略与细节的统一,无形资产重于有形资产,制度选择企业家;范明等人提出的四力维度结构模型,认为产业力维度、技术力维度、制度力维度和市场权力维度构成企业可持续发展的四力维度结构,中国企业必须重视产业、技术、制度和市场权力的培育及其交互作用以实现企业的可持续发展;曹建海等的企业成长三维模型,认为小企业成长能否实现可持续发展,关键在于是否选择合理的成长方向、成长速度和成长动力三个方面维度。

总体讲,国内外学者对小企业的发展从不同角度进行了大量研究,其中的许多经典之作具有借鉴和指导意义。学术界对小企业发展问题的研究大体可归为三个方向:第一方向主要研究企业发展的内部问题,如家族制、员工激励、私营企业主;第二方向主要研究改善企业发展的外部环境,如政策支持、投资软环境、融资渠道问题;第三方向主要分析影响企业发展的因素,主要把影响企业成长的因素分为内部因素和外部因素,也有学者将其分为企业因素、产业因素和社会因素。

第二节　调研体系的建立

一、调研内容确定的原则

基于影响小企业发展因素的广泛性及企业所处系统的复杂性,在调研指标的选取上,在指标体系的构建过程中我们遵循以下原则:

(1)整体性与层次性原则。我们在问卷设计时既考虑反映各子系统发展的指标,又选用反映各子系统之间相协调的指标。同时我们遵循层次性原则,越往上,指标越综合,越往下,指标越具体。

(2)科学性和现实性原则。一方面,我们努力客观和真实地反映企业发展的内涵和状态及各个子系统指标之间的相互联系,能较好地量度可持续发展主要目标实现的程度;另一方面,调研指标体系中的指标根据可测性和可比性原则,率先使用易于获得的数据,以便定量化评价。

(3)独立性与协调性原则。一方面,我们既要求各指标之间保持相互独立,避免重复;另一方面,我们也考虑到指标之间的内在联系。

(4)完备性与简洁性原则。我们遵循完备性原则,覆盖面力求广泛,能综合反映企业发展主要特征;同时避免相同或含义相近的指标重复出现,使指标尽可能少,做到简明、概括,并具有代表性,以便理解和采用。

(5)动态性与稳定性原则。我们既考虑到静态指标,又充分利用动态指标,考虑动态变化特点,力求较好地描述、刻画与量度未来的发展或发展趋势。

(6)定性与定量指标相结合原则。在综合评价企业发展时,我们从定性和定量两个方面选取指标。对定性的指标明确其含义,对其赋值,使其能够恰如其分地反映指标性质。定性指标和定量指标都有明确的概念和确切的计算方法。我们遵循相对值指标优于绝对值指标,客观性指标优于主观调研指标的优先顺序。

(7)实用性和可操作性原则。问卷设计时我们力求含义明确,易于理解和接受,实用性强;我们以一定的现实统计作为基础,依据数量进行计算分析,力求具有可操作性,多用人均、百分比、增长率效益等相对指标表示。

(8)普遍性与特殊性相统一原则。小企业由于所处环境、行业等不同,影响因素众多,不同企业在其发展的不同阶段,其发展目标也是有差异的,因此在制定宁波小企业发展指标体系时,注重指标普遍性和宁波特殊性相统一的原则。

二、调研体系的确定方法

针对宁波小企业特点,本课题在确定宁波小企业发展指标体系时采用定性与定量研究相结合的方法,综合运用文献检索法、专家咨询法、网络搜索法、数据模型法与归纳演绎法,进行三轮的指标选取与修正,最后确定宁波小企业发展调研体系。

三、指标体系选取及修正

运用文献检索法及理论选取法进行第一轮调研指标选取。研究就现有的小企业发展研究理论进行归纳总结,遴选得到第一轮调研指标。理论上的指标虽然集中反映了研究者的意见,但其科学性、有效性和合理性难以得到有效的保证。主要存在以下三个问题:一是调研指标数量偏多;二是调研指标的鉴别力不够;三是调研指标之间的相关性不强。

运用专家咨询法进行第二轮调研指标筛选。研究者邀请宁波市小企业发展领域的 15 名专家和学者组成专家顾问团队,进行多次的交流讨论。团队成员既包括有丰富理论背景和学术研究成果的大学教授,也包括有多年战略管理经验的中小上市公司最高管理层,还包括长期在企业第一线进行管理工作的部门经理。根据讨论结果,对第一轮调研指标进行了如下调整。

第一,鉴于能体现小企业发展的指标较为杂乱,且行业繁多,因此把调研内容划分为农业小企业、工业小企业、生产性服务小企业、消费性服务小企业四大调研模块,每一模块根据行业特征进行调研。

第二,把众多的调研内容划分为:宁波小企业产业规模调查;宁波小企业成长阶段调查;宁波小企业产业结构或空间分布调查;宁波小企业资源要素调查;宁波小企业技术创新调查;宁波小企业管理水平调查。

运用隶属度法进行第三轮调研指标筛选。研究者从江北、鄞州、北仑、慈溪、余姚等六个地区选择了 30 家小企业,将第二轮调研指标体系制成调查表,采用电子邮件和面访等多种形式发送给企业的所有者或中高层管理人员,请其依据自己的实践知识与经验,从中选择出他们认为最重要的几个调研指标。

四、主要调研内容

学者在研究小企业发展时,对小企业发展指标的评价体系,主要从企业外部和内部系统两个角度进行构建。企业外部系统主要指的是企业赖以生存的外部环境,这些环境对企业的发展起到决定性的作用。企业内部系统主要指企业管理、经营状况等方面。

（一）体现小企业发展的外部体系

查阅国内外研究中小企业发展指标的文献 20 余篇,根据张玉明等人(2012)总结,体现小企业发展的外部体系主要有以下几个方面。

1. 政策法律环境

政府合理的财政、税收等政策,以及对小企业创办和发展的扶持政策等政策法律环境对小企业有重要推进作用,有助于缓解小企业的弱势问题,对其成长具有积极的作用。同时,政府也可通过发挥创新基金的宏观引导功能,引导企业、金融机构和社会资金的投贷方向,充分提高社会资金的利用效率。

2. 金融生态环境

金融是现代经济的核心,它直接制约和推动企业的成长。研究发现,金融发展水平与企业成长之间存在正相关关系,特定的金融生态环境以其环境容量和净化能力对经济活动产生约束性影响。我国商业银行的经营理念和营销策略保守,而且只注重追求大客户、大企业、大项目,相对忽视了小企业的资金需求,企业的发展也受到阻碍。深化金融改革,为小企业提供好的融资环境和融资政策支持必将大幅提升其成长能力。

3. 企业集群环境

企业集群多以小企业为主,企业通过进入集群的方式来获得其成长过程中必需的资源以促进企业自身的成长,这实际上就是小企业通过建立关系网络来赢得发展。因为网络聚集体中存在着非常丰富的外部经济,体现在企业集群成长性、知识扩散程度、集群生产协作能力、集群企业依存度等方面,一般这种关系网络越复杂越优越。

4. 国际经济环境

国际经济环境包括汇率指标、贸易保护、国际需求等。目前我国已有国际化经营的小企业,主要集中于纺织、服装、制鞋、玩具、五金等劳动密集型行业,这些依赖国外订单的加工生产,处于产业链的低端,靠低成本、低利润的生产模式生存与发展,利润空间小。小企业国际经营正面临巨大的挑战,但同时也存在许多发展的机会。只要我国小企业能够不断优化企业管理机制,立足长远,勇于创新,抓住各项优惠政策,真正做到内强实力,外树形象,就定能化危机为转机,其国际化之路一定能越走越宽。

5. 区域创新网络

中小企业集群内部成员,出于自身发展的需要,会自发地建立管理信息系统,并为改善环境而投资区域的基础设施,这对于区域创新网络的建立和完善无疑具有积极作用。由此,网络内的成员可以共享技术基础设施和公共性资源合作创新,有利于创新扩散并降低创新过程的成本和风险。创新网络推动区域内企业创新绩效的不断提高,区域创新网络内微观主体与其他机构关系会影响企业的竞争力。

6. 产业演化与产业规模

任何企业的生存和发展都是处于一定的产业之中,这就像是生物体生存于一定酸碱度和肥力的土壤之中一样。产业与行业发展潜力、行业结构、产业与行业成长性、产业与行业发展阶段是产业演化与行业发展环境的基本构成和衡量指标。小企业在不同的产业发展阶段,采取不同的策略,寻找机会扩大规模,或者通过保持高成长率维持生命,是其实现长寿的保障。产业化需要一个适度规模,规模过大会导致产能过剩,造成资源浪费;产业规模过小,不易形成规模效应,在一个完全竞争的环境中不易形成竞争优势。因此,合适的产业规模成为产业政策制定时,国家和政府需要考虑的一个重要方面,也是本课题调查的一个重要方面。

7. 社会公共服务和基础设施

建设与我国经济发展相适应,包括社会服务体制建设、中介服务与基础建设、政府机构服务质量三方面主要内容的社会公共服务和基础设施体系势在必行。通过建立健全社会服务及基础设施,一方面降低了创业门槛和相关的费用,降低了企业与利益相关者之间的信息不对称问题,有助于企业获得发展所必需的资源;另一方面,通过搭建公共科技信息、专业创新等基础平台,可以为小企业发展提供有关技术创新、技术转让等方面的信息,从而改善企业的生存和成长能力。

8. 技术环境

技术环境指社会技术总水平及变化趋势,技术变迁,技术突破对企业的影响,以及技术对政治、经济社会环境之间的相互作用的表现等,其具有变化快、程度深、影响面广等特点。科技是企业的竞争优势所在。当今技术的进步使企业能对市场及客户进行更有效的分析,新技术的出现使社会和新兴行业对本行业产品和服务的需求增加,从而使企业可以扩大经营范围或开辟新的市场。技术进步可创造竞争优势,技术进步可导致现有产品被淘汰,或大大缩短产品的生命周期。

(二)小企业发展现状调查

根据前几轮的研讨和分析,结合文献检索,我们确定小企业发展的调研内容主要从企业管理水平、企业资源要素、企业发展阶段等方面进行考量。

1. 企业管理水平

企业的管理水平是指企业在合适的规模下,通过对企业内各部门进行组织和协调及对各项生产经营活动进行计划和组织,利用企业资源,持续生产、销售产品或向社会提供服务并取得收益和竞争优势的综合素质表现,包括战略管理能力、市场营销能力、品牌管理能力、盈利能力、运营能力、融资水平等。

企业的发展能力与企业的战略规划密切相关,所以应从总体上对企业发展能力进行评价。企业发展能力的形成,取决于企业资源的组织运行形式,因此,可以从企业拥有资源的利用和成长状况来评价企业的发展能力。同时,有效的治理结构将为小企业的发展创造广阔的空间,就如同是骨骼支撑着人体,其也支持着其他系统功能的发挥。研究表明,经营决策能力、治理机制有效性和组织柔性是治理结构有效性的体现。

市场营销能力通过产品市场占有率、顾客满意度和顾客保留率的高低等来表现强弱。顾客就是上帝,企业生产的产品需不断地满足顾客日益变化的需求。客户是企业赖以生存的基础,顾客的满意度和忠诚度,是最大限度地开发利用顾客资源的前提。为建立、维护并发展客户关系而进行的客户管理能力和客户服务水平的提升是提高顾客的满意度和忠诚度的保证。因此客户管理能力和服务水平是衡量企业客户服务的重要指标。评价顾客满意度就是要确定企业产品和服务是否满足以及在多大程度上满足了顾客的欲望和要求,企业产品和服务超越顾客的期望还可带来更强烈的顾客忠诚度。

盈利能力是企业获取利润的能力,也称为企业的资金或资本增值能力。盈利能力指标主要包括营业利润率、成本费用利润率、盈余现金保障倍数、总资产报酬率、净资产收益率和资本收益率等。

对小企业营运能力的分析包括总资产营运能力、流动资产营运能力(包括应收账款周转情况和存货的周转情况)以及固定资产营运能力分析。由于现金流量与企业经营的不断循环与周转是相伴而行的,并且现金是企业流动性最强的资产,因此,加速现金的周转,可以有效地盘活企业资产,加快其周转的速度,增强企业的营运能力。

小企业能否得到足够的血液输入,依赖于企业自身融资能力的强弱,融资能力的强弱实际上是小企业造血功能强弱的间接反映。但由于小企业自身的规模小、风险高等局限性,往往使其在融资过程中陷入不利的境地,资金成为制约小企业生存和发展的瓶颈,根据融资需求拓宽融资渠道提高贷款效率进而提高融资潜力是小企业维持持续成长和运转的关键。

今天的市场竞争在一定领域也是产品的竞争,而品牌对提高产品竞争力具有重要意义。品牌意味着高附加值、高利润、高市场占有率。中小企业是否拥有自己的强势品牌,是综合实力强弱的集中体现。创立、培育与发展知名品牌,已成为小企业的长期发展战略。小企业要想在经济浪潮中求生存,谋发展,就要不断树立创品牌、用品牌的意识,在对宏观经济形势、行业发展现状进行充分研究的基础上,结合自身实际情况,制订适合本企业特点的、可行的品牌发展战略,扬长避短,因势利导,才能在竞争日益激烈的市场中取得有利的竞争地位。

2. 企业资源要素

资源要素,是指进行社会生产经营活动时所需要的各种社会资源,它包括劳动力、土地、资本、技术、政策等内容,而且这些内容随着时代的发展也在不断发展变化。本课题在调研时,考虑到宁波小企业的特点,主要从人力资源、土地、资本、政策、技术等方面调查企业的需求。

(1)人力资源。人力资源的每一个组成单位直接将管理者的意图传导到企业的每一个角落,并搜集信息汇报给管理者,帮助管理者做出正确的决策。人力资源实践和企业绩效之间存在普遍的相关性。这就要求小企业基于社会人才供需结构和业务需求合理配置人才结构,建立合理有效的激励机制,减少人才流失,调动人的积极性和创造性,把人力资源转化成具有增值性的人力资本,这是小企业增强竞争能力和提升竞争优势,实现企业持续成长和发展的根本保障。

(2)技术创新。它在小企业成长的过程中起着重要的作用。从产品生产和经营的角度,对小企业进行以技术为核心的改造,可提升企业自身的活力和盈利能力。它是一个不断探索、发现、开发利用新产品、新工艺等的过程,包括创新体系与技术来源、创新技术水平、创新产品收益、研发人才基础等层面,贯穿于小企业从创造性研究到技术成果商品化和产业化的全过程,是企业生存与发展的必要条件。

(3)土地资源。土地不仅仅指一般意义上的土地,还包括地上和地下的一切自然资源,如江河、湖泊、森林、海洋、矿藏等等。随着国家土地供应形势吃紧,在国家控制总量、地根紧缩的大背景下,用地保障难是中小企业面临的一大难题。每年的建设用地指标实行总量控制,而不是按需分配,自上而下逐级下达的建设用地指标严重不足,在用地保障上只能保大放小,保证了重点建设项目用地,就无法保证中小企业发展用地,这是不争的事实。针对这种情况,本课题将调查宁波小企业对土地资源的需求和认识。

（4）资本。资本可以表示为实物形态和货币形态,实物形态又被称为投资品或资本品,如厂房、机器、动力燃料、原材料等;资本的货币形态通常称之为货币资本。本课题将调查小企业获取资本的渠道、难度,研究其发展之现状,寻求突破困境之方法。

（5）政策。中小企业政策是指政府根据中小企业的实际情况和本国有关产业发展的特点,对各产业中的中小企业采取的一系列方针、措施和规定,分为限制性政策和扶持性政策两大部分。但由于中小企业同大企业相比在经济发展中处于不利地位,各国普遍采取的主要是扶持政策。政策理念上,从把中小企业当作弱势群体,提供保护政策,到促进企业现代化,壮大企业规模,调整产业结构,到发现中小企业的重要作用,支持创业、技术和商业模式创新,鼓励和支持参与国际竞争,重视中小企业的再生。本课题调查了宁波小企业对政策的需求,具体包括:①劳动政策。帮助中小企业进行职业培训和能力开发,协助中小企业提高人员素质。②金融政策。包括有关支持中小企业的专门金融机构贷款和信用保证制度。③交易公开化政策。对大企业运用市场支配能力加以限制,帮助中小企业组织起来,提高应变能力。④诊断、指导政策。为中小企业提供技术、市场、经营等信息,以及为中小企业提供诊断和咨询服务。

3. 企业成长阶段

企业成长阶段性理论是把企业的成长和发展划分成几个阶段,并研究各个阶段的特征和影响因素,所以划分成长阶段、分析成长阶段特征及各阶段影响因素是阶段性理论的主要方面。企业要保持可持续成长就需要正确识别自身所处的成长阶段,帮助企业的管理人员了解企业目前的发展现状和所处的成长状态,从整体的角度来发现企业中的薄弱环节,实施改进措施,提高经营绩效,了解该阶段的影响因素,进而采取相应的管理措施。

（三）宁波小企业发展的调研内容

根据课题组专家组论证,本课题从宁波小企业发展的外部环境和企业自身发展状况两个方面进行调研。宁波小企业发展环境调研:政策法律、经济、产业、企业集群、金融生态、社会环境等。宁波小企业发展状况调研:企业发展阶段、企业管理水平、企业要素资源、技术创新等(见表2-1)。

表 2-1   调研内容及模块

调研目标	调研模块	调研内容	调研内容细分
宁波小企业发展现状	宁波小企业所处环境调查	政策法律环境	政策法律保障与执行
			政策资金投入
		产业环境	空间结构
			产业规模
		企业集群环境	知识扩散程度
			集群生产协作能力
			集群企业依存度
		金融生态环境	融资政策支持
			融资环境
		社会公共服务	中介服务与基础建设
			政府机构服务质量
	宁波小企业现状调查	管理水平	关系协调能力
			企业经营能力
			市场开发能力
			品牌建设能力
			盈利能力
		技术创新	技术能力
			产品开发能力
			创新合作程度
			技术需求
		资源要素	激励机制建设
			人才流动程度
			资本需求
			土地需求
			政策需求
			其他需求
		企业发展阶段	企业发展年限
			企业所处的阶段

第三节　调研及分析方法的确定

一、调研方法的选择

（一）信息主要来源

为了保证获得信息的真实性、及时性、有效性,本课题主要通过调查人员现场实地调查获得农业、工业、生产性服务业、消费性服务业四类小企业的一手信息。这些数据主要包括企业家能力、技术能力、财务状况、人力资源状况、企业文化状况;市场占有与开发、品牌建设与实施、客户管理及服务、物流管理与运作状况等信息。同时,通过文献搜索获得政府部门、行业协会、企业等现有的有关政治、经济、技术、社会等及企业经营等的二手数据。这些数据主要有:企业内部资料(包括内部各有关部门的记录、统计表,报告、财务决算、用户来函等);政府机关、金融机构公布的统计资料;公开出版的期刊、书籍、研究报告等;市场研究机构、咨询机构、广告公司所公布的资料;行业协会公布的行业资料及公开的宣传资料;政府公开发布的有关政策、法规、条例规定以及规划、计划等。

（二）调研方法的选择

1. 一手数据的调查方法

获取一手数据的主要方法,有询问法、观察法、实验法等。本课题主要通过询问的方式收集企业一手资料。观察法是直接到调查现场进行观察的一种收集资料的方法,具有可以比较客观地收集资料,直接记录调查事实和被调查者在现场的行为,调查结果更接近实际等优点。但本课题主要研究的是影响宁波小企业发展的内在因素,不易观察到,所以观察法不宜用在本研究中。同样,实验法也具有可获得较正确的原始资料的优点,但也不适用于本研究。

询问法,主要包括面谈调查、邮寄调查、电话调查、网络调查、混合调查等方法。这些调研方法各有优缺点。面谈调查法具有回答率高、能深入了解情况、可以直接观察被调查者的反应等优点,集中起来就是较别的方法能得到更为真实、具体、深入的资料。但是这种方法也有调查范围窄、资料受调查者的主观偏见影响大等缺点。邮寄调查法,调查范围大、成本低、被调查者有充分时间独立思考问题。同时存在所用时间长、受调查人文化程度限制、问卷回收率低等缺点。电话调查法,收集资料快、成本低,电话簿有利于分类。但只限于简单的问题,难以深入交谈,且存在照片图像无法利用等问题。网络调查法,不受时空限制,成本低,但可靠性受被调查者影响大,存在不合作的态度等。

鉴于各调研方法的优缺点,本研究为获取真实的、具体的、深入的企业发展资料,主要采用面谈法获取典型企业的资料,同时通过邮寄、网络、微信等方式发放调查问卷,广泛地获取各行各业小企业的信息,为避免减少受众不合作的态度,在发放问卷时,设置一定的抽奖机会,并给予问卷作答者一份小礼品作为奖励。

2. 二手资料调查方法

尽管二手资料调研具有省时间、省费用的优点,然而也存在着严重缺陷。我们在调研时,重视二手资料的可获性。宁波一些县市特别是企业的统计手段相对落后,统计资料不完备,且由于商业机密保护等规定,有些资料难以获得。同时,二手资料时效性短、精确性差也是不可避免的问题。所以,本课题利用网络搜索、数据购买及向政府、行业、企业等部门索要等方式获得准确的、权威的、可信的二手资料。

二、调研数据分析方法

常见的调研数据分析法,有定性与定量之分。定性分析法有经验判断法、专家意见法、小组讨论法、德尔菲法、头脑风暴法等方法;定量分析法有描述性分析、回归分析、方差分析、相关分析等。

(一)数据的定性分析法

为了保证数据分析的创造性,提高分析质量,本研究主要采用小组讨论法和头脑风暴法。在获取数据后,课题组组织召开专题会议,并尽力创造出融洽轻松的气氛。由课题组成员畅所欲言,互相启发和激励,提出尽可能多的方案。其原则:禁止批评和评论,也不自谦;目标集中,追求设想数量,越多越好;鼓励巧妙地利用和改善他人的设想;与会人员一律平等,各种设想全部记录下来;主张独立思考,不允许私下交谈,以免干扰别人思维;提倡自由发言,畅所欲言,任意思考;不强调个人的成绩,应以小组的整体利益为重,激发个人追求更多更好的想法。

1. 准备阶段

在数据获取以后就宁波小企业发展现状进行分析,弄清问题的实质,找到问题的关键,设定解决问题所要达到的目标。要求课题组8人均参与。

事先将会议的时间、地点、所要解决的问题、可供参考的资料和设想、需要达到的目标等事宜一并提前通知课题组成员,让大家做好充分的准备。

2. 热身阶段

每次会议前,课题组成员先以轻松话题入手,创造一种自由、宽松、祥和的氛围,确保大家得以放松,进入一种无拘无束的状态。主持人宣布开会后,先说明会议的规则,让大家的思维处于轻松和活跃的境界。

3. 明确问题

主持人扼要地介绍有待解决的问题。介绍时简洁、明确,不可过分周全,否则,过多的信息会干扰人的思维,限制思维的创新力。主持人宣布论题,如需要再做出进一步解释。

4. 重新表述问题

经过一段时间讨论后,大家对问题已经有了较深程度的理解。这时,为了使大家对问题的表述能够具有新角度、新思维,主持人或书记员要记录大家的发言,并对发言记录进行整理。通过记录的整理和归纳,找出富有创意的见解,以及具有启发性的表述,供下一步畅谈时参考。

5. 畅谈阶段

畅谈是头脑风暴法的创意阶段。为了使大家能够畅所欲言,需要制订的规则是:第一,不要私下交谈,以免分散注意力。第二,不妨碍他人发言,不去评论他人发言,每人只谈自己的想法。第三,发表见解时要简单明了,一次发言只谈一种见解。主持人首先要向大家宣布这些规则,随后导引大家自由发言,自由想象,自由发挥,使彼此相互启发,相互补充,真正做到知无不言,言无不尽,畅所欲言,然后将会议发言记录进行整理。所有与会者各自说出自己的想法,由记录员做记录。

6. 筛选阶段

会议结束后的一两天内,课题组成员通过微信、QQ群共享新想法和新思路,以此补充会议记录。经过多次反复比较,对宁波小企业发展中的实质性问题进行归纳总结。最后撰写调查方案,形成决策建议稿。

(二)定量分析方法

本课题在描述宁波小企业发展现状时,对数据进行描述性分析。描述性分析着重于客观事实的静态描述,处理的是总体的描述性特征。其目的在于描述宁波小企业运营的特征;估计宁波小企业发展中某些行为的发生比率;比较小型企业经营与管理特征。课题在预测小企业发展趋势时,采用多元回归分析,回归分析则要分析现象之间相关的具体形式,确定其因果关系,并用数学模型来表现其具体关系。一般来说,回归分析是通过规定因变量和自变量来确定变量之间的因果关系,建立回归模型,并根据实测数据来求解模型的各个参数,然后评价回归模型是否能够很好地拟合实测数据;如果能够很好地拟合,则可以根据自变量作进一步预测。课题在研究各指标与小企业发展规律时,采用相关分析和比较分析等。相关性分析是研究各项指标与企业发展之间是否存在某种依存关系,并对具体有依存关系的现象探讨其相关方向以及相关程度,是研究随机变量之间的相关关系的一种统计方法;对比分析法通常是对两个相互联系的指标数据进行比较,从数量上展示和说明研究对象规模的大小,水平的高低,速度的快慢,以及各种关系是否协调。在对比分析中,选择合适的对比标准是十分关键的步骤,选择得合适,才能做出客观的评价,选择不合适,可能得出错误的评价结论。由于各种因素的影响,研究所得的数据呈现波动状。

第四节　调研对象及样本选择

宁波企业多达 15 万家,其中 22％以上是小企业。本课题的调查是一种非全面性调查,采用重点调查、典型调查、抽样调查相结合的方法。如何选择调研对象及样本是能否正确获取宁波小企业发展数据的关键。

一、选择调研对象的原则

(1)样本单位具有一定覆盖面,在总体中分布均匀。

(2)兼顾不同行业。宁波小企业几乎覆盖了所有行业,其中通用设备制造业、塑料制品业、电气机械及器材制造业、纺织业、交通运输设备制造业、金属制品业、专用设备制造业等 7 个行业分布最广,数量最多。

(3)兼顾不同企业类型。在选择调查点时,不仅选择民营企业,集体经济单位,还选择了个体户等其他经济类型单位。

(4)选择重点企业。对宁波重点的行业及企业进行重点调查。

(5)兼顾不同区域。根据宁波市经济普查数据,各区县小企业占比不同,在选择样本时,也兼顾到不同区域(见表 2-2)。

表 2-2　宁波各区县小企业分布

区域	企业数量(家)	小企业数量(家)	小企业占比(%)
宁波市	156059	34607	22.18
海曙区	10167	1613	15.87
江东区	14104	2046	14.51
江北区	7410	1551	20.93
北仑区	12111	3362	27.76
镇海区	10765	2242	20.83
鄞州区	36309	7746	21.33
象山县	8675	1786	20.59
宁海县	10973	2388	21.76
余姚市	15192	4176	27.49
慈溪市	22413	5766	25.73
奉化市	7940	1931	24.32

(6)兼顾区域特色。宁波小企业形成了特色明显的区域经济。如余姚的塑料、慈溪的打火机、宁海的文具和模具制造业、象山爵溪的针织衫裤等多个"一镇一品""一村一品"专业生产群体,全市工业总产值超亿元的块状经济就有 100 多个。

二、二手数据的调查对象

(一)二手数据的调查

1. 企业内部文献资料

各种文件档案:员工名单,顾客名单,公司内部刊物。

统计资料:销售报表、销售访问报告、发票、存货报告。

财务资料:年度报表,股东报告,包括公司的损益表、资产负债表,其他资料来源。

数据库:用计算机跟踪和记录的消费者特征和购买信息,可用于研究消费行为并据此作为企业决策的基础。

2. 外部文献资料

公开资料:统计年鉴;期刊;行业报告;厂商产品目录、价格表等。

互联网:使用搜索引擎,如 google、百度等。搜索引擎在网址库中找出与关键词有关的网址,并列出清单。点击进入网站和资料目录。

3. 收费数据库

另外,本课题还从专业调查机构获得了农业、工业及服务业的行业数据。

(二)二手数据调查对象

为获取以上数据,本课题将选择宁波市各区县政府、统计局、工商局、贸易局、发改委、经信委,各级商会、协会,各企业单位、专业调查公司等单位作为本研究的二手数据调查对象。

三、一手数据的调查对象

针对企业一手数据的获取,本课题将采用抽样调查的方式。抽样调查是一种非全面调查,是从全部宁波小企业调查研究对象中,抽选一部分单位进行调查,并据此对全部调查研究对象做出估计和推断的一种调查方法。目的在于取得反映宁波小企业总体情况的信息资料。

(一)抽样调查的要求

我们就宁波近3万家小企业选择抽取适当数量的企业进行调查,选择的样本务必做到能代表和推算总体,所以对样本的抽取有严格的要求。

第一,为兼顾行业、区域等,调查样本按照重点抽样、典型抽样和分层抽样方法进行。

第二,所抽选的调查样本数量,根据调查误差的要求,经过科学的计算确定,有可靠的保证。

第三,抽样调查的误差,在调查前就根据调查样本数量和总体中各单位之间的差异程度进行计算,并控制在允许范围以内,调查结果的准确程度较高。

(二)样本单位数量的确定

本课题在确定样本量时,考虑调查的目的、性质和精度要求,以及实际操作的可行性、经费承受能力等。鉴于农业小企业数量相对较少,工业小企业、生产性服务小企业、消费性服务小企业数量较大,确定农业小企业调查320份、工业小企业调查380份、生产性服务小企业350份、消费性服务小企业350份。实际上,确定样本量大小是比较复杂的问题,课题组在确定样本量时,既有定性的考虑,也有定量的考虑。从定性的方面考虑,问题的重要性、数据分析的性质、资源、抽样方法等都决定样本量的大小。但是这只能原则上确定样本量大小,具体确定样本量是从定量的角度考虑。

从定量角度,本课题从研究对象的变化程度,即变异程度;要求和允许的误差大小,即精度要求;要求推断的置信度,一般情况下,置信度取为95%;总体的大小;抽样的方法等方面进行考量。

由于没有误差限以及置信度和抽样比率的值,我们在研究时采用了常用参数:设定区县总体为很大,置信度是95%,抽样比率保守估计是0.5,抽样误差不大于15%,根据公式计算得到样本量近1400个。

根据定性与定量的样本抽取方法,本课题在研究时,确定典型企业调查30个,重点企业调查15个,抽样问卷调查1400家企业。具体数量配置见表2-3。

表 2-3　宁波小企业调查抽样数量配置

企业类别	抽样问卷数量	典型企业调查	重点企业调查
农业小企业	320	10	3
工业小企业	380	12	5
生产性服务小企业	350	10	4
消费性服务小企业	350	8	3

第三章　宁波小企业基本情况与总体特征

对宁波小企业的总体发展情况和特征进行调查研究,旨在总体上把握宁波小企业的发展状况,为进一步研究宁波小企业发展所存在的问题以及提出对策建议奠定基础。宁波是长江三角洲南翼经济中心和化学工业基地,既是中国华东地区的工商业城市,也是浙江省经济中心之一。小企业数量众多、地位突出,是宁波区域经济发展的显著特征之一,同时也是宁波经济保持蓬勃发展和旺盛生命力的重要微观基础。

第一节　宁波小企业运行的外部环境

一、经济社会发展背景

(一)国际经济发展概况[①]

2014 年,发达经济体经济运行分化加剧,发展中经济体增长放缓,世界经济复苏依旧艰难曲折,我国面临的外部环境依旧复杂多变。

1. 外需有所回暖

一方面,全球经济形势有所改善,全球贸易量增长有加快的迹象。根据WTO 公布的数据显示,2014 年世界商品贸易增长率为 2.8%,高于 2013 年2.1%的增长率(见表 3-1、图 3-1)。预计 2015 年达到 3.3%,2016 年达到

---

① 国家统计局国际统计信息中心,发布时间:2015 年 2 月 27 日。

4.0%,这将有利于我国企业扩大出口;另一方面,这种改善的程度有限,全球进口需求增长乏力。2012—2013年,全球贸易量增速连续两年低于经济增速。在内需不振的情况下,各国均致力扩大出口,全球贸易保护主义抬头,区域贸易自由化有取代全球贸易自由化之势。因此,我国出口个位数增长可能成为新常态。

表 3-1　世界及主要经济体 GDP 同比增长率　　　　　(单位:%)

	2012 年	2013 年	2014 年	2013 年		2014 年		
				三季度	四季度	一季度	二季度	三季度
世界	2.4	2.5	2.6	3.3	2.8	1.7	2.3	3.0
美国	2.3	2.2	2.4	4.5	3.5	−2.1	4.6	5.0
欧元区	−0.7	−0.5	0.8	0.1	0.3	0.3	0.1	0.2
日本	1.5	1.5	0.2	0.4	−0.4	1.4	−1.7	−0.5
南非	2.5	1.9	1.4	1.8	2.9	1.9	1.3	1.4
巴西	1.0	2.3	0.1	2.4	2.2	1.9	−0.9	−0.2
印度	5.1	6.9	7.4	7.5	6.4		6.5	8.2
俄罗斯	3.4	1.3	0.7	1.3	2.0	0.9	0.8	0.7
墨西哥	4.0	1.4	2.1	1.6	1.1	1.9	1.6	2.0

　　注:2014年为世界银行1月份预测数据。世界经济增长率按汇率法 GDP 加权汇总。印度数据为印度中央统计局修订后数据;印度由于基期从 2004—2005 年修订为 2011—2012 年,且核算方法及分类体系也有所改变,印度中央统计局上调了 2012 年至 2014 年数据。

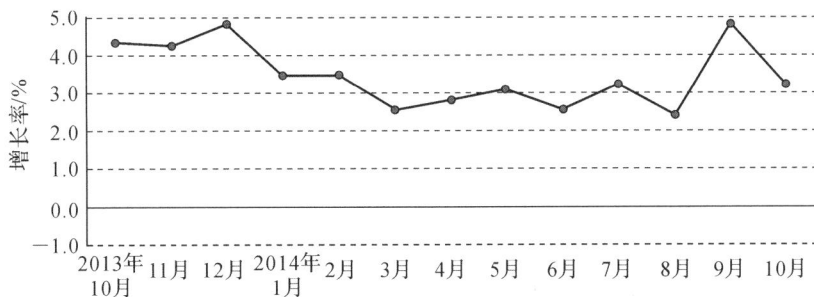

图 3-1　世界贸易量同比增长率

2. 大宗商品价格,特别是原油价格下跌有利于我国经济发展

据世界银行统计,2014 年,能源、非能源价格比上年分别下跌 7.2% 和

4.6%,均连续三年下跌。其中,农产品价格下跌 3.4%,肥料价格下跌 11.6%,金属和矿产价格下跌 6.6%,详见图 3-2。大宗商品价格下降有利于我国企业降低成本,其中原油价格下降的作用尤为突出。一是国际油价下跌将降低我国原油进口成本,是增加原油战略储备的好时机;二是油价下跌对我国交通运输业、农业等多个行业和产业将带来降低成本的实质利好;三是国际油价下跌有利于我国消费者的消费支出,刺激经济增长。据联合国测算,油价每下降 10%,原油进口国 GDP 增长将提高 0.1～0.5 个百分点。

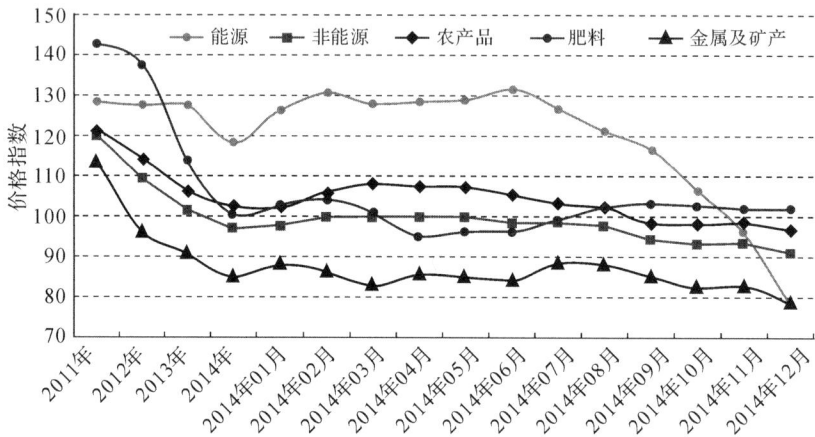

图 3-2　国际市场初级产品价格名义指数走势(2010＝100)

3. 国际金融动荡不定

2016 年,预计美国和英国将启动升息,会对世界经济尤其是发展中国家经济产生明显的溢出效应。国际金融市场动荡的风险将会增大,全球主要汇率波动加剧、美元债务负担增加、资本异常流动扩大、竞争性贬值甚至货币战争等都可能发生。新兴经济体政策将继续处于两难境地:一方面需要降息来刺激国内经济增长;另一方面又需要升息来减少资金外流,部分国家还要应对高通胀、货币快速贬值等不利影响。

4. 地缘政治风险加剧带来冲击

随着我国在海外投资的逐年增加,受地缘政治的影响也越来越大。我国现在推行的"一带一路"战略,涉及多国合作,涵盖西亚和东欧等敏感地带。2014 年存在的地缘政治风险目前仍没有减轻的迹象,当前不排除出现新的风险,比如西亚、北非其他国家出现政局动荡等。

（二）国内经济发展概况①

2014 年，我国经济在新常态下保持平稳运行，国内生产总值达到 636463 亿元，按可比价格计算，比上年增长 7.4%。分季度看，一季度同比增长 7.4%，二季度增长 7.5%，三季度增长 7.3%，四季度增长 7.3%（见图 3-3）。分产业看，第一产业增加值 58332 亿元，比上年增长 4.1%；第二产业增加值 271392 亿元，增长 7.3%；第三产业增加值 306739 亿元，增长 8.1%。

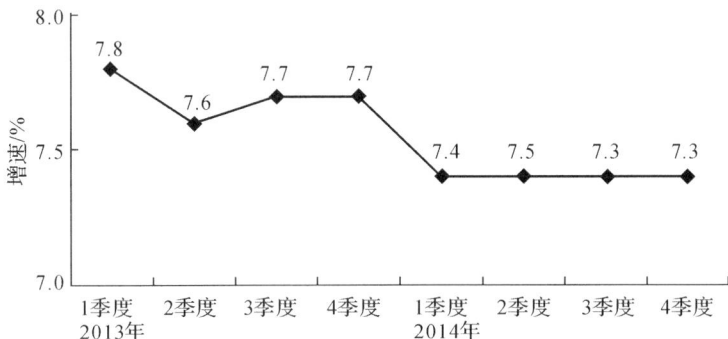

图 3-3 国内生产总值增长速度

1. 农、工业运行平稳

2014 年农业生产保持稳定增长态势，全国粮食总产量达到 60710 万吨，比 2013 年增加 516 万吨，增长 0.9%。畜产品、水产品、蔬菜生产保持稳定，"菜篮子"产品供应充足。

2014 年工业生产保持持续增长态势，全国规模以上工业增加值按可比价格计算比 2013 年增长 8.3%。其中西部地区增长最快达到了 10.6%，因基数大增长稍慢的东部地区也比 2013 年增长了 7.6%。2014 年规模以上工业企业产销率达到 97.8%。规模以上工业企业实现出口交货值 120933 亿元，同比增长 6.4%。1～11 月，全国规模以上工业企业实现利润总额 56208 亿元，同比增长 5.3%，其中，主营活动利润 52944.5 亿元，增长 4.7%。规模以上工业企业每百元主营业务收入中的成本为 85.91 元，主营业务收入利润率为 5.69%。

2. 固定资产投资增速放缓

2014 年固定资产投资（不含农户）502005 亿元，比 2013 年名义增长

① 国家统计局，发布时间：2015 年 1 月。

15.7%(扣除价格因素实际增长15.1%)。其中,国有及国有控股投资161629亿元,增长13.0%;民间投资321576亿元,增长18.1%,占全部投资的比重为64.1%。分地区看,东部地区投资比上年增长14.6%,中部地区增长17.2%,西部地区增长17.5%。分产业看,第一产业投资11983亿元,比上年增长33.9%;第二产业投资208107亿元,增长13.2%;第三产业投资281915亿元,增长16.8%。从到位资金情况看,全年到位资金530833亿元,比上年增长10.6%。其中,国家预算资金增长14.1%,国内贷款增长8.6%,自筹资金增长14.4%,利用外资下降6.3%。

3. 市场销售稳定增长

2014年内需依旧旺盛,社会消费品零售总额262394亿元,比上年名义增长12.0%(扣除价格因素实际增长10.9%)(见图3-4)。按经营单位所在地分,城镇消费品零售额226368亿元,比上年增长11.8%,乡村消费品零售额36027亿元,增长12.9%。按消费形态分,餐饮收入27860亿元,比上年增长9.7%;商品零售234534亿元,增长12.2%。网络交易依旧是一枝独秀引领消费,2014年全国网上零售额27898亿元,比上年增长了49.7%。

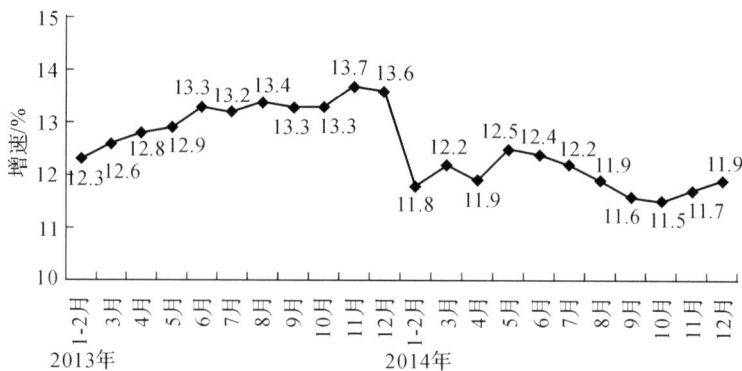

图3-4　社会消费品零售总额名义增速(月度同比)

4. 进出口增速趋缓

2014年进出口贸易顶住了压力,实现进出口总额264335亿元人民币,同比增长2.3%。其中,出口143912亿元人民币,增长4.9%;进口120423亿元人民币,下降0.6%。进出口相抵,顺差23489亿元人民币。一般贸易和加工贸易都平稳增长。2014年,我国一般贸易进出口14.21万亿元,增长4.2%,占同期我国进出口总值的53.8%。同期,加工贸易进出口8.65万亿元,增长2.8%,占32.7%。不同性质企业中,民营企业、外商投资企业进出口增长,国有企业进出口微降。2014 年,民营企业进出口 9.13 万亿元,增长 6.1%,占同期我国进出口总值的比重为 34.5%。

外贸出口先导指数连续第三个月下滑。2014 年 12 月,中国外贸出口先导指数为 40.1,较 11 月份下滑 0.7,连续第三个月下滑,为自 2013 年 12 月份以来的最低点,预示未来我国出口增长仍面临一定压力。[①]

5. 价格水平涨幅较低

2014 年居民消费价格比上年上涨 2.0%(见图 3-5)。其中,城市上涨 2.1%,农村上涨 1.8%。年度涨幅创出自 2009 年以来的新低。虽然 CPI 下非食品价格变动幅度相对较小,然而鲜果、蛋等与生活密切相关的食品价格涨势突出,其中鲜果价格连续 14 个月同比涨幅超过 10%,个别月份甚至超过了 20%,人们日常生活压力较大。

工业生产者出厂价格则同比下降 1.9%(见图 3-6),工业生产者购进价格同比下降 2.2%。在美元指数持续走强,全球原料初级产品市场供过于求,原油价格大幅下跌的情况下,工业品价格将继续走低,2015 年 PPI 同比降 5.2%,可见工业部门通缩依然严峻。

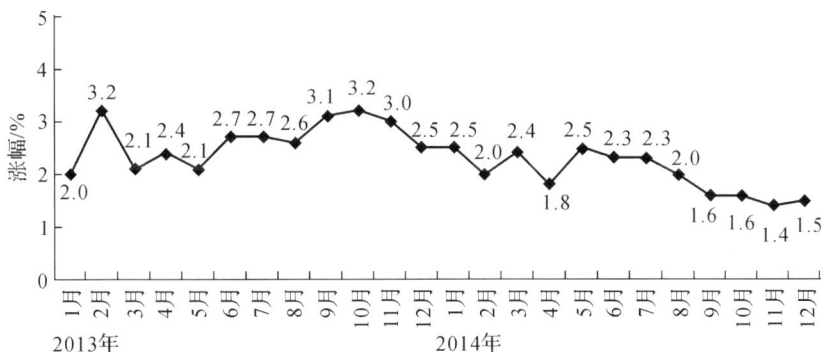

图 3-5 居民消费价格上涨情况(月度同比)

---

① 2014 年中国进出口总值 26.43 万亿元 同比增 2.3%. 中国新闻网,http://www.chinanews.com/gn/2015/01-13/6962617.shtml.

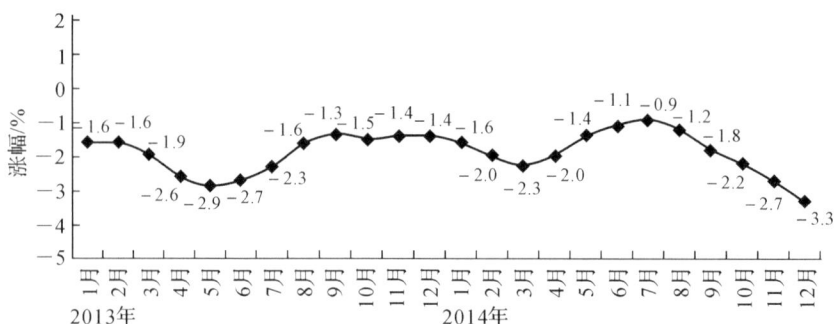

图 3-6   工业生产者出厂价格涨跌情况

6. 居民收入继续增加

根据城乡一体化住户调查,2014 年全国居民人均可支配收入 20167 元,比上年名义增长 10.1%,扣除价格因素实际增长 8.0%,高于国内生产总值(GDP)7.4%的增速。城镇居民人均可支配收入 28844 元,比上年增长 9.0%,扣除价格因素实际增长 6.8%;农村居民人均可支配收入 10489 元,比上年增长 11.2%,扣除价格因素实际增长 9.2%。城乡居民收入差距进一步缩小。

7. 产业结构更趋优化,货币信贷增势平稳

2014 年第三产业增加值占国内生产总值的比重为 48.2%,比上年提高 1.3 个百分点,高于第二产业 5.6 个百分点,产业结构持续优化。

2014 年年末,人民币贷款余额 81.68 万亿元,人民币存款余额 113.86 万亿元。全年新增人民币贷款 9.78 万亿元,比上年多增 8900 亿元,新增人民币存款 9.48 万亿元,比上年少增 3.08 万亿元。全年社会融资规模为 16.46 万亿元,比上年减少 8598 亿元。

8. 人口就业总体稳定

2014 年年末,中国内地总人口(不包括香港、澳门特别行政区和台湾省以及海外华侨人数)136782 万人,比上年年末增加 710 万人,人口自然增长率为 5.21‰,比上年提高 0.29 个千分点(见图 3-7)。从性别结构看,男女比例失衡趋势加大,2014 年总人口性别比为 105.06(以女性为 100),出生人口性别比为 115.88。从年龄构成看,人口老龄化越来越明显,16 周岁以上至 60 周岁以下(不含 60 周岁)的劳动年龄人口比上年年末减少 371 万人,占总人口的比重为 67.0%。从城乡结构看,人口城镇化趋势明显,城镇常住人口比上年年末增加 1805 万人,占总人口比重为 54.77%。此外,2014 年年末全

国就业人员 77253 万人，比上年年末增加 276 万人，其中城镇就业人员
39310 万人，比上年年末增加 1070 万人。

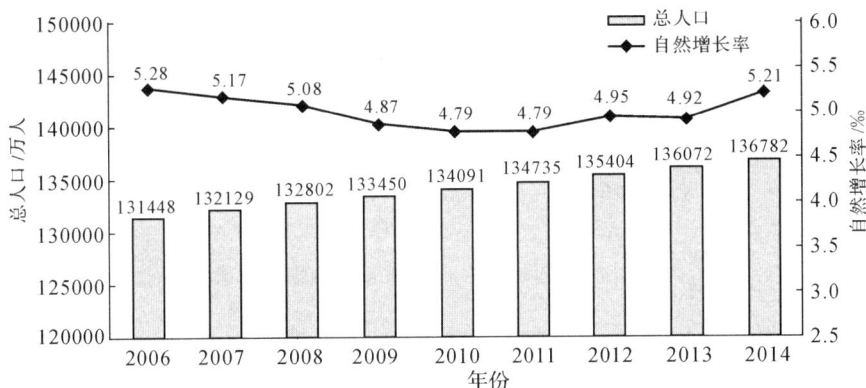

图 3-7　2006—2014 年全国总人口和自然增长率情况

（三）宁波经济社会发展概述①

　　2014 年宁波市实现地区生产总值 7602.51 亿元，按可比价格计算，比上
年增长 7.6％（见图 3-8）。其中，第一产业实现增加值 275.18 亿元，增长
1.9％；第二产业实现增加值 3935.57 亿元，增长 7.9％；第三产业实现增加
值 3391.76 亿元，增长 7.6％。三次产业之比为 3.6∶51.8∶44.6。按常住
人口计算，全市人均地区生产总值为 98972 元（按年平均汇率折合 16112 美
元）（见图 3-9）。2014 年宁波市一般公共预算收入 860.6 亿元，比上年增长
8.6％。一般公共预算支出 1000.9 亿元，增长 6.5％。

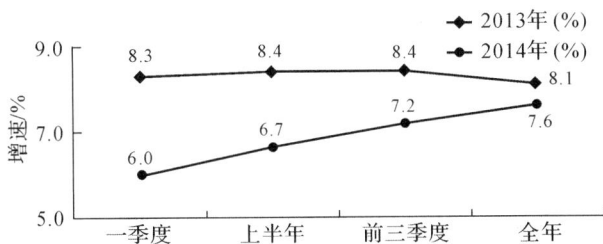

图 3-8　2013—2014 年宁波地区生产总值增速变化情况

---

①　《2014 年宁波市国民经济和社会发展统计公报》。

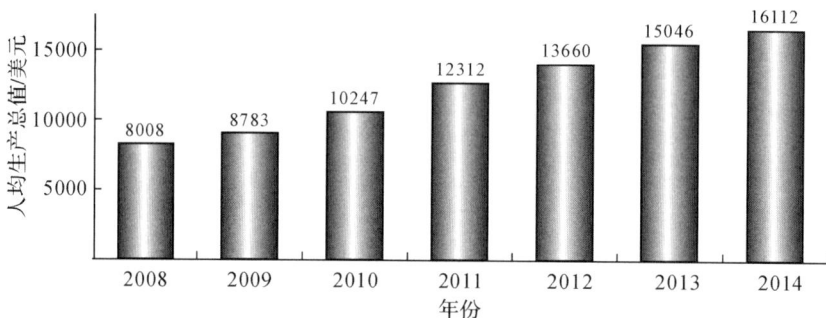

图 3-9　2008—2014 年宁波市人均生产总值

2014 年宁波市区居民消费价格上涨 1.9%，涨幅比全国、全省城市平均水平分别低 0.2 和 0.1 个百分点。全年工业生产者出厂价格下降 2.19%，工业生产者购进价格下降 2.49%。宁波工业企业原材料成本有下降的趋势。

1. 农业产业发展

农业生产平稳增长，新兴相关产业发展势头迅猛。2014 年宁波市实现农林牧渔业总产值为 431.6 亿元，按可比价格计算，比上年增长 1.6%。其中，完成农业产值 209.1 亿元，增长 4.1%；林业产值 12.6 亿元，增长 3.8%；牧业产值 53.2 亿元，减少 8.4%；渔业产值 150.2 亿元，增长 1.7%；农林牧渔服务业产值 6.5 亿元，增长 6.3%。2014 年新增市级农业龙头企业 17 家，累计 286 家，其中产值（销售额）上亿元的达 95 家。农家乐休闲旅游业快速发展，全年农家乐休闲旅游业接待游客 2596 万人次，直接营业收入 27.94 亿元，比上年分别增长 19.3% 和 28.0%。

2. 工业经济

工业经济稳步增长，工业发展压力依旧不小。2014 年宁波市实现工业增加值 3490.1 亿元，按可比价格计算，比上年增长 7.6%。其中规模以上工业企业实现增加值 2540.2 亿元，增长 7.4%。分行业看，在规模以上工业 35 个行业大类中，26 个行业增加值同比增长；有 9 个行业增加值超过 100 亿元，其中汽车制造业实现增加值 232.9 亿元，总量跃升至第三，增加值增长 31.9%，增速居九大行业之首，对全市规模以上工业增加值增长的贡献率达 30.8%。分企业类型看，规模以上工业大、中、小型企业工业增加值分别增长 6.2%、6.1% 和 10.9%。全年规模以上工业企业实现销售产值 13387.4 亿元，增长 6.6%。虽然工业增加值保持平稳增长，但是 2014 年规模以上工业企业实现利润 648.1 亿元,下降 2.9%,实现利税总额 1280.6 亿元,增长 1.2%,可见工业发展压力并未减轻。

创新转型初显成效,宁波市装备制造业增速加快,2014 年全市规模以上装备制造业实现增加值 1054.7 亿元,比上年增长 11.1%,增速比全部规模以上工业高出 3.7 个百分点。全年规模以上工业新产品产值为 3606.6 亿元,增长 25.0%,新产品产值率由上年的 22.2% 提高到 26.2%,再创历史新高。全年规模以上工业企业劳动生产率为 17.8 万元/人,增长 9.9%。

3. 对外贸易

对外贸易平稳增长,外贸形势预期严峻。2014 年宁波市口岸进出口总额 2186.1 亿美元,比上年增长 3.1%。外贸自营进出口总额 1047.0 亿美元,增长 4.4%,其中出口 731.1 亿美元,增长 11.3%;进口 315.9 亿美元,下降 8.7%。全年有进出口实绩企业 14810 家,比上年增加 922 家。其中,民营企业(包括私营企业和集体企业)出口额占全市出口总额的 63.1%,拉动全市出口增长 11 个百分点。2014 年直接与宁波市开展贸易往来的国家和地区 218 个,其中欧盟、美国、东盟、拉丁美洲、日本、大洋洲、非洲贸易额占比分别为 21.4%、16.3%、8.3%、7.5%、6.3%、5.1% 和 4.5%。根据宁波市重点联系企业监测体系全年数据显示,2014 年出口订单增长及持平企业比重的月均值为 78.3%,比去年提高 8.5 个百分点,除 10 月份外,各月比重均维持在 76% 以上高位。全年以三个月内短期订单为主企业比重始终低于 55%,整体较去年有所改善。全年企业信心指数方面,1 月份信心指数 27.6%,为年内最高,11 月份信心指数 19.6%,为年内最低。

国内合作蓬勃开展,效果明显。随着"宁波周""宁波行""出宁波"活动的开展,极大地推动了宁波企业的招商转型。2014 年宁波市国内招商引资实到资金 745.4 亿元,比上年增长 13.2%,其中深圳"宁波周"达成的 31 个合作项目均为引进项目,协议总金额 265.8 亿元,创历届"宁波周"活动引进资金之最。全年达成浙商回归项目 889 个,实到资金 657.9 亿元,增长 30%。

4. 贸易、旅游及会展业

商品销售快速增长。2014 年宁波市商品销售总额 1.44 万亿元,比上年增长 18.1%。全年完成社会消费品零售总额 2992.0 亿元,增长 13.5%(见图 3-10)。分城乡看,城镇消费品市场实现零售额 2469.0 亿元,增长 13.1%,农村消费品市场实现零售额 523.0 亿元,增长 15.7%。

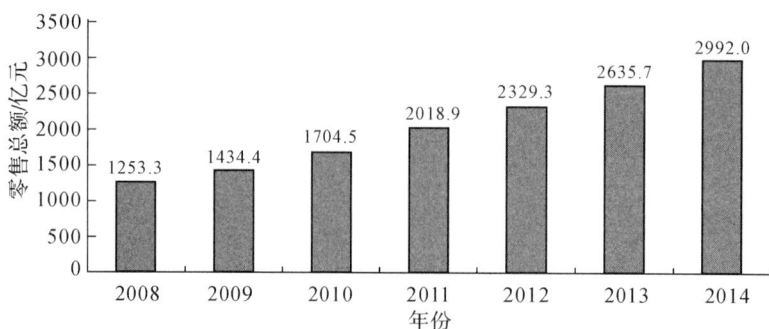

图 3-10　2008—2014 年宁波市社会消费品零售总额

　　旅游业持续增长。2014 年宁波市实现旅游总收入 1068.1 亿元,比上年增长 12.0%。接待国内游客 6874.6 万人次,增长 10.4%;实现国内旅游收入 1020.3 亿元,增长 12.8%。接待入境游客 139.7 万人次,增长 9.7%。

　　会展业蓬勃发展,推动宁波城市影响力不断增强。2014 年宁波市举办各类会展活动 295 个,比上年增长 6%。其中,举办展会 175 个,增长 9%,展览总面积达 196 万平方米,增长 5%。县级以上举办商务会议(论坛)79 个,增长 16%;特色节庆活动 41 个,减少 20%。宁波荣获“中国十佳品牌会展城市”“2014 中国十大影响力会展城市”等奖项。

　　5. 科技创新及人才开发

　　科技创新实力不断加强。2014 年宁波市有 11 项农业和社会发展领域科技创新获得“863”计划、科技支撑计划等国家科技项目支持,荣获省级科学技术奖 26 项,其中一、二等奖 12 项,三等奖 14 项。全年专利申请量 58530 件,其中发明专利 12957 件,比上年增长 32.1%;专利授权量 43286 件,其中发明专利授权 2832 件,增长 26.1%。

　　企业创新动力持续增大。2014 年宁波市共有企业研究院 56 家、省级高新技术企业研究开发中心 284 家,市级以上企业工程(技术)中心 972 家(其中国家认定企业技术中心 8 家);国家级创新型试点和创新型企业 15 家,省级创新型示范和试点企业 56 家,市级创新型试点企业 220 家;国家火炬计划重点高新技术企业 60 家,市科技型企业 950 家。培育创新型初创型企业 5134 家,产业技术创新联盟 14 家,科技部国际科技合作基地 8 家。

　　创新人才开发引进力度加大。2014 年宁波市新增各类人才 19.5 万人,年末全市人才总量达 167.8 万人,比上年增长 13.1%。其中,新增博士、博士后 442 人,总量达 4069 人;新增省“千人计划”专家 23 人;新评审出市

"3315 计划"人才 23 人、高端创业创新团队 27 个。引进海外人才 1404 人，总量达 5804 人。新建院士工作站 10 家，累计 77 家；新建技能大师工作室 16 家，累计 38 家；新建高技能人才公共实训基地 3 个，新增高技能人才 2.9 万人，总量达 26.3 万人。新引进人力资源服务机构 25 家，累计 407 家。4 个团队入选首批"浙江省领军型创新创业团队"。

高校教育为区域人力资源需求提供有力的支撑。2014 年年末全市共有各级各类学校 2082 所，在校学生总数 132.07 万人。其中，普通高校 14 所，在校学生 15.09 万人。

6. 人口、就业和居民收支

人口规模保持稳定。2014 年全市出生 56398 人，在出生人口中，男性 29411 人，女性 26987 人，男女性别比为 109∶100。人口自然增长率为 3.59‰，比上年上升 1.2 个千分点，连续 17 年低于 5‰。年末全市拥有户籍人口 583.8 万人，其中市区 229.6 万人。

就业与再就业形势良好。2014 年宁波市城镇新增就业岗位 17.46 万个，7.25 万名失业人员实现再就业，其中困难人员 1.84 万人。年末城镇登记失业率为 1.95%，为历年最低。创业带动就业工作成效显著，镇海大学生创业园被评为国家级创业孵化示范基地，新增市级大学生创业园 3 家，2014 年共发放小额担保贷款 5.34 亿元，新增创业实体 11.01 万家，创业带动就业 53.54 万人，高校毕业生就业率保持在 95% 以上。2014 年宁波市为 703 家"小升规"企业减征社保费 1510.08 万元；为 4.6 万家中小微工业企业临时性下浮社保缴费比例，共减负 15.72 亿元。全市各级人力资源市场服务企业 10.7 万家次，提供岗位 176.43 万个。

居民收支稳定增长。2014 年宁波市全体居民人均可支配收入 38074 元，比上年增长 9.9%。其中，城镇居民人均可支配收入 44155 元，增长 9.2%；农村居民人均可支配收入 24283 元，增长 11.0%。2014 年宁波市全体居民人均生活消费支出 24324 元，增长 11.9%。其中，城镇居民人均生活消费支出 27893 元，增长 11.5%，增幅较大的三类支出是医疗保健、食品烟酒和居住，人均分别支出 1217 元、8396 元和 7022 元，分别增长 15.9%、12.6% 和 10.9%；农村居民人均生活消费支出 16228 元，增长 12.4%，增幅较大的三类支出是医疗保健、居住和交通通信，人均分别支出 1105 元、3230 元和 2592 元，分别增长 25.4%、18.8% 和 15.6%。

7. 政府服务①

把改革作为政府工作的主线,深化重点领域和关键环节改革。加快简政放权。实施"四张清单一张网"改革,市级部门行政权力事项精简幅度达到59%,基本建设项目联审联办机制实现常态化运作。

二、小企业资源获取状况②

在经济全球化的背景下,在国际国内生产要素发生变化的今天,对于一些资源依赖性强、外向依存度高、劳动力需求量大的小企业来说,原有的优势逐渐变成了劣势,其低成本经营模式已受到严峻挑战。目前来说,原材料、劳动力、汇率、资金、土地等方面的不利因素正在挑战宁波小企业的生存底线,通过此次深入各行业小企业的调研发现,影响小企业发展的最主要困难包括:企业原材料成本劣势,人力成本上涨,订单量减少而国际市场开拓越来越困难,税费负担偏重,资金链紧张融资压力大等五个方面。

(一)原材料等运营成本占比大

首先,原材料采购方面。小微企业往往因为知名度低和采购数量较少等原因,面临上游供应商的各种压力,比如需要立即结账、不提供优惠的供应价格以及不保证稳定的供货等。

其次,很多小微企业特别是新创立的小企业面临的推广费也是一项重负。比如我们调研的一家特色蜡烛生产企业,在线淘宝店每月的推广费就15万元,刚刚又在天猫上开了一个店,推广费用占销售额的25%左右。

再次,小微企业需要租赁厂房或办公场所,有些企业还需要为员工租赁住房,这些租金也是一笔不小的费用。此外各类硬件设备,水电费以及各类公共服务收费都是小企业不可忽视的负担。

(二)人力成本增长过快,招工难

据国家统计局网站消息,国家统计局公布的数据显示,2014年全国城镇私营单位就业人员年平均工资为36390元,与2013年的32706元相比,增加了3684元,同比名义增长11.3%,与2009年的18199元相比整整提高了1倍左右(见图3-11)。

---

① 《政府工作报告》,《宁波日报》2015年2月10日。
② 王红珠:《宁波小微企业生存问题及扶持对策》,《宁波经济》(三江论坛)2013年第5期,第7—10页。

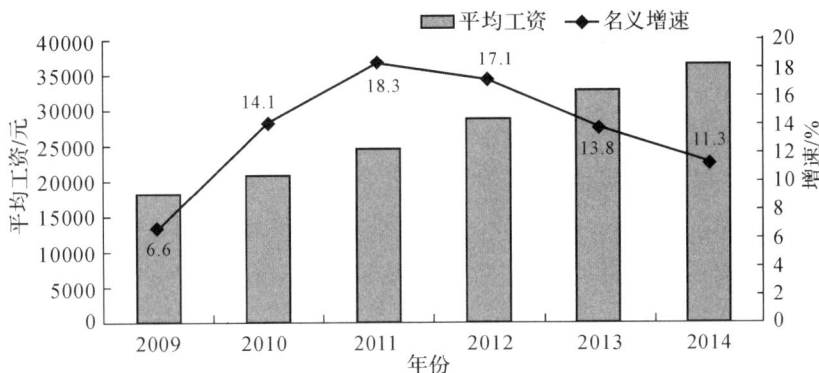

图 3-11 2009—2014 年宁波城镇私营企业从业人员平均工资及增速

　　劳动力成本的上涨加剧了企业的压力。据调查,2014 年宁波小企业人工成本提高最为明显,工人工资普遍较去年上涨 20％～30％,部分基数较低的行业甚至出现 50％的涨幅,而这种趋势还在延续。然而一方面是工人工资的不断上涨,另一方面却是企业招不到工。同样是招工,大型企业可能是为了扩大生产,而小型和微型企业是为了正常的开工生产。因为去年的经济形势本就不好,2014 年小企业春节后工人返岗率之低、人员流失率之高、招工之难,都达到近年来的新高。根据调查了解,工人的心理预期与企业可承受的用工成本难以对接是主要原因。显然,在经济发展趋缓的当下,小企业和员工之间就薪资的博弈更为剧烈。

　　(三)订单量减少而国际市场开拓越来越困难

　　宁波很多小企业,尤其是服装产业,主要依靠外贸订单,甚至有些小企业达到 100％依赖外贸进出口。但在当前国际市场萎靡的状态下,在国际上增加订单越来越难,尤其近年来很多企业不仅来自国外的订单越来越少,而且质量要求越来越严格,一旦出现返工,根本就赚不到钱。此外,国际货币汇率不稳定直接影响了外贸订单。调查中,很多企业表示,汇率不稳定,就只能接小单,周期短,资金回收快,但企业效益上不去。

　　(四)税费负担偏重

　　面对当前生存困境,小企业集体发出迫切改变其生存境遇的呼声。其中之一就是减免税费负担。除了融资不易,小企业本已脆弱的资金链条还承受着来自税费的压力,税率高、收费多,使小企业不堪重负。调查发现,虽然政府正推进小企业税费减免,但实际落实的效果并不尽如人意,小企业群体实际所感受到的税费负担压力仍相当大。就增值税而言,小企业和大中型企业的税收负担(增值税/收入)比例大致相当;不过,在所得税率上,小企业的税收负担明显高于大中型企业,差距甚至接近一倍。调研中很多小企业认为当前的税费负担已经对企业经营造成影响。面对当前的税费体制,有一些小企业存在逃税现象,这不仅破坏了现行的税收制度,将企业推向违法的局面,而其造成的企业财务制度不健全、征信缺失,更限制了企业在银行等金融机构实现融资的可能。因此,减轻税负,推动小企业征信体系建立从而根本上解决小企业融资困境已经刻不容缓。

(五)资金链紧张,融资难融资贵

据调查了解,融资难已经是当前制约小企业发展的突出问题之一。部分企业扩大生产规模急需融资,部分企业在转型升级时急需追加投资,也有部分工业企业流动资金需求还难以得到有效满足。"融资难"主要表现为三个"难":一是银行贷款准入难,融资门槛较高;二是抵押担保难,小企业自身规模不大,抵押物较少,获取担保也较难;三是享受优惠政策和优质服务难,小企业向银行贷款遭遇拒贷、抽贷、延迟放贷、削减额度、长改短等情况时有发生。由于原材料、人工等成本普遍上升,加上库存及应收款增加,导致小企业的资金链更趋紧张,而且往往对资金到位的时间要求紧迫,更易陷入融资难和融资贵的困境。现实中,小企业享受的金融服务很有限,金融抑制问题严重。据数据显示,在宁波的13万多家注册企业中,有信贷记录的约为4.4万家次,也就是说,近2/3的企业从未与银行发生借贷关系,大量的资金都是依赖自筹或者民间借贷。

在资金紧张情况下,企业融资成本又大幅提高,"融资贵"成为"融资难"的主要问题。据调查,目前小企业贷款利率比基准上浮70%～80%已经十分平常,加上各种附加费用,综合年利率普遍超过15%,作为参照的银行贷款利率高企,变相助推了民间高利贷盛行,加大了小企业的融资成本。

三、政府扶持状况[①]

2014年是宁波市完成"小升规"三年培育升级目标任务的关键一年。宁波市政府不断加大对小企业的扶持力度,加强政策宣传和督查落实,深化运行监测分析,优化培育工作机制,落实专项扶持服务,取得了阶段性成效。

---

① 李国奇、徐伟军:《宁波扶持小升规"34条"显效 新上规模小微企业数量全省第一》,《浙江日报》2014年10月31日。

经国家统计局审核,宁波市 2013 年新上规模小微企业 755 家,位居全省第一位;截至 2014 年 8 月份,宁波市"小升规"入库培育对象企业 2590 家,综合上报运行监测数据 2127 家,位居全省第二位。

(一)政策配套

2014 年 1 月 21 日,宁波市出台了《宁波市政府办公厅关于促进小微企业转型升级为规模以上企业的实施意见》,在减轻税费负担、加大财政资金支持、强化融资服务、优化资源配置、加强公共服务等五方面出台了 34 条专门针对小微企业的扶持政策,政策含金量高,获得了企业的肯定。

同时,在加强组织领导、建立责任机制、狠抓工作落实、加强督查指导、加强宣传引导等五方面,建立推进"小升规"工作保障措施和长效工作机制。根据 2014 年年初省里下达的宁波市"小升规"工作目标任务,宁波市经信委制定下发了《关于做好 2014 年全市"小升规"工作的通知》,明确 2014 年全市"小升规"目标任务为 600 家以上,入库培育小微企业累计 1000 家以上。并把全市目标任务分解落实到各县(市、区),各县(市、区)则将年度目标任务分解落实到乡镇街道,明确考核办法,层层抓落实。

(二)财政扶持

2014 年以来,一方面,落实财政奖励政策。7 月初,宁波市经信委、市财政局按每家"小升规"企业奖励 2 万元标准,兑现新上规模小微企业奖励资金 1406 万元,并鼓励各县(市、区)给予配套奖励;另一方面,对首次上规模小微企业减免地方水利建设基金。此外,从 2014 年起连续 3 年对新上规模小微企业的社会保险费(基本养老保险和基本医疗保险)缴费比例实行临时性下浮。对 2013 年"小升规"企业房产、土地两税减免具体手续于 2014 年年底集中办理完成。落实国家、浙江省自 2013 年 8 月 1 日起对月营业额不超过 2 万元的小微企业免征营业税和地方水利建设基金的政策,并继续清理行政事业性收费,再取消和免征了 52 项行政事业性收费,降低 20 项行政事业性收费标准。

(三)融资支持

构建支持小微企业发展的金融政策体系。宁波市本级每年安排 4000 万元专项财政资金,对银行小企业贷款实行考评奖励;每年安排中小企业信用担保风险补偿资金 3500 万元,用于鼓励融资性担保机构扩大对中小企业的贷款担保规模。

建立健全金融机构小企业信贷情况统计、分析和通报制度;加强注重服务中小企业的特色金融机构建设;扩大对中小微企业的金融供给,加大对"小升规"及培育对象企业的融资支持力度。譬如,在全市 10 个县(市、区)共设立了 20 个转贷互助基金,合计资金 7.9 亿元,累计为企业提供转贷资金 340 亿元。

此外,全市中小企业公共服务平台网络系统日益完善,建成以市 8718 平台为枢纽、各县(市)区 8718 子平台为基础,模具、文具等 12 个产业集群为窗口平台的全市中小企业公共服务平台网络系统,为小微企业送政策、送信息、送服务、送温暖,提供精准化、个性化、智慧化的服务。[①]

四、促进产业转型发展概况[②]

强化创新驱动发展。推动创新机构、创新企业、创新人才集聚和创新成果转化,新材料科技城、高新区"一区多园"、"千人计划"余姚产业园等平台加快建设。出台高校毕业生购房补贴政策,人才安居环境得到进一步改善。引进共建科研机构 56 家,新增市级以上企业工程(技术)中心和研究院 177 家,引进"3315"高端创新创业团队 27 个。发明专利授权量增长 26.1%,全社会研究与试验发展经费支出占地区生产总值比重预计达到 2.35%。

加强"两化"融合,培育信息经济,实施市民卡提质扩面和手机支付试点,入选"中国十大智慧城市"。发展战略性新兴产业,推进南车宁波产业基地、北仑高端装备产业园、杭州湾智能装备产业园建设,新能源汽车等产业发展迅速。

发展信息、文化、教育、健康等新兴消费,扶持"月光经济"、电子商务、休闲旅游等产业发展,网络零售额、旅游总收入分别增长 82.1% 和 12%,社会消费品零售总额增长 13.5%。加快国际贸易、港航物流等产业发展,举办中东欧国家特色产品展、国内外"宁波周"等活动。

提升发展现代农业。推进农业"两区"建设,健全农业现代经营体系和农产品质量安全检测体系,实施渔场修复振兴计划和"一打三整治"行动,加快林特产业发展。新建现代农业园区 40 个、标准化粮食生产功能区 10.1 万亩。生态公益林补偿标准提高到每亩 35 元。

---

① 《宁波 755 家小微企业去年"小升规" 34 条新政全方位扶持"专精特新"》,中国宁波网,2014 年 1 月 28 日。

② 《政府工作报告》,《宁波日报》2015 年 2 月 10 日。

第二节　宁波小企业基本情况

宁波小企业数量众多、地位突出,已成为宁波经济社会发展的主要生力军和强大区域竞争力的主要标志,是宁波区域经济发展的显著特征之一。同时,小企业在促进宁波劳动就业、优化配置资源、激活市场经济等方面发挥着巨大的作用,是宁波经济保持蓬勃发展和旺盛生命力的重要微观基础。

一、宁波小企业的数量和规模

根据统计数据显示,2013 年年末,宁波市共有小企业法人单位 34607个,占全部企业法人单位的 22.2%。其中,位居前三位的行业是:制造业20018 个,占全部小企业法人单位的 57.8%;批发和零售业 5504 个,占15.9%;租赁和商务服务业 1531 个,占 4.4%。

在甬小企业从业人员 1889839 人,占全部企业法人单位从业人员的44.5%。其中,位居前三位的行业是:制造业 1312732 人,占全部小企业法人单位从业人员的 69.5%;租赁和商务服务业 168963 人,占 8.9%;建筑业128404 人,占 6.8%。

宁波小企业法人单位资产总计 15598.1 亿元,占全部企业法人单位资产总计的 47.3%。其中,位居前三位的行业是:制造业 6454.8 亿元,占所有小企业资产的 41.4%;租赁和商务服务业 3990.8 亿元,占全部小企业法人单位资产总计的 25.6%;批发与零售业 2382.8 亿元,占 15.3%。

2013 年小企业全年营业收入总计 12733.2 亿元,占全部企业法人单位营业收入的 38.7%。其中,位居前三位的行业是:制造业 5993.8 亿元,占小企业总体营业收入的 47.1%;批发和零售业 5121.2 亿元,占全部企业法人营业收入的 40.2%;交通运输、仓储和邮政业 563.7 亿元,占 4.4%(详见表3-2)。

表 3-2　2013 年年末宁波市主要行业小企业法人单位、从业人员和资产总计

主要行业	企业法人单位 (个)	从业人员 (人)	资产总计 (亿元)	全年营业收入 (亿元)
合计	34607	1889839	15598.1	12733.2
农、林、牧、渔业	1578	14579	54.8	23.6

续表

主要行业	企业法人单位（个）	从业人员（人）	资产总计（亿元）	全年营业收入（亿元）
制造业	20018	1312732	6454.8	5993.8
建筑业	846	128404	270.2	250.9
交通运输、仓储和邮政业	1024	62518	787.8	563.7
信息传输、软件和信息技术服务业	493	12859	58.8	37.1
批发和零售业	5504	78664	2382.8	5121.2
住宿和餐饮业	758	29847	88.4	41.9
租赁和商务服务业	1531	168963	3990.8	317.6
科学研究和技术服务业	1055	25439	131.9	65.8
居民服务、修理和其他服务业	622	14111	36.2	19.8
文化、体育和娱乐业	382	9115	23.6	16.4
其他	796	32578	1318.0	281.4

资料来源：宁波市第三次经济普查数据。

二、宁波小企业的总体空间分布

从空间分布上来看，如表 3-3 所示，宁波市小企业最集中的区域依次为鄞州区 7746 家、慈溪市 5766 家和余姚市 4176 家，分别占 22.4%、16.7% 和 12.1%。小企业数量最少的区域为象山县 1786 家、海曙区 1613 家和江北区 1551 家，分别占 5.2%、4.7% 和 4.5%。

宁波市小企业的人均资产金额前三位的地区分别是海曙区 222.9 万元/人、北仑区 176.7 万元/人和慈溪市 110.8 万元/人；而人均资产最少的分别是鄞州区 51.5 万元/人、奉化市 44.5 万元/人和宁海县 42.7 万元/人。

宁波市小企业人均营业收入前三位的地区分别是北仑区 211.9 万元/人、海曙区 79.4 万元/人和江东区 76.9 万元/人；而人均营业收入最少的分别是象山县 42.3 万元/人、宁海县 33 万元/人和奉化市 31.5 万元/人。

表 3-3　小微企业法人单位的空间布局

小微企业	企业法人单位（个）	从业人员（人）	资产总计（亿元）	全年营业收入（亿元）
宁波市	34607	1889839	15598.1	12733.2
海曙区	1613	61370	1368.3	487.2

续表

小微企业	企业法人单位（个）	从业人员（人）	资产总计（亿元）	全年营业收入（亿元）
江东区	2046	96767	809.6	743.9
江北区	1551	120240	704.3	603.8
北仑区	3362	178155	3148.3	3774.6
镇海区	2242	152587	968.0	1161
鄞州区	7746	407678	2101.0	2207.1
象山县	1786	94475	673.4	399.3
宁海县	2388	124350	530.7	410.4
余姚市	4176	237219	1421.3	1155.7
慈溪市	5766	304055	3370.4	1434.2
奉化市	1931	112943	502.8	356.0

资料来源：宁波市第三次经济普查数据。

第三节　宁波小企业运行特征总述

本课题通过分析产业规模、成长阶段、空间分布、资源要素、技术创新以及管理水平几个方面对最具代表性的农业小企业、工业小企业、生产性服务小企业和消费性服务小企业的现状进行了调研，结论大致可以反映出宁波小企业的总体运行特征。以下结论主要基于课题组获取的调研数据。

一、产业规模

第一，宁波农业小企业数量、劳动力密集程度、资产金额以及营业收入在整个农业企业中比例较为均衡，大致在30%上下波动。同时，81%被调查农业小企业对投资比较重视，并且伴随着规模增大，对投资的意愿也随之增加，对企业规模的扩张更具倾向性。营业收入在50万～200万元区间的小型农业小企业投资占据了0～50万元小额投资的60.7%的比重。

第二，从规模的角度来看，工业小企业在宁波工业中占据重要地位。宁波工业小企业2013年企业数量占宁波工业企业的28.1%，而从业人员数占宁波工业从业人数的52.7%，远远高于其他规模工业企业，同时营业收入和企业资产总计都超越其他类型工业企业，分别占比40%和42%。其中，通用制造业、电气机械和器材制造业以及纺织服装的小企业数量分别占前三位,而电气机械和器材制造业、化学原料和化学制品以及通用设备制造业的小企业营业收入分别占前三位。

第三,生产性服务小企业在生产性服务业中占有较为重要的地位,特别是在从业人员和营业收入方面表现突出。宁波市生产性服务小企业从业人员占到总行业的50%以上,营业收入占到总行业的60%以上。根据调查,宁波生产性服务小企业的盈利能力尚可,利润率在5%以下的企业仅占9%,而10%以上利润率的企业占比超过了56%。从业人数主要集中在21~50人,占样本总数的37.0%;其次是51~100人,占样本总数的22.9%;再次是20人以下的,占样本总数的18.2%。

第四,宁波消费性服务小企业的营业收入分布较为平均,50万~2000万元区间基本是平均分布。而从业人员则较少,20人以下的占样本企业总数的39.3%,21~50人的占样本企业的21.8%,且人数越多占比越少。同时,宁波消费性服务业的盈利状况相对较好,调查企业中有64.3%的企业利润率在10%之上,其中更有11.8%的企业拥有50%的超高利润率。

二、成长阶段

第一,宁波地区农业小企业成立时间主要集中在6~10年,大约占样本总数的40.5%,并大致以6~10年为均线轴呈现向两边递减的正态分布特征。大部分企业处于发展期和成熟期,分别占样本总数的53.3%和31.3%,只有3.5%的企业尝试转型发展。此外,宁波农业小企业总体处于稳步增长状态,73.2%的样本企业处于0%~30%的增长区间。

第二,宁波地区工业小企业成立时间以10~15年为均线轴呈现向两头递减的正态分布特征,其中成立时间是10~15年的企业大约占样本总数的25.5%。大部分企业处于发展阶段和稳定阶段,分别占样本总数的40.8%和34.6%,只有大约5.9%的企业尝试转型升级。此外,宁波工业小企业的利润率在5%~20%之间的占被调研企业的53.3%,并以此为中轴呈正态分布的状态,说明总体上是处于稳步增长的态势。

第三,宁波生产性服务小企业处在发展阶段的最多,达到150家,占调查样本总量的51%;其次是处在稳定阶段的企业,数量为90家,占调查样本总量的31%;第三是处于初创阶段的企业,数量为40家,占调查样本总量的14%;处于衰退和转型阶段的企业比较少,数量为12家,只占到总量的4%。因此,总体上宁波生产性服务小企业呈现蓬勃发展的态势。

第四,宁波消费性服务小企业成立时间相对较短,其中1～2年的占样本总量的38.2%,10年不到的占84.4%。通过调查发现,大部分企业处于发展阶段,大约占总数的43.3%;其次是稳定阶段,大约占30.2%;转型阶段的企业只有4.4%。

三、空间分布

第一,通过调研发现,宁波的农业企业主要是小微企业。其空间布局大致包括"一圈两带四区块"。其中"一圈"指以中心城区为中心,以都市农业为主要形态的"都市农业圈";主要发展小规模精品高效农业生产基地,多以技术和资本密集型企业为主,因而设施化程度较高,具有休闲、采摘、观光、餐饮、娱乐等多种功能。"两带"包括以四明山脉、天台山余脉为主体的"林特生态产业带"和以象山港、杭州湾、三门湾水域为主体的"水产养殖产业带"。"四区块"包括"余慈北部蔬果畜牧产业区块""宁象南部蔬果畜牧产业区块""姚江奉化江两岸粮经畜牧产业区块"和"环象山港滨海小平原粮经畜牧产业区块"。

第二,工业小企业的空间分布大致如下:老三区的工业小企业主要集中在江北高新区等,主打医疗器械等产业;鄞、奉区块的小企业集聚在首南街道、横街镇、滨海投资创业中心、岳林街道、经济开发区等地,主要从事节能环保、高端装备制造、新材料、新能源、新一代信息技术、纺织服装、汽车摩托车及零部件、气动元件、厨卫家具等产业;余、慈区块的小企业主要分布在阳明街道、陆埠镇、低塘街道、朗霞街道、三七市镇、丈亭镇、附海镇、周巷镇、宗汉街道、观海卫镇、匡堰镇等地,主打家电、汽车配件、铸造模具、照明灯、塑料化工、厨卫洁具、纺织等;北仑和镇海区块的工业小企业主要集中在蛟川街道、澥浦镇、九龙湖、大碶街道模具园区、小港街道顾家桥等区域,主要从事机械制造、文教用品、电线电缆、纺织服装、模具压铸、紧固件、机械装备制造等产业;象山和宁海区块的小企业分布在西店镇滨海、宁东新城、泗洲头镇、西周镇、贤庠镇等地区,主打机电汽配、铸造模具、机械电器制造等。

第三,鉴于服务业特别是部分消费性服务业的空间分布特性,本研究部分列出宁波市生产性服务业和消费性服务业的空间布局,总体上呈现出"一核集聚、两翼协动"的互动格局。

"一核"包括海曙、江东、鄞州、江北、北仑与镇海六区。海曙区与江东区主要发展高端商贸服务业、金融业、商务中介、航运服务等高端服务业态。鄞州区、江北区重点发展总部经济、电子商务、创意设计、服务外包等服务产业。北仑区与镇海区着力发展港口物流业、交通运输业、大宗进口商品专业市场。

"两翼"指的是由余姚、慈溪、杭州湾新区所组成的北翼和由象山、宁海、奉化所组成的南翼。余姚大力发展专业交易市场,以及为之配套的物流业;由特色农业及农业合作组织所衍生的生产性服务业;与当地的特色农业休闲观光旅游业相结合的旅游业。慈溪大力建设现代物流园区和专业市场。杭州湾新区重点发展海洋观光旅游业与物流业。象山突出发展海洋旅游业、农渔产品商贸流通业、海鲜餐饮业、港口物流业。奉化突出发展人文与生态及特色农产品相结合的综合旅游业。宁海发展生态文化旅游业和节庆、展览、会议服务业。

四、资源要素

第一,宁波地区农业小企业普遍受到了来自政府资金、技术和人才等政策的支持,除了经济林木类以技术补贴为主,其余类别的农业小企业均以资金补贴为主。调研中发现几乎所有农业小企业都接受过政府的政策支持,但是对于政策支持力度普遍感到不满意。同时在人才使用中,35.5%的企业抱怨人才留不住,33.2%的企业认为人才很难招到,还有29.1%的企业苦恼人才培养成本太高。在资金方面,农业小企业的资金主要来自三个方面:个人出资、银行贷款和产品流转,分别占比59.0%、50.8%和45.2%。其他的资金来源还包括政府支持、民间借贷等。农业小企业中76.5%的企业存在资金缺口,但缺口金额普遍较小,其中50万元以下的占比57.7%,50万～200万元的占比32.6%。

第二,宁波地区工业小企业急需资源主要是人力资源、资金资源和技术资源,三者的需求程度相差无几。政策方面,样本中74.9%的企业获得了政府政策支持,但是只有29.7%的企业认为政府政策支持给经营带来了较大的帮助。人力资源方面,样本企业中有71.2%的企业表示急需研发和技术人才,44.7%的企业急需销售管理人才,30.1%的企业需要生产管理人才。在资金方面,75%的被调查企业认为只是偶尔存在资金困难,只有15.4%的企业表示存在较大的资金困难。

第三,宁波地区生产性服务小企业对资源要素的需求排在第一位的是人才,第二是资金,第三是技术,第四是政策。根据调查,样本企业中41.5%的企业需要市场和销售管理人才,39%的企业需要研发技术人才,23.3%的企业需要中层管理人才。资金需求方面,82%的企业存在资金困难。其中

61％的企业表示存在较大的资金困难。政策支持方面,样本中82％的企业认为得到了政府政策的支持,但是其中只有43％的企业认为政府政策给企业带来了很大的帮助。

第四,宁波地区消费性服务小企业的发展急需资金、人才和技术等方面资源,分别占样本企业的45.8％、40.7和18.2％。人力资源方面,研发、技术管理人才和营销人才是企业最难寻求的,其次是中层管理人才和市场管理人才。资金方面,53％的企业表示存在融资困难情况,也有18％的企业表示没有资金压力。对于政府的政策支持,68％的企业认为是有帮助的,不过只有37％认为帮助较大。

五、技术创新

第一,宁波农业小企业积极尝试各类技术创新。样本企业中有89.6％涉及技术创新,但是创新深入程度不够,样本企业中没有拥有专利发明的企业。然而企业普遍对自己的创新尝试感到满意,这就需要外部更多的引导和扶持。此外,农业小企业技术来源的途径按比例从高到低分别为生产经验、专业人才、查阅资料、高校合作、政府培训。

第二,宁波工业小企业迅猛发展离不开创新。调查发现91.3％的小企业实施了技术创新,其中最常见的创新方式分别是在现有产品线基础上开发新产品、质量控制改进和管理方法改进,分别占57％、43％和39％。研发支出方面,42％的企业研发支出占销售收入的6％~10％,39％的企业研发开支占销售收入的5％以下。

第三,宁波生产性服务小企业积极尝试创新,样本中44.2％的企业进行了各种探索和努力。主要创新是服务改进,占到总量的26％;其次是管理方法改进,占到总量的18％;第三是流程改进,占到总量的15％;第四是质量控制改进,占到总量的7％。不过创新投入严重不足,样本中69％的企业研发支出仅占销售收入的5％不到。

第四,宁波消费性服务小企业普遍在日常运营的各个方面进行着一定的创新改进。调查显示,只有不到5％的企业安于现状。大多数创新尝试主要集中于以下几个方面:服务改进,占样本总量的31％;管理方法改进,占16％;新产品开发,占14％。另外,企业研发支出投入相对较少,45.2％的企业的研发支出不超过销售收入的5％,37％的企业研发支出在销售收入的6％~10％。

六、管理水平

第一,宁波农业小企业对自身经营状况的评价较好,其中比较满意的占到 44.5%,觉得不好的只占了调研企业总数的 4.7%。但是实际上,宁波农业小企业大多数采用家庭管理模式,对现代企业管理的思考并不多,大多数企业还没有产生对高层次管理水平的需求。对于管理也主要通过产品的销售,管理人才能力需求,对经营状况自评和影响企业发展的制约因素等方面来进行思考。销售方面,样本企业主要通过批发市场、大型超市和店铺来进行产品销售;管理人才方面,宁波农业小企业主要看重专业知识、创新能力和管理能力;员工稳定性方面,调研显示宁波农业小企业因为员工年龄相对较大,流动性相对较差;在品牌建设方面,只有 0.78% 的被调研企业不注重品牌;在制约企业发展的因素方面,人才、机械化水平和农产品加工增值难等被认为是最重要的因素。

第二,宁波工业小企业管理状况尚可。样本企业中 48.7% 认为自身管理经营状况一般,46.8% 的企业认为管理经营状况较好。样本企业中,在管理方面不尽完善最主要体现在市场开拓薄弱、技术研发落后和信息化程度不高,分别占样本企业总数的 55%、39% 和 33%。对于最影响企业盈利的因素,排名依次为原材料价格上涨、工资福利上涨以及市场需求不足等,分别占样本总量的 44.6%、41.7%、27.5%。

第三,宁波生产性服务小企业的经营状况相对较好。样本企业中,只有 4% 的企业认为经营状况不太好。主要影响管理的因素排在前几位的分别是:市场开拓,占 46.9%;员工激励不足,占 32.5%;运作效率不高,占 25.7%;信息化程度不够,占 25.3%。影响盈利的最主要原因分别是:缺乏人才,占 37.2%;市场需求不足,占 29.5%;原材料价格上涨,占 24.7%。

第四,宁波消费性服务小企业的经营状况尚可。样本企业中,只有 4.8% 的企业经营状态较差。影响宁波消费性服务小企业管理的主要因素有:缺乏明确的战略、市场开拓薄弱、客户维护不力等。而原材料价格上涨、工资成本提高、品牌知名度低、管理不善等因素是影响企业最终获利能力的最主要因素。

第四节　宁波小企业面临的机遇与挑战

一、宁波小企业的优势与机遇

第一，地理位置优越。宁波市是长三角南翼经济中心和浙江省经济中心之一。宁波港是一个集内河港、河口港和海港为一体的多功能、综合性的现代化国际深水大港，是中国货物吞吐量第一大港口，集装箱吞吐量则列全国第四大港口。全市总面积 9365 平方公里。位于浙东，长江三角洲南翼，北临杭州湾，西接绍兴，南靠台州，东北与舟山隔海相望。目前，上海自贸区的建立，配合上海成为亚洲国际航运中心和对外开放门户也给宁波对外贸易带来了极大的机遇。

第二，专业市场多。宁波市共有各类商品交易市场 656 个，包括消费品综合市场、农副产品市场、工业消费品市场、生产资料综合市场、工业生产资料市场、农业生产资料市场和服务类型市场等。中国塑料城、中国轻工模具城、中国裘皮城、中国有色金属材料城等已成为全国性的专业交易市场，并通过发达的交通向海外延伸，极大程度上方便了产品的交易与服务。大宗商品交易所开市试运行，宁波（镇海）大宗生产资料交易中心、物产钢材商城、宁波保税区进口葡萄酒市场等新建市场顺利运行，宁波航运交易所、中国镍金属交易市场、华东物资城钢材交易中心等大宗商品交易市场加快组建。专业市场集散能力将得到提升。

第三，内需拓展成效显著。国内市场拓展继续显现成效。2014 年宁波市实现商品销售总额 1.44 万亿元，同比增长 18.1%；实现社会消费品零售总额 2992 亿元，同比增长 13.5%。内销比重继续提高，规模以上工业销售产值中内销比重达到 77.4%，比 2013 年年底提高 8.5%，内销增速高于出口 3.0 个百分点。重庆、成都、武汉等名品直销中心进一步完善。国家电子商务示范城市创建工作稳步推进。

第四，投资力度持续加大。从拉动经济的驱动力来看，消费增长总体稳定，投资是经济增长的主要支柱。2014 年，宁波市完成固定资产投资 3989.5 亿元，增长 16.6%。投资结构不断优化，工业投资 1263.2 亿元，增长 19%，其中技改投资 940.7 亿元，增长 23.9%，均高于投资平均增速；完成民间投资 1955 亿元，占比达到 49%。重点工程实现投资 1349 亿元，轨道交通

3 号线一期、上海大众宁波基地扩建等 124 个重大项目开工建设,轨道交通 1 号线一期、海越新材料等 81 个项目陆续建成。[①]

宁波积极实行"走出去"战略,企业在境外营销网络建设、资源开发、境外并购等领域投资保持活跃。境外投资全面快速增长,根据国际收支口径,2014 年宁波境外直接投资实际流出 12.1 亿美元,同比大幅增长 80.2%;其中 45% 的资金投向制造业,22% 投向批发零售业,中国香港地区、越南、美国是主要投资地区。[②] 2014 年新批准设立境外企业(机构)208 家,累计 2048 家,约占全省总量的三分之一,是我国境外设立企业和机构最多的城市之一。

第五,宁波小企业总体继续保持平稳增长。2014 年,全市实现全部工业增加值 3490.1 亿元,同比增长 7.6%。其中小微企业累计实现工业增加值 950 亿元,同比增长 8.1%,全年新增上规模企业 828 家。从四类小企业问卷调查以及访谈情况看,只有小部分企业认为经营状况不好,半数左右企业认为经营状况较好。由此判断,2014 年宁波市小企业发展总体依旧保持稳定增长的态势。

第六,小企业集聚特征明显。宁波小企业特别是工业小企业以市场为导向,充分发挥当地的资源和传统加工优势,形成了特色明显的区域经济。如余姚的塑料、慈溪的打火机、宁海的文具和模具制造业、象山爵溪的针织衫裤等多个"一镇一品""一村一品"专业生产群体,全市工业总产值超亿元的小企业集聚区就有 100 多个。

第七,"小升规"专项扶持成绩斐然。企业梯队培育取得积极成果。随着我市工业经济发展,规上企业家数逐年增加,2014 年我市着力推进的小升规专项行动成效显著,全年新增上规模企业 828 家。据"小升规"入库监测企业数据显示,2014 年,1295 家样本企业户均完成产值 2166.5 万元,同比增长 16.9%,户均实现利润 55.6 万元,同比增长 9.4%,增幅均领先于全市平均水平。

二、宁波小企业面临的挑战

第一,市场需求不足。虽然近期工业库存、发电量等主要工业产品累计

[①] 2014 年宁波市固定资产投资达 3989.5 亿元,增长 16.6%. 中商情报网,http://www.askci.com/finance/2015/04/23/112209hbs.shtml.

[②] 2014 年宁波企业境外实投 12.1 亿美元,近半投向制造业. 中国宁波网,http://news.cnnb.com.cn/system/2015/01/28/008254324.shtml.

同比增速有所放缓,但企业面临的"去库存化""去产能化"任务仍然艰巨。数据显示,2013年二季度末我国工业产能利用率平均只有78.6%,闲置产能高达21.4%。此外,2013年我国粗钢、电解铝、水泥、平板玻璃、造船等行业产能利用率均低于75%,明显低于国际通常水平。这些传统行业经历了大跃进发展之后,其产能过剩下的继续扩张,将使得产业低迷情况向上下游产业链或其他经济层面直接或间接地传导。① 从低端到高端产能、从内需到外需产能、从传统到新兴产能均不同程度面临"二次"产能过剩问题。从深层次原因看,产能过剩既是由于全球供需失衡的深层次矛盾还未有效解决导致的,也受有效需求不足,生产成本上升,落后产能退出机制缺乏等因素叠加影响,且有常态化的趋势。

第二,规模经济不明显,竞争过于激烈。小企业不仅数目繁多,行业发展也较为分散,发展领域遍布了所有行业。这一方面使得宁波的企业间竞争激烈,不但不能形成价格优势,且无论是产业链的原料供应抑或是产品销售、企业融资能力、研发能力都处于相对的弱势地位;另一方面使得规模效应不明显,使企业在全球化竞争激烈的环境中处于不利地位。

第三,用工成本上升,急需人才类型趋同。根据对企业的调查发现,人力成本上升是影响企业盈利的最主要因素之一,特别是工业和消费性服务小企业更是在影响盈利因素的问卷中把人力成本上升放在第二重要的位置。进一步通过问卷调查发现,市场营销人才、技术研发人才和中高层企业管理人才是目前宁波市小企业发展最急需的三类人才,其中工业和生产性服务业更需要技术研发人才,而消费性服务业和农业更倾向于获得市场营销人才。

第四,创新意识不够强,研发能力薄弱。调查显示,虽然大多数小企业开始创新尝试,但无论是研发支出的投入、新产品的开发还是企业创新的选择等方面都体现出宁波小企业开展技术开发和创新的积极性和主动性还不够。而且,在深入访谈调查中可以发现,宁波小企业经营理念上缺乏持续发展的思想。许多工业小企业的新产品开发比较依赖政府或科研单位的技术推广,或者依赖于消化相对成熟的技术,享受技术溢出效应。他们主要是引进或学习其他单位开发的技术,几乎没有独立开发新技术。有的小企业甚至只是模仿,将别的企业成功的产品拿来自己生产,认为这样投资少见

① 警惕产能过剩向新兴产业转移.凤凰网,http://finance.ifeng.com/a/20140326/11976322_0.shtml.

效快。

第五,制约管理水平提升的因素较多。调查显示,制约宁波小企业管理水平提升的因素较多,最主要的包括市场开拓薄弱、技术研发落后、信息化程度差、缺乏明确战略、运作流程效率低下等。不同行业各有侧重,例如工业小企业中认为制约管理水平提升的首要因素是市场开拓薄弱,占被调查企业总数的 55.3%;技术研发落后,占 38.9%;信息化程度不高,占 33.2%;缺乏明确战略,占 28.4%。

第六,盈利状况较好,但未来发展压力增大。根据调查,2014 年宁波工业小企业利润率在 10% 以上的占 52.4%,只有 2.5% 的工业小企业利润率处于 3% 以下,服务业和农业小企业的情况也比较接近,因此可以判断宁波小企业整体盈利状况较好。但是对未来盈利状况的判断,在所调查的宁波小企业中,只有 4.7% 的工业小企业和 5% 的生产性服务小企业认为 2015 年企业盈利能力不会下降,可见宁波小企业面临的发展压力在不断加大。

第七,资金需求略有降低,但融资压力依旧存在。调查显示,银行借款是宁波市小企业获得资金的最主要来源。同时随着国家、省、市一系列扶持小企业金融政策的出台,宁波市小企业的银行融资难度有所降低,调查发现 15.4% 的工业小企业,30.6% 的农业小企业,53% 的消费性服务小企业和 61% 的生产性服务小企业表示存在较大的资金缺口。可见,作为重头的工业小企业的资金需求已经得到了缓解,但是其他行业小企业的融资需求依旧迫切。

第四章　宁波农业小企业现状调研

2014 年,宁波农业人口为 366 万人,占全市人口总数的 62.7%;农林牧渔业总产值为 431.6 亿元,占宁波经济总产值的 5.6%,按可比价格计算,比上年增长 1.6%。农业小企业在宁波经济发展中起到了举足轻重的作用。一方面,其能推进农业和农村经济发展,有利于维护市场稳定和保障食品安全,增加农民收入,吸收农村富余劳动力,保证社会稳定。另一方面,农业经济发展的空间和潜力较大,农业既是弱质产业,又是新兴产业,其经济产值的可持续增长,有利于稳定第一产业持续发展,能带动新的经济增长点,进而带动地区经济的发展和特色产业的形成。

第一节　宁波农业发展概况

一、农业概念界定

农业概念的定义可以分为狭义和广义。狭义的农业就是指利用动植物的生活机能,通过人工培育以取得产品的社会生产部分,通常把它分为种植业和畜牧业两大类。广义的农业是指农(种植业)、林、牧、副、渔等五业,广义的农业是个大产业。随着农业生产的产业化、商品化、国际化、社会化,对农业的理解又有了新的拓展,提出了"十字形大农业"的概念,不仅局限于农、林、牧、副、渔五业的农业"产中"环节,将为农业提供良种、农业生产资料等服务的行业称为农业"产前"环节,把农产品的运输、储藏、加工、销售称为农业"产后"环节,农业的概念大为拓展了。

二、农业小企业的概念界定

在时间上或是在理论上,从产业角度对农业小企业仍然没有形成一个统一、确切、完整的界定。如在对农业企业的概念界定中指出,农业企业是指从事农、林、牧、副、渔业等生产经营活动,具有较高的商品率,实行自主经营、独立经济核算,具有法人资格的营利性的经济组织。其按经营内容不同分为:(1)农作物种植企业、(2)林业企业、(3)畜牧业企业、(4)副业企业、(5)渔业企业、(6)生产、加工、销售紧密结合的联合企业等。而在对轻工业概念的界定中又指出,按其所使用的原料不同,可分为两大类:(1)以农产品为原料的轻工业,是指直接或间接以农产品为基本原料的轻工业。主要包括食品制造、饮料制造、烟草加工、纺织、缝纫、皮革和毛皮制作、造纸以及印刷等工业;(2)以非农产品为原料的轻工业,是指以工业品为原料的轻工业。因此,两者界定的概念有重复之处,且较难区分。

根据农业企业的发展主体划分,本文所研究的农业小企业包括三类:一是典型传统农业小企业。这类企业的特点是立足农业领域的高效行业,遵循农业发展的特点,实施产业化经营。二是非农产业投资的农业小企业。这类企业的特点是具有非农产业的基础,经济实力较强,工业化管理水平较高,员工素质较高,主要从事农业高科技项目的开发和产业化,融资风险大。三是科研单位和科技人员创办的农业小企业。这类企业是农业科技体制改革的新生事物,其特点是企业科技力量强,产品多以自主开发的科技成果为主,产品技术含量高,国际竞争力强,企业发展速度快,发展潜力较大。

因此,本章所研究的农业小企业概念,可以概括为,包括农、林、牧、副、渔业从事种植、养殖、加工、流通的各类所有制和组织形式的小企业,其中流通小企业又包括从事农产品(农、林、牧、副、渔业)流通的批发、零售、运输、仓储的小企业,其与工业小企业的区别点是基于生产的农业原材料是否为本企业生产。

根据 2011 年工业和信息化部、国家统计局、国家发展和改革委员会、财政部联合印发的《关于印发中小企业划型标准规定的通知》,对于农、林、牧、渔业,营业收入达不到 20000 万元的即为中小微型企业。其中,营业收入500 万元及以上的为中型企业,营业收入达到 50 万元不到 500 万元的是小型企业,营业收入不足 50 万元为微型企业(见表 4-1)。由于微型企业分布较为分散,其部分家庭农场并未进行有效的注册,因此,本文研究的对象为农业小企业,即营业收入为 50 万～500 万元,且其若涉及加工程序,需同时为农产品原料的生产者。①

表 4-1　农业中小企业划分标准

行业	指标名称	单位	中型	小型
农、林、牧、渔业	营业收入	万元	500～20000	50～500

数据来源:2011 年《关于印发中小企业划型标准规定的通知》。

三、宁波农业发展的总体情况分析

2014 年年末,宁波农林牧渔业总产值为 431.6 亿元,比上年增长 1.6%。其中,农业产值为 209.1 亿元,比上年增长 4.1%;牧业产值为 53.2 亿元,减少 8.4%;林业产值为 12.6 亿元,增长 3.8%;渔业产值 150.2 亿元,增长 1.7%;农林牧渔服务业产值 6.5 亿元,增长 6.3%(见表 4-2)。据粮食生产统计数据显示,全年宁波粮食作物播种面积 191.8 万亩,比上年增长 2.0%,粮食总产量 76.0 万吨,增长 7.1%。生猪和家禽生产形势依然严峻,生猪存栏、出栏同比分别减少 13.6% 和 7.1%;家禽存栏、出栏同比分别减少 20.4% 和 26.3%。2014 年,宁波市新增市级农业龙头企业 17 家,累计 286 家,其中产值上亿元的达到了 95 家。②

表 4-2　2010—2014 年宁波农业生产结构及其组成变化　(单位:亿元)

年　份	2010	2011	2012	2013	2014
农林牧渔总产值	339.0	399.3	420.5	429.9	431.6
农业	163.8	190.2	200.0	202.3	209.1
林业	9.3	11.1	11.4	11.5	12.6
畜牧业	53.9	64.4	65.9	60.9	53.2
渔业	107.1	128.3	137.5	149.0	150.2
农林牧渔服务业	4.9	5.3	5.7	6.2	6.5

数据来源:历年宁波市国民经济和社会发展统计公报。

(一)农业自然资源现状

宁波市是一个山、水、田、地、涂、海资源齐全的陆海结合区域,北有杭州

---

① 李化:《农业小企业融资机制研究》,2008 年中国农业科学院硕士学位论文。
② 《2014 年宁波市国民经济和社会发展统计公报》。

湾,南有三门湾,中部自东北沿海向西南深入象山港,海陆影响强烈,水体调节作用明显,使得宁波的亚热带季风气候具有较多的海洋性特点,对于发展农、林、牧、副、渔等农业,有着较有利的条件。

宁波市土地面积为 1454.3 万亩,其中农用地 1014.4 万亩占 69.8%。农用地中耕地为 322.2 万亩,占农用地 31.8%。据宁波市统计局数据,宁波市耕地面积为 315.9 万亩,其中水田 214.2 万亩、旱地 100.8 万亩。全市有沿海潮间带滩涂面积 156 万亩,其中可用于养殖约 28 万亩;—10m 以上的浅海面积为 114 万亩,其中可用于养殖约 5 万亩。宁波市地处东部沿海,其具有的渔业资源丰富了宁波市农产品加工业的原材料供给。2014 年,宁波市水产品总产量 101.06 万吨;养殖总面积合计 58096 公顷;渔业经济总产出实现 254.25 亿元,其中渔业总产值 124.34 亿元;渔民收入受惠于国家柴油补助政策继续保持增长,全市渔民人均纯收入达到 24530 元。

宁波从气温的季节变化看,具有夏无酷热、冬无严寒的气候特征,这为喜温农作物及经济林木的安全越冬创造了十分有利的条件。宁波包括蔬菜瓜果、林特花卉、畜禽养殖、水产养殖的四大产业发展优势明显,形成了具有宁波特色的出口蔬菜、榨菜、蔺草制品、竹笋、茶叶、水果、花卉、生猪、禽蛋、名优水产等十大主导产业和产品。目前,宁波有万亩以上的农业特色产业基地 104 个,粮食功能区 416 个,以区域化、规模化、专业化为特征的"一圈两带四区块"农业产业发展格局已经形成。①

(二)宁波农业产业结构分析

从图 4-1 和表 4-2 可以看出,2010—2014 年期间,宁波农业增加值的增速分别为 3.7%、4.0%、1.6%、—1.2% 和 1.9%,可见一直处于减少趋势,尤其在 2013 年出现了 —1.2% 的降速,这主要与 2013 年受 H7N9 禽流感疫情、极端高温干旱天气、"菲特"超强台风等一系列严重自然灾害的连续影响有关,严重的自然灾害使得农牧业生产损失较重。但 2012 年和 2014 年的农业增加值都出现了不同程度的增速减缓,不但落后于宁波 GDP 的增速,也远远落后于其他产业的增长速度。从图 4-1 可以看出,地区生产总值一直呈稳定趋势上升,而农业增加值的增加就显得趋缓。因此,近几年尽管宁波的农业得到了发展,但其发展的速度与宁波的经济总量和其他产业的发展并不匹配。鉴于农业发展的特殊性,如何寻找农业发展的切入点,提高农业

---

① 康庄严、茅建兴:《宁波:现代农业的范本》,《香港文汇报》2012 年 8 月 14 日。

生产主体的积极性和创造性,发展现代农业,仍是当务之急。

此外,宁波农业生产结构中,农、林、牧、渔、农林牧渔服务业总产值都有小幅度上升,但其总体的结构变化并不明显。其五年平均所占比例分别为9.6%、27.7%、14.8%、33.2%、14.2%。五项总产值五年中的平均增幅分别为37.7%、33.9%、24.7%、35.1%、33.2%。相比而言,农业总产值增长较快,畜牧业发展较慢,甚至出现了产值下降的状况,而从农林牧渔服务业的增长速度来看,宁波农业产业结构优化已初显成效,这对于合理利用农业资源,平衡生态环境,进一步满足消费者需求,提高农民收入,有着重要的作用。

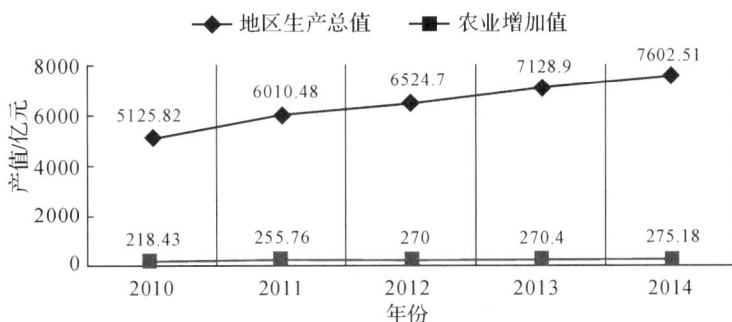

图 4-1 2010—2014 年宁波农业产值变化情况

数据来源:历年宁波市国民经济和社会发展统计公报。

(三)宁波农业发展布局

在宁波市现代农业发展"十二五"规划中,宁波目前的现代农业总体发展布局为"一圈两带四区块"。其中"一圈"指以中心城区为中心,以都市农业为主要形态的"都市农业圈";主要发展小规模精品高效农业生产基地,如精品蔬菜瓜果、高档观赏园艺、稻米等产业;多以技术和资本密集型企业为主,因而设施化程度较高,具有休闲、采摘、观光、餐饮、娱乐等多种功能。

"两带"包括以四明山脉、天台山余脉为主体的"林特生态产业带"和以象山港、杭州湾、三门湾水域为主体的"水产养殖产业带"。四明山林特生态产业带以茶叶、花木、竹及特色水果为主导产业;象山港北岸林特生态产业带以水(干)果、茶叶、花木、竹为主导产业;象山港南岸林特生态产业带以水(干)果、茶叶、竹为主导产业;北部低山林特生态产业带以水果、花木为主导产业。进而形成以水果、茶叶、花木和竹为主的"四驾马车"产业结构,同时利用低山丘陵台地发展高山蔬菜种植。

　　"水产养殖产业带"主要分布在宁波市沿海,总面积约 94.5 万亩,其中名优水产养殖面积约 82 万亩。根据海岸线走向,大体形成三个子产业带,包括杭州湾南岸水产养殖产业带、象山港水产养殖产业带、三门湾水产养殖产业带。

　　"四区块"包括"余慈北部蔬果畜牧产业区块""宁象南部蔬果畜牧产业区块""姚江奉化江两岸粮经畜牧产业区块"和"环象山港滨海小平原粮经畜牧产业区块"。

第二节　宁波农业小企业发展现状

　　本次调研目的主要是为了解宁波农业小企业的基本发展情况,包括:农业小企业的产业规模,即本行业小企业整体情况,进而了解其发展实力与潜力;农业小企业的成长阶段,及其所处阶段及具体状况;农业小企业的产业结构分布,农业小企业资源要素需求和使用情况,包括人力资源、资金、土地等,了解及分析其饱和或缺乏程度;农业小企业技术创新和使用情况,了解其投入产出比例;农业小企业经营管理水平,包括企业管理人员的学历,再教育情况,企业文化建设,企业管理制度的制定等;典型企业的经营模式和发展现状,了解其发展基本情况,分析其产品、经营状况、销售网络布局、发展战略等。

　　从农业小企业样本的区域分散性,企业规模分散性、企业产品分散性的角度出发,通过实地走访、邮件、电话访谈等方式,共回收有效问卷 268 份。其中问卷在各个区域的分布如表 4-3 所示,分布比例基本平衡。由于农业小企业界定比较难,企业分布较分散,企业主对调研配合程度的差异化,样本在区域分布上,出现某一区域的不均衡,但并不影响其他区域数据对宁波农业小企业情况的真实反映,其中慈溪和镇海地区的占比相对较高,分别为15.3% 和 14.9%,宁海地区的占比最少,只有 3.4%。此外,部分问卷中,会出现部分问题错答或漏答的现象,本章仅分析每一问题的有效答题数,如问卷 268 份,而某一题目的有效答题数为 200 份,即以 200 为该题总数进行分析,并得出结论。

表 4-3　宁波农业小企业样本区域分布情况

县(市)区	老三区	北仑区	镇海	奉化	宁海	象山	余姚	慈溪	鄞州
问卷回收数(家)	25	32	40	34	9	29	26	41	32
占比(%)	9.33	11.94	14.93	12.69	3.36	10.82	9.70	15.30	11.94

数据来源:课题组调研所得。

根据宁波市农产品生产特色,问卷所涵盖农产品种类大致分为农业类、经济林木类、水产品类、畜牧类和多种类型组合,受调查企业数量分别为 85、40、40、49、62 家,占比如图 4-2 所示,各农业产业结构占比相对均衡。

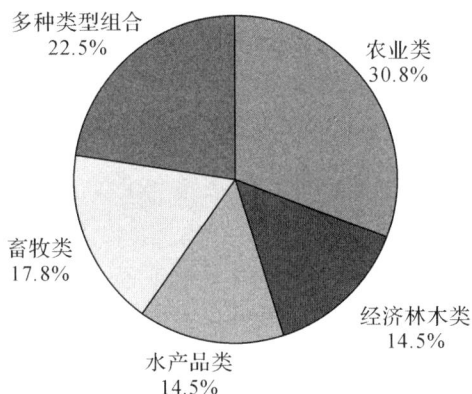

图 4-2　宁波农业小企业样本企业产品结构分布
数据来源:课题组调研所得。

一、宁波农业小企业产业规模

(一)总体状况分析

近年来,宁波市农业小企业发展迅速,企业数量增长较快,规模逐步扩大,技术创新和制度创新的意识增强,管理水平和管理效率不断提高,取得了一定的经济效益。2013 年年底,宁波市共有农业企业 4889 家,其中并无大型企业的相关数据,而其他类型企业中,微型企业数最多为 3013 家,占比62%,其次是小型企业 1578 家和中型企业 298 家,分别占比为 32% 和 6%,如图 4-3 所示。可见,宁波农业企业的发展规模总体并不大。

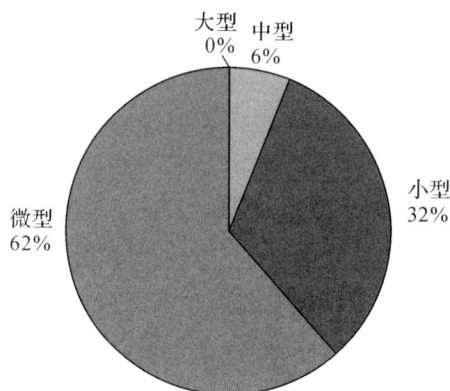

图 4-3　宁波农业企业不同规模分布

数据来源:课题组调研所得。

从农业企业所容纳的从业人员来看,2013 年宁波市共有农业期末从业人员 37614 人,其中中型农业企业从业人员为 8287 人,占比约 22%;小型农业企业从业人员为 14579 人,占比约 39%;微型农业企业从业人员 14748 人,占比约 39%,如图 4-4 所示。小微型农业企业仍然属于劳动密集型企业,相比中型农业企业,小微企业对宁波市农业人口的就业有着更大的贡献。

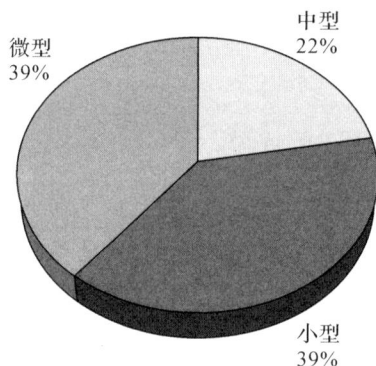

图 4-4　宁波农业企业从业人员分布

数据来源:课题组调研所得。

2013 年,宁波农业企业资产总计 215.44092 亿元,共实现营业收入 68.16096 亿元,涌现出了一批知名度较高、产品竞争力较强的农业企业。其中中型农业企业实现总资产为 118 亿元,营业收入为 41.5 亿元;小型农业企业总资产为 54.8 亿元,营业收入为 23.6 亿元;微型农业企业总资产为 42.7 亿元,营业收入为 3 亿元,如图 4-5 所示。

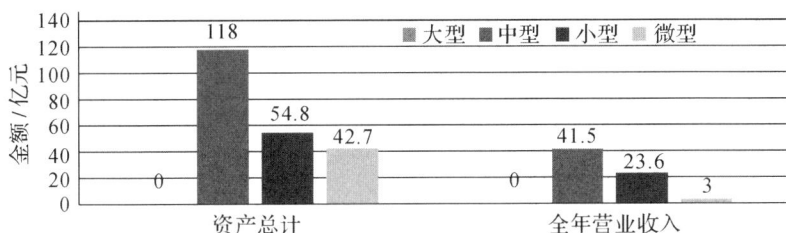

图 4-5 宁波农业企业基本数据对比

数据来源:课题组调研所得。

农业从业人员主要集中于小型农业企业和微型农业企业,相比而言中型农业企业从业人员较少,仅占到总从业人数的 22%,但其资产总计和全年营业收入却占比 54.8% 和 61%。相比农业小型企业和农业微型企业,农业小企业数量和从业人员占比与资产总计和全年营业收入占比相差不大。农业微型企业与农业中型企业呈现出相反的特征,农业微型企业数和从业人员占比值远远高于资产总计和全年营业收入占比。由此可见,对于投入产出比而言,农业中型企业、农业小型企业和农业微型企业呈现出递增趋势。

农业小微企业数量和劳动密集程度要高于中型企业,但产值却明显落后,这与中型企业采取的规模生产、现代企业制度建设、科技创新等举措密不可分,而这些恰恰是小微企业所缺乏的。但与农业微型企业相比,宁波农业小型企业发展相对比较平衡。

(二)调研样本分析

1.2014 年样本农业小企业营业收入情况

课题组回收有效问卷共 268 份,因部分问卷中出现部分题目的漏答和错答,因此本文仅考虑每一个调查问题的有效回收数(下文分析中不再一一解释),其中有关 2014 年营业收入项,共收到有效答题数为 248 份。从图 4-6、表4-4可以看到,本课题抽查的样本中,50 万～200 万元的企业有 114 家,200 万～400 万元企业有 68 家,400 万～500 万元企业有 66 家,占比分别为 46.0%、27.4% 和 26.6%。其中,50 万～200 万元农业企业样本数相对较多。

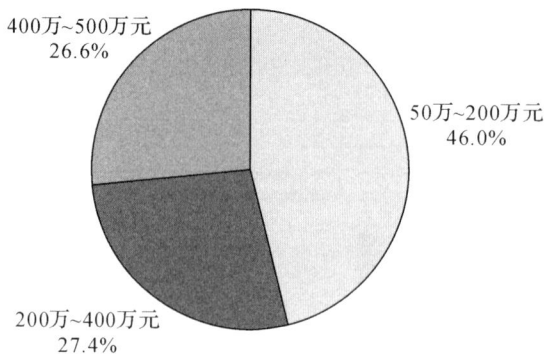

图 4-6   2014 年农业小企业营业收入分布

数据来源:课题组调研所得。

课题组在分发问卷时,选择不同区域的 2014 年营业收入在 50 万～500
万元的农业企业进行随机发放。在数据处理中,根据不同地区不同规模段
企业数在同地区的抽样企业总数中的占比值进行比较,可以发现,样本分布
中,鄞州和余姚主要以 400 万～500 万元企业为主,企业数为 9 家和 15 家,
占比分别为 42.9% 和 57.7%。奉化地区样本农业小企业主要以 200 万～
400 万元规模为主,企业数为 19 家,占比为 55.9%,其余各区域调查农业小企
业主要集中在 50 万～200 万元规模段内,尤其是宁海和老三区最为集中,企业
数为 8 家和 19 家,占比分别为 88.9% 和 76%。相比而言,北仑和鄞州地区的
企业规模分布较为均匀,鄞州地区三个规模段的占比分别为 23.8%、33.3% 和
42.9%,北仑地区的三个规模段的占比分别为 46.9%、21.9% 和 31.2%。

表 4-4   2014 年宁波各地区农业小企业营业收入数据

地区	50 万～200 万元		200 万～400 万元		400 万～500 万元	
	数量(家)	同区占比(%)	数量(家)	同区占比(%)	数量(家)	同区占比(%)
宁　海	8	88.9	1	11.1	0	0.0
象　山	15	51.7	6	20.7	8	27.6
鄞　州	5	23.8	7	33.3	9	42.9
镇　海	17	51.5	14	42.4	2	6.1
老三区	19	76.0	3	12.0	3	12.0
余　姚	5	19.2	6	23.1	15	57.7
慈　溪	21	53.8	5	12.8	13	33.3

续表

地区	50万～200万元		200万～400万元		400万～500万元	
	数量（家）	同区占比（%）	数量（家）	同区占比（%）	数量（家）	同区占比（%）
奉　化	9	26.5	19	55.9	6	17.7
北　仑	15	46.9	7	21.9	10	31.3
总　计	114	46.0	68	27.4	66	26.6

数据来源:课题组调研所得。

2. 农业小企业年资金投入情况

农业小企业年资金投入情况,主要通过企业每年平均投资的金额来说明。从表4-5可以看出,该问卷答题的有效数为244份,其中年均投资金额在0～50万元的企业有87家,年均投资金额50万～100万元的企业有79家,100万～200万元的有49家,200万～300万元的有16家,300万元以上的有13家,占比分别为35.7%、32.4%、20.1%、6.6%和5.3%。可见,农业小企业年投资金额仍集中在较低的程度。

表4-5　农业小企业年资金投入数据

小型农业	0～50万元	50万～100万元	100万～200万元	200万～300万元	300万元以上
企业数（家）	87	79	49	16	13
百分比（%）	35.7	32.4	20.1	6.6	5.3

数据来源:课题组调研所得。

从地域分布来看,老三区、慈溪和奉化地区的农业小企业主要集中在年投资金额50万～100万元,企业数分别为11、19、17,占比各为44%、47.5%、50%。其余地区的企业都只集中在0～50万元区段。其中宁海在此区域的集中程度更高,占到了77.8%。从这些数据也可以看出不同区域农业企业的投资偏好,这与当地农业企业主的战略部署、政府的政策支持和投资环境有一定的关系。

表 4-6　农业小企业规模与年投资对比　　　　（单位：％）

年投资额	0～50万元	50万～100万元	100万～200万元	200万～300万元	300万元以上	总计
50万～200万元	60.7	35.7	3.6	0.0	0.0	100
200万～400万元	14.9	40.3	37.3	4.5	3.0	100
400万～500万元	14.1	17.1	31.3	20.3	17.2	100

数据来源：课题组调研所得。

将农业小企业的营业收入和企业的年投资额相比较，如表 4-6 所示，规模小的企业自然年投资额较少，主要集中在 0～50 万元，占比达到 60.7％，且没有投资 200 万元以上的企业。规模在 200 万～400 万元的企业，更倾向于 50 万～100 万元和 100 万～200 万元的年投资金额，占比分别为 40.3％和 37.3％，而 200 万元以上的年投资额，虽数量不多，但也占有比例。而营业收入在 400 万～500 万元的企业年投资额主要集中在 100 万～200 万元和 200 万～300 万元的区间，占比分别为 31.3％和 20.3％。此外，300 万元以上的年投资额也有 17.2％，相比其他规模企业遥遥领先，可见企业规模越大，对抗风险能力越强，对投资的意愿也会随之增加，其对企业规模的扩大更有倾向性。

3. 农业小企业对投资的重视程度

农业企业对投资的重视程度直接关系到企业的转型升级、规模提升、技术创新、开拓销售渠道。一般认为，企业越重视投资，对后者的促进越大。对该题的调研共有三个选项，分别是"重视，每年都投入很大的资金"、"很少，没有多余的资金投入"和"还好，投资不多"，共收回具有效回答的问卷 258 份。从调研结果来看，如表 4-7 所示，"重视"的企业数为 127 家，"还好"的企业数为 81 家，"很少"的企业数为 50 家，分别占比 49.2％、31.4％和 19.4％，可见，农业小企业主对投资普遍较为重视。

从区域来看，镇海、奉化和慈溪地区的农业小企业样本对投资重视程度相对较大，重视投资的企业分别有 25 家、20 家和 22 家，占比 75.8％、58.8％和 55％。而奉化地区的农业小企业"很少重视"的比值占到了 32.4％，"很重视"和"很少重视"的比例都比较高，因此在投资重视程度方面，有两极分化的现象。而宁海的不重视程度相对较高，这与宁海抽取的样本规模较小有很大的关系。但是，与其他第二产业和第三产业企业的投资重视程度相比，农业小企业对投资的重视程度还不够。在走访中发现，农业小企业普遍认为资本充足,和问卷反映的情况一致,具体的原因本章在后面将会详细阐述。

表 4-7　农业小企业对投资的重视程度

小型农业	重视	很少	还好
企业数(家)	127	50	81
百分比(%)	49.2	19.4	31.4

数据来源:课题组调研所得。

二、宁波农业小企业成长阶段

(一)农业小企业成立时间情况

有关企业成立时间的有效回答数为 195 份,问卷处理时将农业小企业成立时间分为 1~2 年、3~5 年、6~10 年、11~15 年、16~20 年和 20 年以上,其分布的企业数为:6 家、37 家、79 家、33 家、23 家和 17 家。其中成立 6~10 年的企业最多,占比 40%;其次为 3~5 年和 11~15 年的企业,占比为 19% 和 17%,样本数据呈现出以成立 6~10 年为重心和中心,向两边递减的特征(见图 4-7)。可见,抽取的样本在企业成立年份方面的分布较为合理。

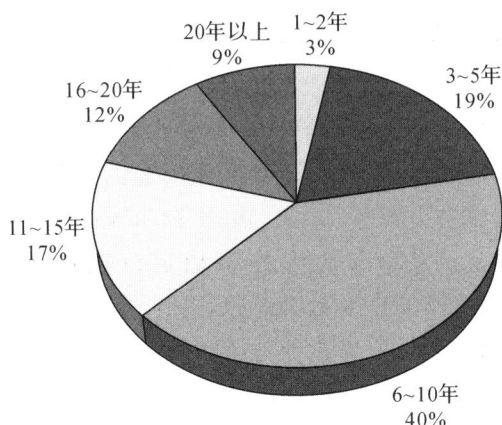

图 4-7　农业小企业成立时间分布
数据来源:课题组调研所得。

数据显示,农业小企业的规模与其成立时间并无直接正比关系。从表 4-8 中可以看出,营业额在 50 万~200 万元规模,占比最高的是成立时间在 20 年以上的企业,企业数为 8 家,占比是 50%;200 万~400 万元规模占比最高的是成立时间为 1～2 年的企业,数量为 3 家,占比 50%;而 400 万～500 万元规模中,占比最高的是成立时间在 11～15 年的企业,企业数为 16 家,占比 48.5%。因而,成立时间较短,也可能营业收入反而较高,而成立时间较长,企业规模也可能比较小,这与企业自身的发展战略和经营状况有一定的关系,也与企业的前期投资额相关。

表 4-8　农业小企业成立时间和营业额的关系

成立时间	50 万～200 万元		200 万～400 万元		400 万～500 万元	
	数量 (家)	同区占比 (%)	数量 (家)	同区占比 (%)	数量 (家)	同区占比 (%)
1～2 年	2	33.3	3	50.0	1	16.7
3～5 年	12	37.5	12	37.5	8	25.0
6～10 年	28	37.8	27	36.5	19	25.7
11～15 年	12	36.4	5	15.2	16	48.5
16～20 年	10	43.5	8	34.8	5	21.7
20 年以上	8	50.0	2	12.5	6	37.5

数据来源:课题组调研所得。

(二)农业小企业成长阶段自评情况

问卷设计中,有一个题目要求农业小企业主自评企业目前所处的成长阶段。问卷结果分析中,我们结合不同区域和不同成立时间等因素分析企业的成长阶段。结果如表 4-9 显示,回答此问题的有效企业数为 259 家,认为自己处于初创阶段的企业有 31 家,占比 12.0%;认为处于发展阶段的企业数为 138 家,占比 53.2%;认为处于稳定阶段的企业有 81 家,占比 31.3%;认为在转型阶段的企业数为 9 家,占比 3.5%。

其中,鄞州和老三区较多农业小企业认为处于初创阶段,分别占比 37.5% 和 32%;宁海和奉化地区处于发展阶段的企业较多,占比 88.9% 和 76.5%;象山和余姚处于稳定阶段的企业较多,占比为 41.4% 和 50%;而处于转型阶段的企业除宁海、老三区和奉化地区外,只有 1～2 家,所占比重较低,可见农业小企业的发展仍偏于保守,农业产业的特点和农业主的自身因素,使得农业小企业愿意尝试转型发展的概率比较低。

表 4-9 农业小企业发展阶段自评情况

小型农业	初创阶段	发展阶段	稳定阶段	转型阶段
企业数(家)	31	138	81	9
百分比(%)	12.0	53.3	31.3	3.5

数据来源:课题组调研所得。

为了了解企业的发展阶段是否与其成立的时间有关,我们将这两个因素结合起来分析。我们发现,成立1~5年的企业主要所处的阶段在初创阶段和发展阶段,6~20年的企业主要集中在发展阶段和稳定阶段,20年以上的企业虽然也主要集中在发展阶段和稳定阶段,但在初创阶段和转型阶段也有所分布,说明部分此类企业在尝试企业创新和转型,以求得经营上的突破。总体而言,处于转型阶段的企业较少,转型阶段的企业占比和企业成立时间呈正比,这主要与此类企业已积累的条件和企业发展迫切所需有关。随着企业的成立时间增加,企业倾向于沿着"初创阶段—发展阶段—稳定阶段—转型阶段"方向递进发展,因此,农业企业的成立时间是决定其所处成长阶段的重要影响因素之一。根据调查的结果如表4-10显示,1~2年的企业主要处于初创阶段,3~10年企业主要处于发展阶段,10年以上的企业主要处于稳定阶段。

表 4-10 不同成立时间农业小企业发展阶段情况

成立时间	初创阶段		发展阶段		稳定阶段		转型阶段	
	数量(家)	同区占比(%)	数量(家)	同区占比(%)	数量(家)	同区占比(%)	数量(家)	同区占比(%)
1~2年	3	50.0	3	50.0	0	0.0	0	0.0
3~5年	8	22.2	20	55.6	7	19.4	1	2.8
6~10年	7	8.9	53	67.1	19	24.0	0	0.0
11~15年	0	0.0	12	36.4	18	54.5	3	9.1
16~20年	1	4.3	5	21.7	15	65.2	2	8.7
20年以上	2	11.8	4	23.5	8	47.1	3	17.6

数据来源:课题组调研所得。

(三)农业小企业的年均销售额增长情况

近五年,国际和国内经济环境跌宕起伏,工业、服务业企业面临的市场环境也日趋严峻。为了了解宁波农业小企业的销售额增长情况,问卷在此题中设置了"负增长"、0～10％、10％～30％、30％～50％、50％～70％、70％～100％、100％以上七个选项。在对问卷的分析中发现,有 22 份问卷选择了"负增长"一项,占所调研企业总数的 8.2％,即调研企业中有 91.8％的企业五年处于盈利模式,我们仅对 5 年内平均销售额为正增长的另外 246 家企业特点进行阐述。由表 4-11 可见,农业小企业的年均销售增长值虽然没有出现明显的增长现象,但也趋于稳定增长状态,分布最为集中的区域段是 10％～30％,企业数为 98 家,占比 39.8％,其次是 0～10％区域,企业数为 82 家,占比为 33.3％。年均销售额增长率超过 70％的企业仅为 1 家,且在 70％～100％区域段。相比而言,镇海、老三区和余姚地区样本企业年均销售额增长幅度不大,奉化、北仑和宁海的增长幅度较高。

表 4-11　正增长小企业近 5 年内平均销售额增长情况

正增长小企业	0～10％	10％～30％	30％～50％	50％～70％	70％～100％	100％以上
企业数(家)	82	98	55	10	1	0
百分比(％)	33.3	39.8	22.4	4.1	0.4	0.0

数据来源:课题组调研所得。

从表 4-12 可以看出,企业成立时间 10 年以内,年均销售额增长值随着企业成立时间的增加而增加。企业成立时间在 10 年内的三个区域段 0～10％增长率占比分别为 50％、30.3％和 20.3％;10％～70％增长率占比分别为 50.0％、69.7％和 19.8％。而成立时间在 10 年以上的农业小企业也同样遵循这个规律,如企业成立时间在 10 年以上的三个区域段 0～10％增长率占比分别为 50％、40.9％和 25.0％;10％～70％增长率占比分别为 50.1％、59.1％和 75.1％。但其总体年均销售额增长率并未好于成立时间在 10 年内的企业,这体现出新成立的农业小企业经营较为灵活,对市场的把握相对较好。

表 4-12　不同成立时间农业小企业年销售额增长情况

成立时间	0～10％		10％～30％		30％～50％		50％～70％		70％～100％		100％以上	
	企业数量(家)	同区占比(％)	企业数量(家)	同区占比(％)	企业数量(家)	同区占比(％)	企业数量(家)	同区占比(％)	企业数量(家)	同区占比(％)	企业数量(家)	同区占比(％)
1～2 年	3	50.0	2	33.3	1	16.7	0	0.0	0	0.0	0	0.0
3～5 年	10	30.3	10	30.3	12	36.4	1	3.0	0	0.0	0	0.0

续表

成立时间	0～10%		10%～30%		30%～50%		50%～70%		70%～100%		100%以上	
	企业数量（家）	同区占比（%）	企业数量（家）	同区占比（%）	企业数量（家）	同区占比（%）	企业数量（家）	同区占比（%）	企业数量（家）	同区占比（%）	企业数量（家）	同区占比（%）
6～10年	15	20.3	39	52.7	17	23.0	3	4.0	0	0.0	0	0.0
11～15年	16	50.0	7	21.9	6	18.7	3	9.4	0	0.0	0	0.0
16～20年	9	40.9	7	31.8	4	18.2	2	9.1	0	0.0	0	0.0
20年以上	4	25.0	3	18.7	8	50.0	1	6.3	0	0.0	0	0.0

数据来源：课题组调研所得。

　　企业发展阶段与其年均销售额增长值并没有呈现出规律性，如表4-13所示，企业初创阶段的年均销售额增长速度较慢，10%～70%区段的企业数为5家，占比为26.3%；发展阶段的年均销售额增长速度也要高于稳定阶段，10%～70%区段的企业数分别为101家和50家，占比为74.3%和61.7%；转型阶段的年均销售额增长速度也要高于稳定阶段，10%～70%区段的企业数为6家，占比为66.7%。可见，四个阶段按照年均销售额增长速度的递增排列，分别为初创阶段、稳定阶段、转型阶段和发展阶段。

表 4-13　不同发展阶段农业小企业年销售额增长情况

所处阶段	0～10%		10%～30%		30%～50%		50%～70%		70%～100%		100%以上	
	企业数量（家）	同区占比（%）	企业数量（家）	同区占比（%）	企业数量（家）	同区占比（%）	企业数量（家）	同区占比（%）	企业数量（家）	同区占比（%）	企业数量（家）	同区占比（%）
初创阶段	14	73.7	3	15.8	2	10.5	0	0.0	0	0.0	0	0.0
发展阶段	35	25.7	69	50.7	30	22.1	2	1.5	0	0.0	0	0.0
稳定阶段	30	37.0	24	29.6	19	23.5	7	8.6	1	1.3	0	0.0
转型阶段	3	33.3	1	11.1	4	44.4	1	11.1	0	0.0	0	0.0

数据来源：课题组调研所得。

三、宁波农业小企业产业结构

　　宁波的农业小企业涉及产业除传统的农林牧渔加工业外，还有蔬菜加工、乳制品、相关制造业以及休闲观光农业等，部分农业企业拥有自己的生产基地，同时涉足农产品贸易流通领域，采取了产业化运作机制。

　　从不同类型农业产业中企业的分布情况来看,渔业和林业中,小企业所占比重最高,分别占到了 37.9％和 38.0％;其次是畜牧业和农林牧渔服务业,小企业占比分别是 34.3％和 33.4％。从相关部门的统计数据来看,如图 4-8 所示,宁波农业小企业中农业产业所占比重最大,企业数为 910 家,占比 58％;其次是渔业企业数为 285 家,占比 18％;排第三的是畜牧业,企业数为 178 家,占比 11％;最后为林业和农林牧渔服务业,企业数分别为 105 家和 100 家,占比为 7％和 6％。根据统计,农业微型企业在不同农业产业结构的分布占比分别为:66.7％、5.2％、8.8％、13.2％和 6.1％,其分布的比例趋势和农业小型企业比较类似,体现出农业小微企业农业产业选择的类同性。而中型企业,除了农业产业外,更倾向于畜牧业和渔业。

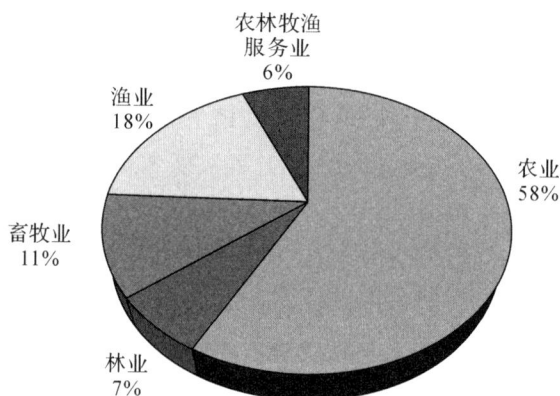

图 4-8　宁波农业小企业不同产业结构企业数量分布

数据来源:课题组调研所得。

　　宁波农业企业就业人数共有 37614 人,其中在农业、林业、畜牧业、渔业和农林牧渔服务业就业的人数分别为 22246 人、2095 人、4624 人、6063 人和 2586 人。而农业小企业的就业人数为 14579 人,占所有农业就业人数的 38.8％。从农业小企业按不同产业结构的就业人数分布来看,如表 4-14 所示,小型企业中,农业产业的就业人数最多,为 8705 人,占比为 59.7％;其次是渔业产业,为 2574,占比为 17.7％。再往后依次是畜牧业、农林牧渔服务业和林业,分别为 1253 人、1134 人和 913 人,占比分别为:8.6％、7.8％和 6.3％。与小型农业相比,中型农业企业的就业人数,在不同农业产业中的分布相对比较均匀,占比分别为 38.8％、6.6％、27.6％、19.5％和 7.4％。小型企业和微型企业的就业人数主要集中在农业产业部门,这主要与不同产业部门专业化和自动化程度不同有关。

表 4-14　宁波农业企业按产业结构统计的从业人员分布情况　（单位:人）

企业规模	农业	林业	畜牧业	渔业	农林牧渔服务业
大型	0	0	0	0	0
中型	3217	550	2286	1618	616
小型	8705	913	1253	2574	1134
微型	10324	632	1085	1871	836

数据来源:课题组调研所得。

　　宁波农业企业资产总额为 215.4 亿元,其中农业小企业资产总额为 54.8 亿元,占比为 25.4%。而小型农业企业中,农业产业部门总资产为 31.8 亿元,林业产业部门总资产为 4.5 亿元,畜牧业产业部门的总资产为 4.4 亿元,渔业产业部门的总资产为 11.3 亿元,农林牧渔服务业部门的总资产为 2.8 亿元,其占比分别为 58%、8%、8% 和 21%、5%(见图 4-9)。可见,宁波农业小企业总资产主要集中在农业产业部门,其次是渔业产业部门,林业、畜牧业和农林牧渔服务业资产相对较少,积累不多。

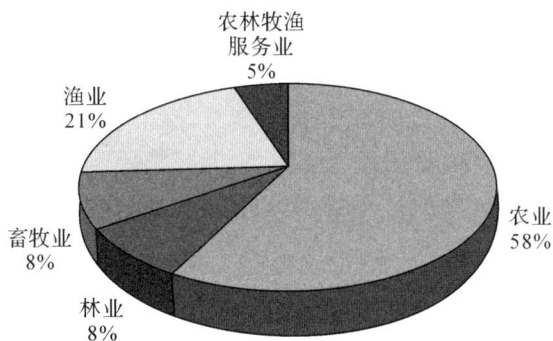

图 4-9　宁波小型农业企业产业结构资产总计分布情况

数据来源:课题组调研所得。

　　2013 年,宁波农业企业营业收入为 68.2 亿元,其中中型农业企业、小型农业企业和微型农业企业占比分别为 60.9%、34.6% 和 4.4%。如图 4-10 所示,农业小企业的营业收入为 23.6 亿元,其中农业产业部门营业收入为 12.8 亿元,林业产业部门营业收入为 1.8 亿元,畜牧业产业部门营业收入为 2.7 亿元,渔业产业部门营业收入为 4.7 亿元,农林牧渔服务业营业收入为 1.6 亿元,占比分别为 54.2%、7.6%、11.5%、20% 和 6.7%。可见,农业小企业营业收入从高到低的部门分别为农业、渔业、畜牧业、林业和农林牧渔服务业。农业小企业总资产在不同产业结构的分布情况与总资产分布情况极为类似。可见,企业的营业收入和其资产积累有较大的关系。

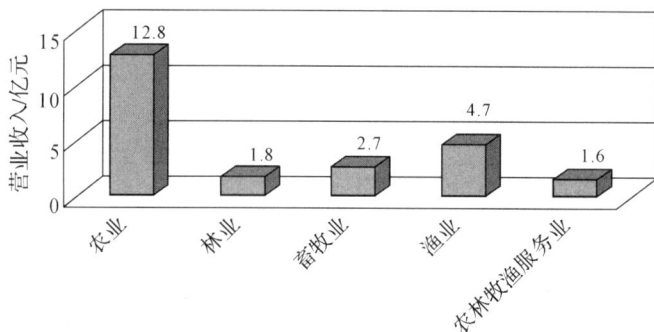

图 4-10　宁波农业小企业产业结构营业收入分布
数据来源:课题组调研所得。

四、宁波农业小企业资源要素

宁波市各级政府重视科技强农、科技兴农战略,每年引进几百种粮食、果蔬、畜禽等新品种。宁波以水稻和畜禽为主导的产业优良品种应用率达到 95%。宁波自主培育的水稻曾以最高田块亩产 943.1 公斤创浙江省晚稻亩产的农业吉尼斯纪录。[1] 浙江省自主选育的镇海巨高长毛兔群体产毛量创世界纪录。[2] 2009 年,宁波市被确定为全国物流节点城市。由于杭州湾大桥带来的便利,宁波形成了以港口为中心的现代化大交通格局。这极大地方便了农产品的运输,为保质期短的果蔬、时令性强的农产品外销提供了有力的支持,也为农业"走出去"战略提供了巨大的空间。

(一)宁波农业小企业享受政府政策情况

宁波市各级政府近几年的财政支农力度逐年加大,市里和各区政府出台了一系列支农惠农的政策措施,支农资金在整个财政支出中的比例得到固定和提高。2014 年,宁波一般预算财政支农支出突破 11 亿元,比 2013 年同期增长 31.7%。同时,宁波设立了诸多支农专项资金,系统全面地对现代农业建设进行引导性投入。随着农村金融制度改革的推进和农业产业化的

---

① 康庄严、鲁威:《"甬优 12"平均亩产刷新中国超级稻纪录》,《宁波晚报》2012 年 11 月 28 日。
② 镇海巨型高产长毛兔. 中国镇海,http://www. zh. gov. cntzxyqyfcmycp201404/ t20140416_149025. shtml.

发展,通过金融渠道和工商业资本投入农业的力度也将明显加大。

为了了解农业小企业享受政府政策的情况,课题调研设置了"农业小企业曾经享受过政府政策"的题目,选项包括"资金上""技术上""人才上"和"其他",其中,"其他"为开放选项,主要让受调研企业主自行填写,从问卷分析来看,选择"其他"选项的企业不多,所选企业填写的多为品牌、销售等内容。

从表4-15中可以得到,享受政府各类政策支持的农业小企业有290家,超过回收的有效问卷总数268份,因此部分农业小企业享受的政策占有2个或2个以上。总的来看,享受过政府资金支持的企业有122家,占比42.5%;受过政府技术上支持的企业数有82家,占比28.6%;享受过人才方面支持的企业数有58家,占比20.3%;而享受过其他方面支持的企业数为25家,占比8.7%。相对而言,政府在支持农业小企业发展中,资金的支持力度最大,其次是技术上的支持,再次是人才上的支持。

从区域的角度看,所调查的企业中,镇海地区享受过技术支持的企业占比最高,为70%,象山地区所调查的享受过人才方面支持的企业占比最高,为48.3%,宁海地区技术上和人才上享受支持较多,鄞州和老三区所调查的在资金和技术上享受支持的企业占比分别为18.8%和36%。其他地区企业均为享受资金上支持的居多。

表4-15 宁波农业小企业享受政府政策情况

小型企业	资金上	技术上	人才上	其他
企业数(家)	122	82	58	25
百分比(%)	42.5	28.6	20.2	8.7

数据来源:课题组调研所得。

在企业走访中,我们发现,部分农业小企业对政府的政策在不同农业产业中的差异化不理解,有农户认为政府对水稻的补贴高,而对部分经济林木类的补贴在逐年减少。为此,我们在样本农业小企业中,对不同产业结构在政府的政策待遇中有所区别这一现象进行了分析。从表4-16中可以看出,所有选项的数字总和为287,已经超出问卷的总数268份,可见部分农业小企业在此项上为多选,即多方面享受到政府的政策支持。其中,除了经济林木类以技术补贴为主,其余类别的产业均以资金补贴为主。政府的政策在资金补贴上,各个农业产业享受到的比例比较接近,除了经济林木类33.3%和多种类型组合类39.7%外,其余都在45%上下,六个农业产业类型差距并不明显。相比而言,农业类、水产品类的企业享受政府资金支持的较多,在技术上,不同农业产业企业享受的数量占比有所加大,其中,农业类和经济林木类企业受到政府技术支持的较多。在人才的支持上,水产品类和畜牧类农业小企业受到支持的较多。

表 4-16 宁波不同农业产业小企业政策享受情况

产业	资金上		技术上		人才上		其他	
	企业数量(家)	同区占比(%)	企业数量(家)	同区占比(%)	企业数量(家)	同区占比(%)	企业数量(家)	同区占比(%)
农业类	39	45.2	27	32.9	16	17.8	4	4.1
经济林木类	13	33.3	14	35.9	7	18.0	5	12.8
水产品类	17	44.8	10	26.3	10	26.3	1	2.6
畜牧类	28	45.9	14	23.0	13	21.3	6	9.8
多种类型组合	25	39.7	17	27.0	12	19.0	9	14.3

数据来源:课题组调研所得。

(二)宁波农业小企业人才资源情况

2014 年,宁波全市共投入农民培训资金 4439.7 万元,其中财政资金 4021.5 万元;完成各类农民培训 11.56 万人次,其中农村实用人才培训 1.14 万人次,新增农村实用人才 11561 人。宁波市现有农村实用人才 14.5 万人,占农村实有劳动力总数的 5.5%。2013 年,宁波市完成各类农民培训项目 38 个 3817 人次,其中优秀农民进高校培训 531 人,赴境外培训 47 人。①

我们在走访农业小企业时了解到,农业小企业在员工招聘方面的问题并不是十分明显,员工招聘基本能符合企业经营所需,他们采取的办法是雇用外地务工人员中年纪在 50 岁以上的员工,他们虽然在其他行业中的就业情况并不乐观,却能胜任技术要求不高的农业操作,因而在稳定性和低成本方面有一定的优势。但是,农业小企业在考虑到企业的进一步扩张和升级时,也存在对高质量人才的需求。在走访的几家的企业中,每家企业一般只有一名左右具有大学学历的员工,主要参与农场的管理和文件的处理工作,没有参与技术研发的专业人员,而且这些大学生主要以农场主的亲戚朋友

---

① 2014 年全市农民培训工作总结和明年工作思路. 宁波农村经济综合信息网,ht-tp://www.cnluye.com/html/ztb/nmpxview/2839228.html,2014-12-27.

为主。农场主从人才市场直接招聘并留用的大学生相对较少。高质量人才需求方面出现的问题可以从表 4-17 中反映出来,农业小企业在人才需求中存在的问题主要有"很难招聘""留不住""培养成本高",存在这三种人才需求问题的企业数分别为 89 家、95 家和 78 家,占比为 33.2%、35.5% 和 29.1%。可见这三个问题在困扰农业小企业人才需求方面的程度大致相同。除了鄞州区企业认为"留不住"的问题较突出和北仑区企业认为"很难招聘"的问题较突出外,其余地区存在三个问题的总体情况类同。

表 4-17　宁波农业小企业人才需求问题

小型农业	很难招聘	留不住	培养成本高	无问题
企业数(家)	89	95	78	6
百分比(%)	33.2	35.5	29.1	2.3

数据来源:课题组调研所得。

(三)宁波农业小企业资金资源情况

在对农业小企业资金使用方面有效回答的 226 家企业中,我们发现,有 63 家企业没有资金的问题,94 家企业的资金缺口为 0～50 万元,53 家企业的资金缺口在 50 万～200 万元,10 家企业的资金缺口在 200 万～500 万元,有 6 家企业的资金缺口在 500 万元以上,其占比分别为:27.9%、41.6%、23.5%、4.4% 和 2.7%(见表 4-18)。象山地区的企业资金缺口在 0～50 万元的比较多,占比为 62.1%;老三区资金缺口在 50 万～200 万元的企业数比较多,占比为 48%。余姚地区接受调研的企业资金使用情况比较良好,有60% 的企业没有资金缺口,40% 的被调查企业的资金缺口在 0～50 万元。北仑地区被调查企业中有 44% 的企业没有资金缺口,36% 的企业资金缺口在 0～50 万元。当然,资金缺口大小和企业的经营规模、企业主的经营战略都有一定的关系,部分企业主没有资金缺口与其企业没有进一步扩张和发展的计划有一定关系。

表 4-18　宁波农业小企业资金缺口情况

小型农业	无	0～50 万元	50 万～200 万元	200 万～500 万元	500 万元以上
企业数(家)	63	94	53	10	6
百分比(%)	27.9	41.6	23.5	4.4	2.6

数据来源:课题组调研。

从表 4-19 选项的总数来看,农业小企业的资金来源多元化,多数企业的资金来源在 2 个以上。在所调查的农业小企业中,有 158 家企业的资金来源于个人出资,占比为 59%;有 136 家企业资金来源于银行贷款,占比为 50.8%;有 121 家企业资金来源于产品流转资金,占比为 45.2%;有 44 家企业的部分资金来源于政府的支持,占比为 16.4%;19 家企业资金通过民间融资获得,占比为 7.1%;还有 19 家企业通过其他渠道获得资金,占比为 7.1%。余姚地区受调查的企业中,资金源于个人出资的比例比较高,占到了 92.3%,这和前面分析的余姚地区所调查企业资金缺口少、资金使用良好有一定的联系。老三区受调查的企业中通过产品流转资金获得资金的企业占比比较高,占到了88%;奉化地区农业小企业使用农业贷款的比重相对较大,占到了 79.4%;镇海地区受调查农业小企业获得政府资金直接支持的比重较大,为 40%。民间融资和其他融资在不同区域比例都比较小。可见,农业小企业融资的主要方式从多到少依次为个人出资、银行贷款、产品流转资金、政府支持和民间融资。

表 4-19　宁波农业小企业资金来源情况

小型农业	个人出资	产品流转资金	银行贷款	政府的支持	民间融资	其他
企业数(家)	158	121	136	44	19	19
百分比(%)	59.0	45.2	50.8	16.4	7.1	7.1

数据来源:课题组调研所得。

五、宁波农业小企业技术创新

技术创新在本课题中包括对技术、产品的研发,对销售渠道、手段的进一步拓宽,即旨在提高企业经营水平,增加企业效益的一切创新手段的尝试。

为了促进宁波农业小企业在技术方面的创新,鼓励农民提高产品质量和附加值,宁波市各级政府提供了相应的政策支持和平台建设支持,除了配备相应的农业专业技术人员定期指导外,还开通了宁波农技 110 语音系统,这个语音系统是一个集通信技术、计算机网络技术、互联网技术、数据库技术于一体的综合专家服务系统,是为农民朋友开通的一部热线服务电话。系统采用值班专家坐席、自动语音答复、转接外部专家、录音留言等方式,实现全天 24 小时农业专家服务,解答广大农民朋友提出的涉农技术问题。农民用户可以通过专家在线方式,随时向本地、省级专家进行咨询;也可以根据农业实际生产需要,请农技专家深入现场,实地解决各类种养难题。

（一）宁波农业小企业产品深度开发情况

为了了解农业小企业在产品开发方面的信息，课题调研问卷设置了有关对企业产品是否有深度开发的问题，选项分别为"有，开发程度不够""有，技术关很难突破""有，研发人员少"和"没有"。既可以反映出企业是否进行产品的开发，又可以了解企业产品开发中存在的问题。从问卷最后的统计结果来看，如图 4-11 所示，有 91 家企业认为尝试了产品开发，但是开发的程度不够，有 75 家企业在产品开发中存在技术难突破的问题，另有 69 家企业在尝试产品开发中遇到了研发人员少的问题，仅有 28 家企业没有进行产品开发，占比分别为 35%、28%、26% 和 11%。因此，在受调查的农业小企业中，尝试过产品开发的企业总数达到 235 家，占比为 89%，而未进行产品开发的企业仅占到较小的比例。根据对产品开发的有关定义，产品开发是指个人、科研机构、企业、学校、金融机构等，创造性研制新产品，或者改良原有产品。产品开发的方法可以是发明、组合、减除、技术革新、商业模式创新或改革等。而受调查的企业中并没有企业拥有专利。可见，图 4-11 所显示的结果是农业小企业主对产品开发的自主判断，可能和实际的宁波农业小企业技术创新现状有一定的距离，也存在农业小企业主对产品深度开发的理解不同的因素。

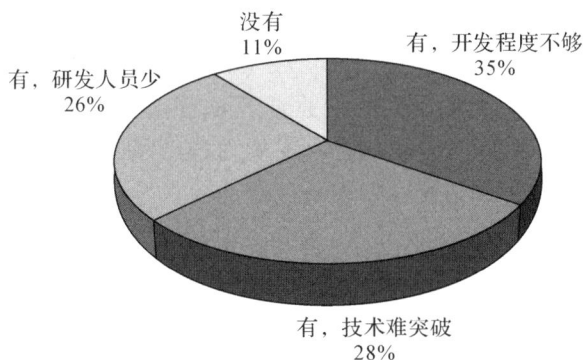

图 4-11　宁波农业小企业产品深度开发情况
数据来源：课题组调研所得。

（二）宁波农业小企业技术来源情况

表 4-20 显示，在受调查的农业小企业中，多数企业的技术获取途径在两个及两个以上。其中受调查企业中有 94 家企业的技术来自专业人才，占比为 35.1%；有 65 家企业来源于高校合作，占比为 24.3%；有 154 家企业来自

生产经验所得,占比为 57.5%;有 71 家企业来自查阅资料,占比为 26.5%;有 57 家企业来自政府培训,占比为 21.3%;技术来源于其他渠道的企业数为 15 家,占比为 5.6%。可见,农业小企业技术来源的途径按比例从高到低分别为生产经验、专业人才、查阅资料、高校合作、政府培训。其中,象山地区受调查的企业中技术来自专业人才的比例最高,为 72.4%;奉化地区和镇海地区受调查企业中技术来源于高校合作的比例最高,均为 50%。余姚地区企业中技术来自生产经验的比例最高,为 88.5%;宁海地区企业查阅资料获得技术的占比最高,为 44.4%;慈溪地区受调查企业中有 39% 的企业技术曾来源于政府的培训,相比占比最高。

表 4-20　宁波农业小企业技术来源情况

小型农业	专业人才	高校合作	生产经验	查阅资料	政府培训	其他
企业数(家)	94	65	154	71	57	15
百分比(%)	35.1	24.3	57.5	26.5	21.3	5.6

数据来源:课题组调研所得。

六、宁波农业小企业管理水平

根据对样本企业的了解,宁波农业小企业的管理绝大多数采用家庭管理模式,部分规模偏近于中型的农业企业则多采用家族管理模式,对现代企业管理的思考并不多,大多数企业还没有产生对高层次管理水平的需求。因而在访谈中,问及企业是否满意目前的企业管理时,企业都给出了较满意的答复。在对农业小企业管理水平进行描述时,主要通过产品的销售、管理人才能力需求、对经营状况的自评和影响企业发展的制约因素等方面来进行阐述。

农业小企业销售渠道相对单一,主要集中在传统的销售模式,对于电子商务等现代销售渠道尝试的企业并不多,部分企业正有往此方向发展的计划,并主动寻找合作伙伴。据这些企业主介绍,比较倾向于和高校兼职学生合作,高校学生资源丰富,且兼职的人力成本较低,且能为相关专业的学生提供社会实践和勤工俭学的机会,这种合作模式广受农业企业和高校学生的青睐。

(一)宁波农业小企业销售渠道情况

如图 4-12 所示,接受调研的农业小企业多数有两种或两种以上的销售渠道,其中有 174 家企业通过批发市场进行销售,占比为 64.9%;有 111 家企业的销售渠道之一为大型超市,占比为 41.4%;有 74 家企业通过店铺的模式进行销售,占比为 27.6%;有 28 家企业通过便利店进行销售,占比为

10.4％;通过网络销售的企业数为 41 家,占比为 15.3％;选择其他销售渠道的企业数为 33 家,占比为 12.3％。目前,市场中出现网络销售农产品的企业数量也在不断增加,其主体主要是农产品批发或零售商,真正的农产品生产企业进行网络销售的比例并不高,从减少中间环节、增加农产品保鲜度和降低成本的角度考虑,预计农业生产企业的网络销售方式在今后两年会有一定幅度的上升。

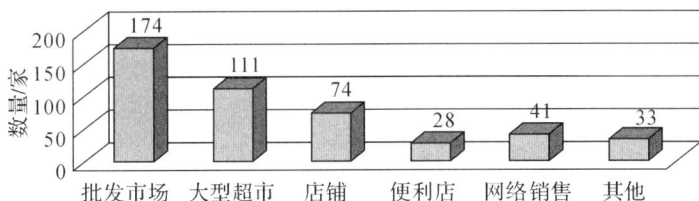

图 4-12　宁波农业小企业销售渠道模式

数据来源:课题组调研所得。

(二)宁波农业小企业管理人才需求情况

农业小企业对企业管理人才能力的需求度,可以反映出农业小企业在提高管理水平方面的需求。从问卷分析结果来看(见图 4-13),看重专业知识的企业数有 144 家,在所调查企业中占比为 53.7％;看重创新能力的企业数为 137 家,占比为 51.1％;看重管理能力的企业数为 119 家,占比 44.4％;看重交际能力的企业数为 96 家,占比为 35.8％;看重突发应对能力的企业数为 80 家,占比为 29.9％;选择其他选项的企业数为 11 家,占比为 4.1％。可见,农业小企业对企业管理能力需求从大到小,依次为具有专业知识能力、创新能力、管理能力、交际能力、突发应对能力。

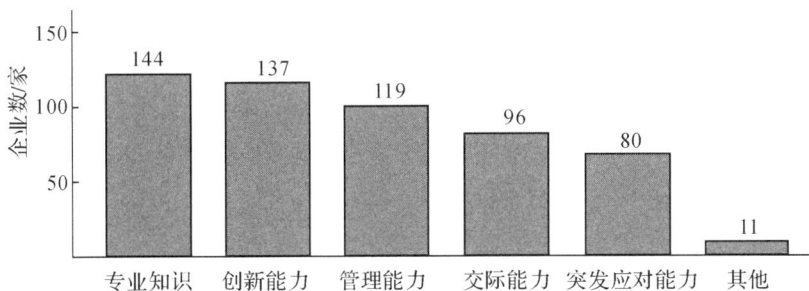

图 4-13　宁波农业小企业管理人才能力需求情况

数据来源:课题组调研所得。

（三）宁波农业小企业员工就业稳定情况

员工在企业的稳定性,可以反映出该企业在员工管理方面的水平,包括对员工公平的绩效考核、公司文化、对员工的激励和培养等。图 4-14 反映的是农业小企业中任职两年以上员工在企业员工中所占的比重。其中任职两年以上员工所占比例不到 1/3 的企业数 46 家,一半左右的企业数为 128 家,2/3 以上的企业数为 63 家,其他选项的企业数为 22 家。

可见,在受调研的企业中有 71.3% 的企业任职两年以上员工的比例超过一半,和其他产业的小企业相比,农业小企业员工流动性相对较好,这和农业小企业员工平均年龄相对较大有一定的关系,部分农业小企业员工是退休后的人员,因而较为稳定。

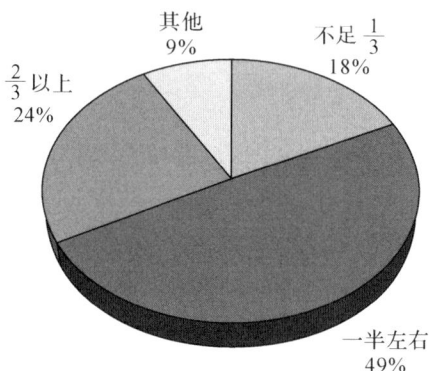

图 4-14   宁波农业小企业任职两年以上员工所占比例情况

数据来源:课题组调研所得。

（四）宁波农业小企业品牌建设重视情况

在品牌建设方面,走访中了解到,不少企业已经拥有了自己的品牌和商标,并对品牌和商标的重视程度比较高,这一点在问卷的统计结果中也有所体现。从图 4-15 可以看出,在所有调研的企业中,有 177 家企业非常重视农产品的品牌,占比 68.87%;有 78 家企业认为重视程度一般,占比 30.35%;只有 2 家企业不重视品牌建设,占比只有 0.78%。可见,农业企业虽然总资产积累不大,规模相对中型农业企业和其他产业企业小,但其对品牌的重视程度相对较高,这有利于农业小企业在创建宁波知名农业品牌中做出较大的贡献。

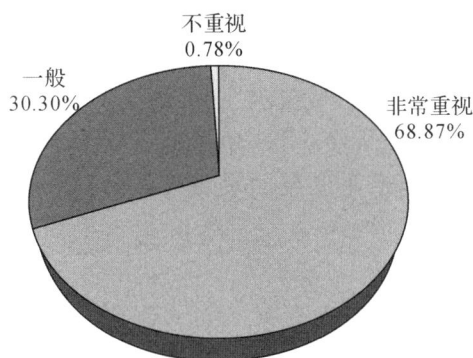

图 4-15　宁波农业小企业对品牌的重视情况

数据来源:课题组调研所得。

(五)宁波农业小企业经营自评情况

本课题在农业小企业问卷中设置了有关农业小企业经营状况自评的题目,从五个选项统计结果来看(如表 4-21 所示),选择"非常好"的企业占比为 4.3%,选择"比较好"的企业占比为 40.2%,选择"一般"的企业占比为 50.8%,选择"不太好"的企业占比为 4.3%,选择"很不好"的企业占比为 0.4%。从整体比例来看,农业小企业对自身经营状况的评价还比较好,比较满意的占到 44.5%,觉得不好的只占受调研企业总数的 4.7%。其中老三区受调研企业中选择"非常好"的比例最高,占比为 16%;慈溪和奉化的受调研企业经营状况自评为"比较好"的比例较高,分别为 53.9 和 52.9%。但宁波农业经济的发展速度较其他产业稍慢,因此要调动农业企业主的积极性,进行有效的引导,为农业小企业的发展提供较大的空间。

表 4-21　宁波农业小企业经营状况自评情况

小型农业	非常好	比较好	一般	不太好	很不好
企业数(家)	11	103	130	11	1
百分比(%)	4.3	40.2	50.8	4.3	0.4

数据来源:课题组调研所得。

关于未来几年制约本地农业发展的重要因素,调查结果如图 4-16 所示,选择家庭土地规模小、机械化水平低选项的企业数为 79 家,占比 29.5%;选择"劳力知识、技能水平低,缺实用人才"选项的企业数为 144 家,占比 53.7%;选择"水利设施差,靠天吃饭"选项的企业数为 43 家,占比 16%;选择"水土污染严重"选项的企业数为 55 家,占比 20.5％;选择"假种子、假化肥、假农药泛滥"选项的企业数为 28 家,占比 10.4％;选择"合作社、龙头企业作用小、带动弱,农产品加工增值难"选项的企业数为 67 家,占比 25％;选择"收入低、借款难,缺少农业资金"选项的企业数为 56 家,占比 20.9％。可见,人才因素是制约农业企业发展的最重要因素,其他制约因素比例相对平衡。

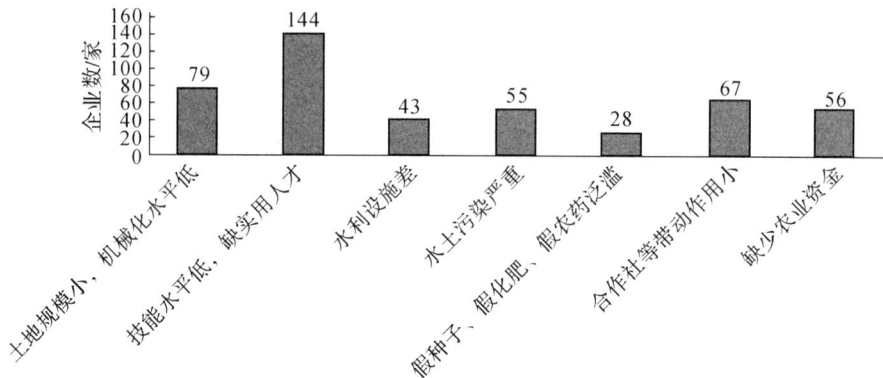

图 4-16   制约宁波农业小企业发展的因素分析

数据来源:课题组调研所得。

第三节   宁波农业小企业典型案例

本节选取了以家庭农场和绿色农业为特色的农业小企业作为典型案例,分析其发展现状和成功经验。

一、家庭农场

宁波市镇海澥浦核星蔬菜基地(家庭农场),由澥浦镇岚山村农户童强项于 2011 年 10 月注册登记,由父女两人负责管理。户主从事农业生产 25 年,参加过省、市、区各级农业、科技主管部门举办的蔬菜、瓜果等各类农产品无公害生产技术、农产品营销管理技术培训班,是区农业科技示范户;基地从业人员中有实用技术工程师,绿色证书获得者;该基地是全国基层农技推广补助项目示范点,区蔬菜应急供应保障基地,宁波市慈善总会认定的慈善基地,区残联认定的采集人帮扶基地。2015 年年初,该基地被浙江省科学技术协会认定为"省科技示范户"。

该家庭农场拥有土地面积 400 亩,连片集中种植,签有规范的流转合同,设施农业用地手续齐全,期限 10 年。农场投资共计 500 余万元,已全面完成蔬菜瓜果高标准生产所需的路、沟、渠等水利基本建设,配备农电线路40 档,75×75 泵站 6 座,具有镶嵌式喷滴灌设施的土地 400 亩,拖拉机、旋耕机、高压喷雾器等机械齐全,钢管标准大棚 200 亩,建造农产品农残检测室、农居间、产品储藏加工仓库、办公管理房以及农民工生活起居用房等 1000平方米,基地聘请省、市农科院蔬菜所、区农技总站科技人员做技术指导,试验示范推广国内外先进的蔬菜瓜果品种,严格按照有关部门发布的蔬菜瓜果生产技术标准或操作规程实施生产,对整个生产过程进行详细记录,建立生产档案,重点做到增施有机肥,减少化肥使用,搞好温湿度管理,减少病虫源的发生,以物理、生物防治为主,严格控制化学农药使用,做到安全间隔期上市,采收的农产品均实行农药残留检测,合格后方离场上市。该基地的红颊草莓套作 6626 番茄(庆农 65 天青梗松花菜、甬甜 5 号哈密瓜等)生产,品质佳,产量高,效益好,深受消费者喜爱。2014 年创产值 500 余万元,利润120 万元。

农场建有会计制度和财务账本,财务核算规范,有办公用房,办公设备齐全,基地产业以蔬菜瓜果为主,目标明确,有详细的生产计划和规章制度,内部职工分工明确。

农场多次参加市、区农业和贸易部门组织的年货展销或新产品展示活动,有稳定的销售渠道,参加组建了乐兴兴蔬菜专业合作社,目前正在申报"无公害农产品"认证,注册商标"强项农业"。农场主动为周边农户开展红颊草莓套作番茄、松花菜、哈密瓜的新品种、新技术推广,带头学习现代农业技术,带动周边农户、全村部分残疾人和困难户共同增产增收,为推动新农村建设做出了新的贡献。

二、生态农业

慈溪市长河沧北蔬菜种植场位于慈溪市长河镇沧北村,农场成立于2008 年,是一家年生产无公害蔬菜水果 1000 吨、产值 320 万元的生态农场,该农场致力于发展现代高效农业产业。农场共有员工 20 人,其中管理人员2 人,技术人员 2 人,员工 16 人。

农场现承包土地面积 520 亩,包括 50 亩钢结构温室大棚、470 亩露地。温室大棚主要种植吊瓜、甜瓜、西瓜,露地主要种植绿色食品,包括毛豆、西兰花、青刀豆、韭菜、蚕豆、甘蓝、松花菜。

农场经过多年不懈的努力和政府的扶植,获得了"首批省级示范性家庭农场""宁波市示范性家庭农场"称号,通过了 GAP 体系和农产品无公害产地认证,注册商标"晗程毛豆"和"晗程西兰花"通过无公害产品认证,并获得了出口植物源性食品原料种植基地、慈溪市化肥农药减量控害增效示范区等荣誉。

农场与宁波市农业科学研究院竭诚合作,是"鲜绿毛豆优良品种与绿色栽培技术示范推广"项目核心示范基地、宁波市农业科学研究院"农药田间药效残留试验基地"。

慈溪市长河沧北蔬菜种植场把"质量、服务、信誉"作为农场生存发展之本:以"绿色优质种植、经济生态文明"为经营理念;以"和谐创新、开拓市场、团结拼搏"的精神发展,为广大用户提供绿色优质、无公害瓜果蔬菜,为食品安全做出了一份贡献。

三、典型企业成功经验

实地走访的两家农场属于典型的农业小企业。宁波市镇海澥浦核星蔬菜基地 2014 年营业收入为 500 万元左右,有员工 5 人,其中大学生 1 人,从人才市场招聘。慈溪市长河沧北蔬菜种植场 2014 年营业收入为 260 万元,有员工 20 人,其中大学生 1 人,属家族成员。两个农场的利润率均在 20%左右,但各有特色,发展现状良好,且有一定的发展空间。通过访谈了解,二者在经营方式上主要有以下几点成功经验。

（一）管理灵活,措施多样

农场主思维活跃,积极了解市场动态,并愿意尝试不同的新事物。由于农产品生产过程中存在的差异,宁波市镇海澥浦核星蔬菜基地对不同的农产品采用不同的生产和管理模式,如对机械化程度高、季节性明显的水稻,他们采取的是企业自己种植和销售的模式,水稻的播种和收割可以通过机械化手段完成,因此对人力和精力的要求并不高,管理起来相对比较容易。对于部分果蔬类,所需精力较多,企业采取对外承包的办法,企业出租土地给承包者,并对其种植进行技术指导,果蔬成熟时,直接向承包者购买或帮其销售。此外,由于土地规模小,生产难以扩大,该企业把种植基地扩展到省外多个地区,在省外租用土地,承包给当地人,种植适合当地的农产品,并提供技术指导,最后进行统一收购。这些灵活多样的经营和管理模式解决了土地稀缺、人员不足等现实问题,进而使企业得以快速地发展和扩张。

（二）主动寻求政策支持

在对有关政府政策支持方面进行调研时,两个农场对目前政府政策满意程度比较高,除了相关税收减免外,政府还提供了诸如农业基础设施建设,资金补贴,农业贷款,农业保险,技术,新品种推广等方面的支持。农场从这些政策中获得了有利于自身发展的便利条件。与部分不了解政府政策的企业相比,这两个农场的成功之处是重视市场和政府的导向作用,关心政府的相关政策,并积极加以利用。据介绍,其获得政策的途径主要是主动打听,如通过政府网站及相关部门获取相关通知,从而及时获得政府更多的政策扶持。

（三）积极开拓销售渠道

重点走访的这两家农场中,宁波市镇海澥浦核星蔬菜基地除了新开发的富硒食品仍在推广销售之中,其余的农产品销售情况较好,销售渠道多样化,订单稳定。而慈溪市长河沧北蔬菜种植场与食品加工企业、冷冻厂等建立长期的供应合同,高价值高质量农产品获得的各类认证也使诸多商家慕名前来采购,甚至出现供不应求的局面。宁波市镇海澥浦核星蔬菜基地更是积极寻找电商合作伙伴,与镇海某职业学校进行合作,开拓网络销售渠道。农场对自有商标和品牌的重视,也是其产品畅销的很重要原因之一。如宁波市镇海澥浦核星蔬菜基地注册了商标"强项农业"农场,慈溪市长河沧北蔬菜种植场注册了商标"晗程毛豆"和"晗程西兰花"。农场主对这些商标和未来的品牌计划给予了较强的重视度。这为农业企业后续的发展与开拓提供了强有力的动力。

（四）大力投入技术创新

两个农场稳定的销售渠道源于其对新品种、高质量农产品的研发,年均投资均占到营业收入的30％左右。慈溪市长河沧北蔬菜种植场常年受到宁波农科院的技术指导,并定期参加政府部门举办的技术推广培训。宁波市镇海澥浦核星蔬菜基地也受益于农机局的大棚技术指导,此外,该农场在现有传统农产品培育和种植基础上,开发了富硒功能性农业项目。他们认为农产品功能化和营养化已经成为农业发展的趋势,富硒功能性农业是一个发展潜力巨大的市场,并于2013年成立了宁波中敬生物科技有限公司,新企业是浙江省首家富硒功能性农业高科技企业,是中国科学院苏州纳米技术与纳米仿生研究院所产学研单位,是农业部重点扶持企业,是国家科技部硒技术立项企业,也是国家科技部技术型企业技术创新基金支持企业。企业与多家科研单位进行深度合作,拥有近25项国际国内专利,具备完全的自主知识产权。利用"基于纳米生物反应缓释控制技术的富硒肥料"技术开发的高性能产品已经在国内超过 20 家的大中型企业得到了成功应用,企业已和宁波 9 个农业合作社及国际一流企业签订了联合研发协议,并提供技术支持,改善了目前该领域产品完全依赖进口的局面,具有较为广泛的应用与发展前景。农场主独特的经营思路,在农产品生产中增加新的附加值,勇于开拓,重视企业技术创新、管理创新,完成了农业企业在转型升级上的重大突破。

第四节　宁波农业小企业存在的问题与对策

课题组根据对之前实地走访、问卷调查、资料查找等获得的第一手、第二手资料进行分析后获得的结果,将在本节针对性地提出其中存在的问题和对策。

一、存在的问题

有关农业小企业的发展过程中存在的问题,本课题通过问卷的方式进行了调研。根据问卷的设置,选项共有"资金不足,融资困难";"受土地规模的影响,不能扩大生产";"技术水平跟不上";"产品的知名度小,品牌推广力度不足";"政府的支持力度不够";"市场狭窄";"流通运输费用高";"网络运用不够"等八项。在调研的农业小企业中,选择最多的问题是"品牌推广不够",企业数为 113 家,占比为 42.2%;其次是"土地规模不利于扩大生产",企业数为 107 家,占比 39.9%;排在第三位的是资金困难和技术水平低,企业数均为 86 家,占比 32.1%;再往后的顺序依次是政府支持不够、运输成本高、网络运用不够和市场狭窄,占比分别为 22.4%、14.6%、13.1%、12.7%(见图 4-17)。

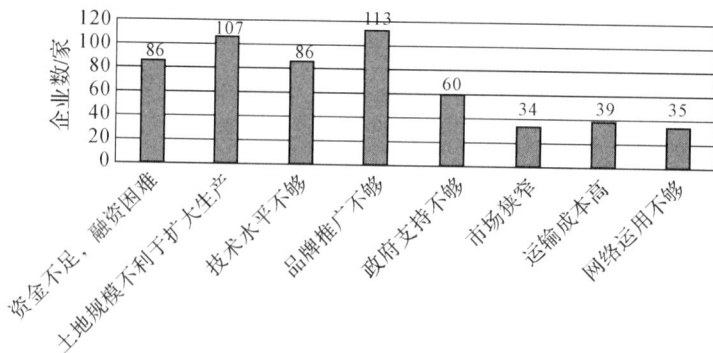

图 4-17　宁波农业小企业面临的主要问题
数据来源:课题组调研所得。

第一，针对农业小企业扶持力度还不够。

宁波在发展农业生产方面有一定的优越条件，尤其在水产品养殖和捕捞方面。但宁波农业发展的速度和经济总量增量并不十分匹配，宁波农业的发展还有一定的空间。目前政府也出台了不少旨在支持农业发展的政策，但没有出台系统的专门扶持农业小企业的政策，而农业企业结构中，除6％的中型企业外，均为小微农业企业，且与其他产业政策相比，已有的支农政策还有一些差距。此外，农业的扶持政策多以政府资金补贴为主，其他扶持方面力度相对较弱，农业小企业若要突破现有的经营模式，更需要在技术创新、企业主培训、市场培育、农业基础设施建设等方面有更多的扶植。在对农业小企业的走访中，有部分农场主反映，有关农业基础设施配套方面遇到不少困惑，表示政府对农业设施建设方面的投入弱于工业，部分基础设施的建设需要政府和农户共同出资，但农户只能拥有设施的使用权，而无所有权，难免会出现别的企业"搭顺风车"的现象，从而使基础设施建设处于僵局状态。

第二，农业企业政策的解释力度不够。

在走访中，部分农业企业提出了政策的可持续性问题，他们认为政府近年的支持力度在减弱，尤其在资金扶持上，要少于往年。另外，不同农业产品的扶持力度也不同，这些问题在前面的问卷分析中也有所体现。

这一现象同时反映出三个问题。一是政府对农业小企业的支持力度仍需要加强，对农业小企业的政策需求和存在的问题，需要进一步关注。二是农业小企业对政府政策的依赖性比较大，很多农场主在提及农场问题时，把政府政策因素放在比较高的位置，往往忽略了企业自身在产品和市场方面存在的问题。三是农业小企业对政府的政策存在一定的误解，在对政策的目的、是否具有可持续性等问题不了解的情况下，认为今年享受这个政策，这个政策即具有长期性，从而当政策发生变化时，措手不及。实际上，政府的支持重在扶持和培育企业，企业的目标重在市场。如某企业主认为政府在今年的农业技术改造方面的支持比例低于往年的100％，但其也忽略了技术改造本身会带来的市场效益和经济收入的增长，因此，政府在执行农业企业政策的同时，要加大对政策的解释力度，对农业小企业而言，"授之以鱼，不如授之以渔"。

第三，农业小企业受土地流转难之困。

近年来，土地稀缺性问题日趋严峻，由于农民惜租，土地流出户少，再者受到物价水平和高收益农业项目的刺激，农业土地供不应求，且价格连年上涨,使得农业小企业无力扩大生产经营规模,且为日趋增长的土地租金而愁眉不展。虽然宁波市在2006年、2008年连续出台了推进农村土地流转和规模经营的文件,健全土地流转服务平台,但土地流转的问题依然没有得到有效的缓解。据了解,目前,土地流转价格普通的为每亩500元以上,城郊的则在每亩800元以上,这大大增加了农业小企业的经营成本,特别是加重了从事粮棉油等大宗产品生产的农场的负担。部分农业小企业也通过订立长期合同的方法来减少租金上涨的压力,如某农场的租金合同为五年期,但有些农产品在五年周期后收益上才略有起色,而这时农场即要面对租金上涨和租赁不稳定的压力。其次,农业用地集中连片难,流转的土地往往交通不便,农田基础条件差、农田测量面积和实际用地面积不符等问题也给农场主的正常生产秩序和生产积极性带来了一定影响。

第四,农业小企业人才吸收难。

在前面分析农业小企业人才方面需求时,曾提及,走访的农业小企业并没有遇到其他产业面临的严峻的用工问题,不但人员稳定,所需的人工成本也较其他产业低,人才问题对其生产经营产生的压力较小。而事实上,产生这个现象的原因并非农业产业在用人上具有优势,恰恰是农业产业招人难,找人才更难。很多农场的员工多为年纪五六十岁的外来务工人员,这些务工人员在年龄上和技术上不能胜任工业等产业的工作,因而在农场进行简单的农业操作,由于这些务工人员工资要求低,部分员工已过退休年龄,不需要缴纳社会保险,进而使农场的用工成本大大下降。但是,在农产品生产中,他们不具备丰富的农业生产经验和新品种开发能力,只能进行简单的传统农业操作,对于企业的生产、管理、研发等方面的进步贡献甚少。而从前面对农业小企业人才需求分析中可见,53.7%的农业小企业需要专业知识方面的人才,其次是对具备创新能力、管理能力、交际能力的人才的需求,因此农业小企业的用工问题隐形存在,人才需求也客观存在,只是基于现有的用工压力,而选择了退而求其次的方法。

第五,农业小企业管理水平弱。

在本次调研中,绝大多数农业小企业采取家庭式的管理模式,尤其是传统的农产品生产企业。农场主一般从事多年农业生产,实践经验丰富,但受到学历、理念的因素影响,缺少对企业的长期发展计划,经营素质也需要进一步提升。在访谈中,很多农场主对农场的管理水平比较满意,他们认为能够调动员工,让员工按照企业主的意愿工作,能维持农场的日常经营即可,对员工的激励、培训等其他管理方式不了解或并不打算尝试。很多农场主表示,企业的资金情况良好,并没有出现资金缺口,这也说明了宁波目前在资金融通、农业贷款方面的情况较好。但另一问题是,很多农场主并没有对企业进一步扩张和升级的打算,认为改变现状的抗风险能力较弱,这也是其对资金需求不大的原因之一。部分农场主表示,靠农业生产不能致富,对农业企业发展缺乏信心,因此,积极开拓农业小企业主视野,提高企业主的经营水平,建立战略性目标,有利于农业小企业的长远发展。

二、发展对策

第一,营造农业创业就业环境,培育新型农业小企业。

营造农业创业就业环境指不但要为现有的农业就业人员创造环境,还要创造环境吸引优秀的人才来宁波创立具有发展前景和市场潜力的农业企业。可以引导和鼓励"有丰富经验的务农农民工""基层创业的大学生""投资农业的企业家""农村内部的带头人"成为新型农业小企业经营主体。针对他们不同的学历,工作背景和优劣势,采取分类指导和针对性的扶持政策。可以在农村建立大学生创业园,设立大学生农业创业基金和创业贴息贷款,鼓励大学生"村官"在农业产业中创业和就业。也可以考虑对部分农业小企业引入的大学生人才进行工资和社会保险的适当补贴,以减轻农业小企业的经济负担。

政府可以制定政策鼓励有能力从事新技术开发的高校教师、农业科研院所的专家、科技人员到农业小企业兼职,并以智力、专利技术入股参与收益分配。优化农业小企业发展环境,集聚和提高资源要素使用效率,提高农业小企业经营能力,加快其发展。

第二,加大农业基础设施的投入。

要着力加强水利、电力、网络等基础设施建设。完善市域范围内的公共交通运输网络,为农产品流通提供便捷的交通环境。大力推进农村信息基础设施建设,积极构建农村信息化平台,提高农业信息化水平,为建设现代农业和提升农业竞争力提供信息化服务。加快农业基础设施建设步伐,既要增加投入总量,又要进一步整合各方面农村建设基金,统筹使用,发挥整体效益。

基础设施的建设除了依靠政府和村集体外,还要利用政策支持、财政资金引导的方法引入市场机制,吸引个人、集体、企业等经济主体投资农业基础设施建设,建立资金投入的长效机制。但也要考虑到农业小企业的切实利益和承受能力,灵活改变相关措施和方法,尤其在产权和使用权方面尽快出台相应的立法文件,确保农业企业主的利益。

第三,完善农业技术扶持和推广体系。

要继续深化农技推广体制改革,强化新型农业社会化公共服务体系建设,加快新产品、新技术的引进和推广,指导农业小企业应用先进技术、引进优质高产品种、推广科学种养模式,开展标准化生产。

一要规范农业技术供给市场,避免低效甚至虚假的农业技术服务使农业小企业蒙受损失。二要建立农业技术信息数据库,通过各种平台向农业小企业定期传授农业先进技术,这种农业技术服务体系可以联合政府部门、民间企业、农民协会、大学研究院等共同参与。对于农业技术推广人才设立相应的标准,且进行定期培训,对于满足条件的技术推广人员,给予较高的福利待遇及社会地位。三要继续加强对农业小企业主和农业从业人员的培训。尽管宁波近几年来通过"百万农民素质培训工程"等途径,在农民素质培训工作方面取得了一定成效,但是农民素质与建设现代农业的要求还存在很大差距。当前农业从业人员大部分是年龄偏大、文化层次偏低、非农就业难度大的农民。因此要通过农业技术宣传、免费培训等方式增加其农业生产技能。此外,政府可以提供优惠政策鼓励大中专院校农业专业毕业生来宁波从事农业领域的工作,为农业发展储备后备力量。

第四,推进土地流转,保证农业用地。

农民惜地、劳动力转移难、农业土地供求不平衡等都是农村土地流转的难点之一,政府不仅要规范和指导农户向农业小企业流转土地的过程,包括合同的签订及执行,而且在土地流转遇到矛盾时,要协调企业和农户的关系,实现土地集中连片和专业规模经营。可以为土地供求双方提供法律咨询、信息发布、供求登记、中介协调、指导认证、代理服务、纠纷调解等服务,搭建一个土地流转服务的有效的沟通和交易平台。逐步建立起土地流转价格管理机制,利益联结机制和纠纷协调机制。继续完善农村生活保障体系,解决租地农民的后顾之忧,促进流转关系稳定。

第五,继续加大对农业小企业的政策扶持力度。

在对农业小企业的政策扶持方面,一方面继续加大对农业基础性、平台性设施等的公共投入,引入和完善农业政策及投入中的绩效考核;另一方面,制定针对农业小企业的相关扶持政策,并尽可能直接下达至每一个农业小企业,对政策的目的、导向、实施期限等做出具体说明和指导。对现有政府部门农业扶持资金和政策进行梳理和整合,提高农业扶持政策的效率。积极营造支持农业小企业发展的政策氛围和舆论环境。

虽然政府各级部门都出台了不同的农业补贴政策,但和发达国家相比,支持力度仍有一定的差距。政府可以建立农业小企业发展专项资金,利用税收、补助、贷款等财政手段给予优惠和扶持。适宜农业小企业申报的农业项目要优先安排,对具备发展条件的典型小企业在用地、人才引进等方面给予优惠政策,每年扶持一批有发展潜力的"小升规"农业企业,并整理典型农业小企业的成功经验,通过座谈、培训、宣传册等方式在农业小企业主间进行学习和交流。

此外,政策在实施中,要建立专门的部门,通过电话、接待来访、平台、宣传册等方式向企业做好政策解释工作,解释的内容包括颁布政策的目的、政策实施的时间、政策实施的幅度、政策的变化趋势等,并为企业主正确、合理获得政策支持提供有效的建议。

第五章　宁波工业小企业现状调研

改革开放以来,宁波工业高速发展,成为宁波实体经济的主体。宁波从改革开放之初民营经济"轻、小、集、加"的工业产业结构到服装、文具、模具、小家电等工业产业通过贴牌加工等形式走出国门,确立了宁波传统工业产业的比较优势;近十年来,随着钢铁、石化、造船等重工业依托宁波的港口资源优势迅速崛起,宁波又形成了以临港重化工业为主导的工业格局。同时,在竞争日益激烈的环境下,宁波工业开始进行增长方式的转变,积极调整和升级。总之,宁波工业一直是宁波经济持续增长的主要动力,也是转变经济发展方式、调整优化产业结构的主战场。

第一节　宁波工业发展概况

一、工业概念的界定

我国统计局对于工业的界定是:指从事自然资源的开采,对采掘品和农产品进行加工和再加工的物质生产部门。具体包括:(1)对自然资源的开采,如采矿、晒盐等(但不包括禽兽捕猎和水产捕捞);(2)对农副产品的加工、再加工,如粮油加工、食品加工、缫丝、纺织、制革等;(3)对采掘品的加工、再加工,如炼铁、炼钢、化工生产、石油加工、机器制造、木材加工等,以及电力、自来水、煤气的生产和供应等;(4)对工业品的修理、翻新,如机器设备的修理、交通运输工具(如汽车)的修理等。

我国还把工业分为轻工业和重工业。

轻工业指主要提供生活消费品和制作手工工具的工业。按其所使用的原料不同,可分为两大类:(1)以农产品为原料的轻工业,是指直接或间接以农产品为基本原料的轻工业。主要包括食品制造、饮料制造、烟草加工、纺织、缝纫、皮革和毛皮制作、造纸以及印刷等工业。(2)以非农产品为原料的轻工业,是指以工业品为原料的轻工业。主要包括文教体育用品、化学药品制造、合成纤维制造、日用化学制品、日用玻璃制品、日用金属制品、手工工具制造、医疗器械制造、文化和办公用机械制造等工业。

重工业指为国民经济各部门提供物质技术基础的主要生产资料的工业。按其生产性质和产品用途,可以分为下列三类:(1)采掘(伐)工业,是指对自然资源的开采,包括石油开采、煤炭开采、金属矿开采、非金属矿开采等工业。(2)原材料工业,指向国民经济各部门提供基本材料、动力和燃料的工业。包括金属冶炼及加工、炼焦及焦炭、化学、化工原料、水泥、人造板以及电力、石油和煤炭加工等工业。(3)加工工业,是指对工业原材料进行再加工制造的工业。包括装备国民经济各部门的机械设备制造工业、金属结构、水泥制品等工业,以及为农业提供的生产资料如化肥、农药等工业。

此外,根据国民经济行业分类(GB/T 4754—2011),工业包括 B、C、D 三大类,分别对应的是采矿业、制造业和电力、热力、燃气及水生产和供应业。其中,采矿业包括 6～12 共 7 类,主要是指对固体(如煤和矿物)、液体(如原油)或气体(如天然气)等自然产生的矿物的采掘。制造业则包括13～43类共 31 类,指经物理变化或化学变化后成为新的产品,不论是动力机械制造,还是手工制作;也不论产品是批发销售,还是零售,均视为制造。电力、热力、燃气及水生产和供应业包括 44～46 共 3 类。

二、工业小企业概念的界定

2011 年 6 月,工信部、国家统计局、国家发改委、财政部联合印发了《关于印发中小企业划型标准规定的通知》(工信部联企业〔2011〕300 号文件),其中对于工业企业小企业和微企业的界定见表 5-1。

表 5-1　工业小微企业界定

类型	营业收入	从业人员
小型企业	300 万元～2000 万元	20～300 人
微型企业	300 万元以下	20 人以下

其中小型企业须同时满足所列指标的下限,否则下划一档;微型企业只需满足所列指标中的一项即可。其中,从业人员,是指期末从业人员数,没有期末从业人员数的,采用全年平均人员数代替。工业企业的营业收入采用主营业务收入指标代替。

无论在宁波工业产业发展的哪个阶段,数量庞大的宁波工业小企业一直是宁波工业发展的亮点和优势,也是宁波国民经济增长的重要带动点。《2015宁波市政府工作报告》提出2015年政府的重要工作之一就是要将宁波打造为工业强市,报告中特别提出要"引导中小微企业提升发展,推动现代企业制度建设,促进个转企、小升规"。

三、宁波工业发展的总体情况分析

(一)宁波工业发展的背景

从国际背景来看,自国际金融危机之后,新一轮科技革命和产业革命正在风起云涌,发达国家纷纷实施"再工业化"战略,开始将经济发展中心又放到了本国工业特别是制造业上面。2012年,美国国家科技委员会发布了《先进制造业国家战略计划》,之后不久奥巴马又提出创建"国家制造业创新网络(NNMI)";德国政府在2013年4月的汉诺威工业博览会上正式推出了《德国"工业4.0"战略》;2013年9月,法国也正式宣布实施《"新工业法国"计划》;2013年10月,英国政府科技办公室则推出了《英国工业2050年战略》。同时,新兴国家也越来越重视发展本国工业,例如印度总理莫迪在2014年8月首次提出"印度制造"战略,并意图利用本国的人口数量和成本优势,吸引外资在印度投资设厂,认为"印度将取代中国成为下一个世界工厂"。可见全球范围的制造业升级竞赛已经开始,无论是发达国家还是新兴国家都在运筹帷幄,奋力发展,都想在新一轮的工业革命中占领先机,并打算将本国制造业的创新作为驱动本国经济转型发展的主要动力,彻底走出国际金融危机的泥潭。因此,宁波的工业发展特别是制造业正面临着两面夹击:一方面是发达国家在中高端制造领域具备的先发优势,如人才优势、技术优势和市场优势等使其抢占了若干中高端及新兴工业领域的制高点,对我国同类工业产业发展形成较大竞争压力;另一方面,印度及东南亚等发展中国家利用本国的劳动力优势吸引劳动密集型产业转移,对我国中低端领域的工业产业持续发展也形成很大的竞争压力。

从国内背景来看,我国工业在改革开放背景下和全球化浪潮中参与国际分工,依靠低成本要素优势,取得了巨大的发展,但近年来我国部分产业出现了产能过剩的局面。同时,工业发达的东部沿海地区因用工成本及资源成本提高,原来的发展模式需要转型升级。2013 年 9 月,工信部发布了《信息化和工业化深度融合专项行动计划(2013—2018 年)》,提出了四大总体目标,八大行动,推进工业智能化进程,并将电子商务、食品安全等列为行动计划的重点。同一年,习近平总书记提出了建设"一带一路"的战略构想。这个战略的实施将有力地推动我国产业、市场、资本以及能源等对外深度融合,为我国工业的发展和产业升级留出发展空间,从而推动我国制造业向价值链高端迈进,构建新的国际竞争优势。此外,为了应对新一轮的科技革命和产业革命,在全球新一波工业发展竞争中取得优势,2015 年 3 月,国务院总理李克强在政府工作报告中提出了"中国制造 2025"。这是我国从制造大国成长为制造强国的第一个十年行动纲领,纲领围绕创新驱动、智能转型、强化基础、绿色发展、人才为本等关键环节,以及先进制造、高端装备等重点领域,提出了加快制造业转型升级、提质增效的重大战略任务和重大政策举措。

宁波市作为工业大市,2013 年市委、市政府下发了《中共宁波市委关于创新驱动加快经济转型发展的决定》(甬党发〔2013〕4 号)、《宁波市委市政府关于强化创新驱动建设工业强市的若干意见》(甬党发〔2013〕12 号)等文件。文件中提出:到 2016 年将宁波初步建成工业强市,使宁波成为浙江省工业强市建设的示范区、全国工业转型升级的先行区和国际重要的先进制造业基地。此外,宁波市还依托世界级大港的地位,主动融入"一带一路"建设和我国"长江经济带"建设,提出了建设"宁波港口经济圈"的构想,宁波工业各产业要在港口经济圈中争取适合自己的位置,实现工业的转型升级。

(二)宁波工业的总量状况

宁波市工业近年来持续快速增长,从 1991—2007 年的 17 年间,宁波工业增加值的增长率一直保持在 10% 以上,2008 年的增长率有所回落,但也达到 9.9%。其中 1979—2000 年工业增加值的平均增长率为 17.4%,2001—2007 年的平均增长率为 11.9%。[①] 近几年宁波工业的增长情况如图 5-1 所示。从总量上看,宁波工业增加值 2009 年为 2100.8 亿元,2013 年就增长到 3377.97 亿元,短短五年间增长了 1277.15 亿元。但从增长速度看,

---

① 　数据来源:宁波市统计局、国家统计局宁波调查队:《宁波统计年鉴 2014》,中国统计出版社 2014 年版。

2010 年宁波工业增加值的增长速度最快,达到了 14.3％,之后增长率再一次回落,2012 年的增长率只有 6％。增长率的回落一方面是因为宁波工业增加值的总量不断增大,增长率的计算基数不断扩大,导致增长率有所降低。但另一方面也说明,2008 年国际金融危机之后,宁波工业虽然持续增长,但由于国际国内经济环境的变化,以及宁波工业自身发展的局限,宁波工业的增长并不是很稳定。2014 年宁波市工业的状况仍不太乐观,全年实现工业增加值 3490.1 亿元,按可比价计算,比上年仅增长 7.6％,低于前一年的增长速度。其中规模以上工业企业实现增加值 2540.2 亿元,增长7.4％,[①]稍低于总体速度,由此也可以推测规下的宁波工业小微企业增加值的增长速度高于总体速度。

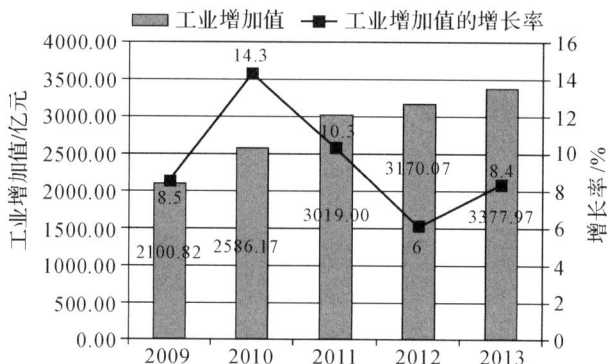

图 5-1　宁波工业增加值总量及增长率情况
数据来源:历年宁波统计年鉴。

(三)宁波工业的结构状况

从宁波市工业企业的企业类型来看,宁波市工业发展中的亮点和优势之一是小企业数量庞大、发展前景好、涉及行业面广。如图 5-2 所示,在规上宁波工业企业中,宁波小企业个数远远大于中型和大型企业个数,2011—2013 年分别为 5352 个、5539 个和 5893 个。

而据图 5-3 所示,2011—2013 年宁波市小型工业企业的工业总产值略高于中型企业和大型企业。可见,规上宁波工业小企业在增加劳动力就业、促进产品出口、增加财政税收等方面做出了巨大的贡献,现阶段小企业已经成为宁波经济发展的主要生力军,也是宁波经济能名列全国城市前茅的重要支柱。

---

①　数据来源:《2014 年宁波市国民经济和社会发展统计公报》。

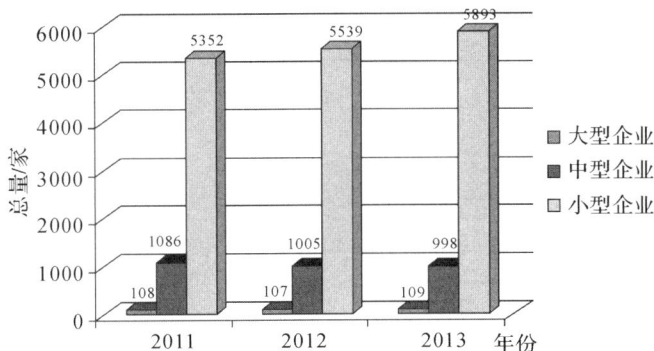

图 5-2　宁波市不同类型的规上工业企业单位数量情况
数据来源:历年宁波统计年鉴。

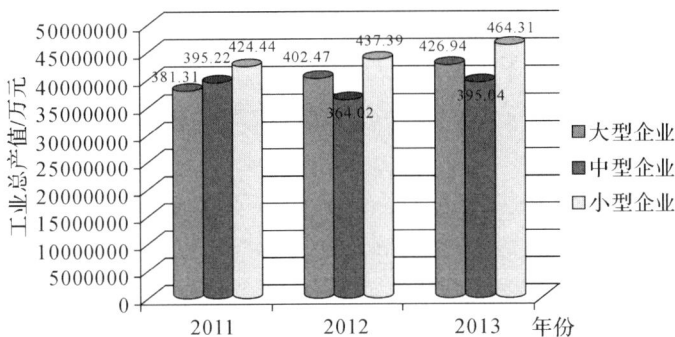

图 5-3　历年宁波市不同类型的规上工业企业总产值情况
数据来源:历年宁波统计年鉴。

宁波工业发展分行业看,在统计年鉴的 35 个行业大类中,2014 年汽车制造业实现增加值达到 232.9 亿元,总量位于第三,增速达 31.9%,增速在所有行业中最快,对宁波市规模以上工业增加值增长的贡献率达 30.8%。此外,装备制造业发展也比较快,2014 年实现增加值 1054.7 亿元,比上年增长 11.1%,增速比全部规模以上工业高 3.7%。与此相反,高能耗行业占比降低,八大高能耗行业实现增加值 852.4 亿元,增长 2.7%,占整个规模以上工业的比重比上年下降 1.8%。① 从统计年鉴中不同工业行业的销售产值情况来看,除了电力、热力的生产和供应业之外,2013 年宁波工业销售产值位于前九位的行业状况如图 5-4 所示。石油加工业、电气机械和器材制造

① 数据来源:《2014 年宁波市国民经济和社会发展统计公报》。

业、化学原料和化学制品制造业的工业销售产值在 2013 年位于前三位,分别达到了 1522.1 亿元、1485.8 亿元和 1415.8 亿元。汽车制造业虽然工业销售产值不是最高的,但其行业利润率①却远远高于其他行业,达到了 10.3%。

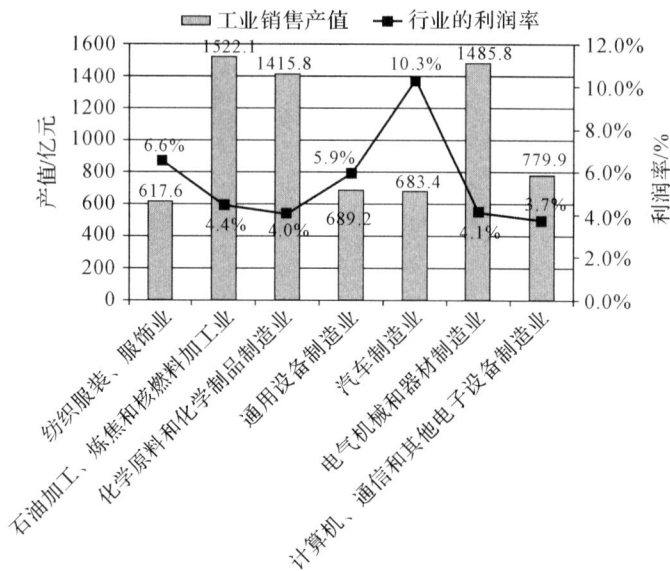

图 5-4　2013 年宁波市不同行业的工业销售产值和行业利润率情况
数据来源:宁波统计年鉴 2014。

第二节　宁波工业小企业发展现状

在宁波市的统计年鉴中,规上工业企业分为大、中、小型企业,规下工业企业则是指营业收入 2000 万元以下的工业小微企业及个体经营户。本章在分析宁波工业小企业情况时,偶尔选取部分统计年鉴中规下工业企业的数据,其他数据则来源于课题组搜集、整理的小企业数据以及调查问卷的样本数据。

课题组本次调研的单位包括宁波市经信委、宁波市统计局、宁波市中小企业 8718 公共服务平台、宁波市工业小企业等,对 380 家宁波工业小企业

①　行业利润率=该行业的营业利润/该行业主营业务收入。

发放了调查问卷,回收有效问卷共 353 份,分布情况如表 5-2 所示。我们采用电话调查、实地调查、网络调查等多种问卷调查方式进行调研,并对有关单位和部门以及部分小企业进行了实地走访和深入访谈,以尽量全面掌握宁波工业小企业的基本情况。在对调查问卷及其他途径所获取的数据进行整理的基础上,我们将对宁波工业小企业的产业规模、成长阶段、空间分布、资源要素、技术创新、管理水平等六个方面进行分析。

表 5-2　宁波工业小企业调研的样本分布情况

县(市)区	企业数量(家)
老三区	20
北仑区	25
镇海	26
奉化	27
宁海	35
象山	32
余姚	47
慈溪	61
鄞州	80
总计	353

数据来源:课题组调研所得。

一、宁波工业小企业产业规模

根据宁波市统计局和宁波市人民政府第三次经济普查领导小组办公室 2015 年 5 月公布的数据:宁波市 2013 年年末,工业小微企业法人单位有 72031 个,占小微企业法人单位的 49.8%,占全部企业法人单位的 48%;工业小微企业的从业人员有 1705055 人,占小微企业从业人员的 65.3%,占全部企业法人单位从业人员的 33.1%;工业小微企业资产总计 8433.3 亿元,占全部企业法人单位资产的 14.7%。

根据宁波市统计年鉴、第三次经济普查数据以及本次到相关单位调研获得的数据,我们对宁波市大型、中型、小型和微型工业企业的总体情况进行了分析,从企业数量、从业人数、企业资产以及全年营业收入等方面进行了对比分析。2013 年年末,宁波市工业小企业数量为 20146 家,其数量远远高于大、中型工业企业的数量,比微型工业企业数量少大约 40%,见图 5-5。其他三项指标则非常清楚地显示出宁波工业小企业在宁波工业中的重要地位:其中,宁波工业小企业期末从业人员数占宁波工业从业人数的 52.7%,为 132.1 万人,远高于其他三个类型的工业企业从业人员数;宁波工业小企业的企业资产总额分别比大、中型工业企业高 25.4% 和 10.3%;宁波工业小企业的营业收入总额则分别比大、中型企业高 15.9% 和 15.2%。由此可见,宁波工业小企业的总规模比较大,它是宁波工业发展中举足轻重的部分,为宁波工业的发展做出了相当大的贡献。

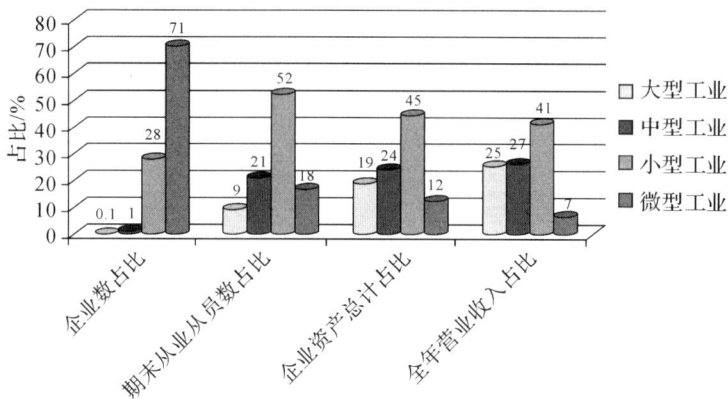

图 5-5 2013 年宁波不同规模工业企业比较

数据来源:课题组调研所得。

宁波工业小企业分布在各行各业,按照国民经济行业分类,截至 2013 年年末,从事采矿业的宁波工业小企业仅为 27 家,从事电力、热力、燃气及水生产和供应业的小企业为 101 家,其余 20018 家宁波工业小企业则分布于 30 个不同行业的制造业。其中小企业数量位于前十位的行业如图 5-6 所示,通用设备制造业的工业小企业数量最多,有 2962 家;其次为电气机械和器材制造业;再次为纺织服装、服饰业,橡胶和塑料制品业,金属制品业等。这十大行业的小企业总数已占到宁波制造业小企业数量的 79.8%,是宁波市工业小企业的主要分布行业。

从营业收入来看,如图 5-7 所示,2013 年宁波工业小企业营业收入位于前三位的行业从高到低排序为:电气机械和器材制造业、化学原料和化学制品制造业、通用设备制造业。其中化学原料和化学制品制造业的小企业数量并不多,但营业总收入却排名第二,说明这些化工小企业已经具备相对较大规模。此外,由于该行业对环保要求越来越高,行业的进入越来越难,从

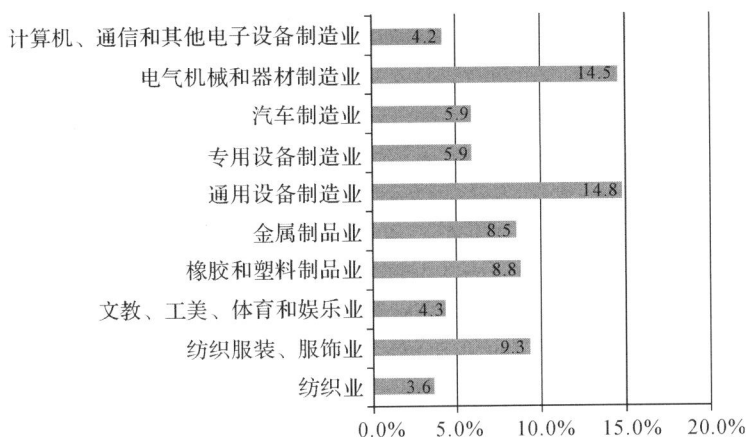

图 5-6 2013 年宁波工业前十大行业小企业数量在制造业小企业总数量中的占比
数据来源：课题组调研所得。

而也造成已在本行业经营的小企业有机会不断扩大规模，竞争压力相对较小，有利于这些小企业在该行业的发展。但是，在企业发展的同时，我们还要特别注意引导以及颁布有关政策使这些小企业承担起其相应的保护环境的责任。此外，纺织服装、服饰行业的小企业数量排名第三，但其营业总收入却未进入前十，这说明宁波纺织服装、服饰行业的小企业虽然员工多，企业营业收入却不高，这与企业用工成本高，产品的技术含量较低有密切关系，该行业小企业的转型升级迫在眉睫。

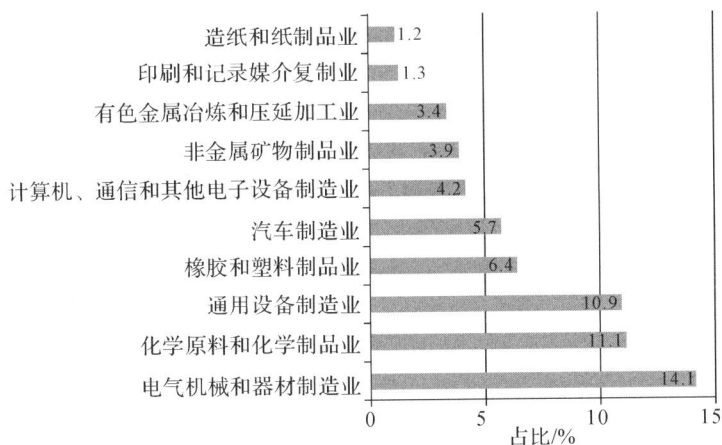

图 5-7 2013 年年末宁波工业前十大行业营业收入在制造业总营业收入中的占比
数据来源：课题组调研所得。

从问卷调查的小企业营业收入情况来看(如表 5-3 所示),所调查的 353 家小企业,其 2014 年营业收入为 300 万～500 万元的占 20.1%,营业收入 500 万～1000 万元的占 31.2%,营业收入 1000 万～2000 万元的占比最多,为 48.7%。其中,许多企业已经是宁波市"小升规"的培育企业。

从所调查企业的从业人数上看,有 28.6% 的小企业 2014 年从业人员数量达 51～100 人,占比最大;从业人员达 300 人的小企业比较少,只有 10%。将 2014 年小企业的营业收入情况和从业人员情况相比较,可以看出,小企业营业收入的规模与从业人员的规模并非呈正相关,一些小企业从业人员较少,但却取得了较高的营业收入,这些企业通常是一些拥有自己核心技术的企业,如机械设备制造企业或者是进入门槛相对较高的行业如化工企业。

表 5-3 所调查的宁波工业小企业规模状况

调查项目	选择项	小企业数量(家)
2014 年营业收入	300 万～500 万元	71
	500 万～1000 万元	110
	1000 万～2000 万元	172
2014 年从业人员	20 人及以下	61
	21～50 人	83
	51～100 人	101
	101～300 人	72
	300 人以上	36

数据来源:课题组调研所得。

目前,各级政府也在颁布实施各项促进小企业规模扩大的政策措施,如浙江省 2013 年制定出台了"小升规"扶持促进政策意见,对现有年主营业务收入在 500 万元到 2000 万元规模以下的小企业加强分类指导和服务,并计划 3 年培育 1 万家"小升规"企业。宁波市也积极行动,确定了 2013—2015 年全市"小升规"培育对象企业累计 3000 家以上,实现"小升规"企业累计 2000 家以上的目标。2013 年,宁波新上规模的小企业有 703 家,新增数量位居全省各地市首位,完成了计划中的 35.2%。[①] 小企业规模的适度扩大,

---

① 数据来源:我市 2013 年度"小升规"企业位居全省首位. 宁波经信委网站,http://www.nbec.gov.cn/xwgzdt/87473.jhtml,2014-07-01.

将有助于其进行技术开发、自主品牌建设或其他途径的转型升级。

二、宁波工业小企业成长阶段

从所调查企业的成立时间上看,新成立的小企业较少,相反成立 6 年以上 20 年以下的小企业达到所调查企业的 67％,具体情况如表 5-4 所示。其中成立 15～20 年的企业有 64 家,10～15 年的有 92 家,6～9 年的有 81 家。结合之前对这些企业的营业收入状况的调查,我们发现有些行业的小企业成长速度很快,2～3 年之内企业的营业收入就能达到千万元以上;还有些小企业虽然成立时间长,但由于种种原因,营业收入和利润率较低,经营状况欠佳,需要尽快转型。

表 5-4　宁波工业小企业成立的时间

调查项目	选择项	小企业数量(家)
成立时间	1～2 年	28
	3～5 年	50
	6～9 年	81
	10～15 年	92
	15～20 年	64
	20 年以上	38

数据来源:课题组调研所得。

根据课题组的调查,如图 5-8 所示,宁波的小企业大多处于发展阶段和稳定阶段,处于初创阶段以及转型阶段的小企业数量较少。其中处于发展阶段的企业最多,占所调查企业的 43.3％,说明这些小企业目前还处于波动状态,面对着许多市场机遇,也面临着不少发展中的困难。结合小企业的成立年限,我们发现,在 38 家成立了 20 年以上的小企业中,许多企业已经处于稳定阶段,少数企业在考虑转型。反而有较多成立了 15～20 年的企业在考虑企业转型,如宁波某运动器材有限公司,该公司已成立 15 年以上,2014年营业收入已达 1000 万～2000 万元,但利润率只有 5％～10％,员工为 50人以下,目前正在考虑转型。还有一些纺织服装类企业,虽然成立时间不长,但由于近年来劳动力成本和原材料成本不断提高,又面临着东南亚国家纺织业迅速发展的压力,有些为外贸公司提供货源的纺织类小企业也在考虑转型。如宁波某纺织品有限公司的负责人认为企业正处于转型阶段,该企业成立年限已达 10～15 年,2014 年的营业收入为 1000 万～2000 万元,利润率为 5%～10%,员工为 50 人以下。这说明企业的转型与企业成立的时间并无直接的相关关系,而主要与企业的环境、市场和经营状况等相关。德国、日本有许多小企业已经成立了上百年,仍然在自己的领域稳定发展,不断成长。这些小企业往往只生产单一的专业产品,但却不断深入研究产品技术和开发市场,努力将产品的市场横向扩展,销售到全球,应用到无数的行业中。他们的做法值得宁波工业小企业借鉴。

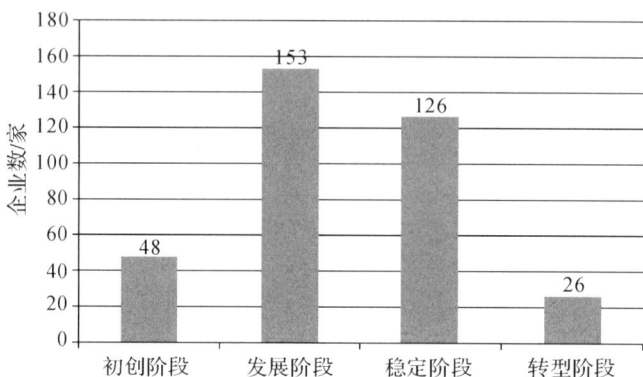

图 5-8　宁波工业小企业的成长阶段

数据来源:课题组调研所得。

另外,据表 5-4 和图 5-8,我们可以分析得知成立 6 年以上的企业往往开始步入发展阶段,而成立 10 年以上的小企业有的处于发展阶段,有的已经处于稳定阶段。从调查的结果看,宁波小企业处于发展阶段的比例最高,对这些小企业我们应持续关注,帮助其解决发展中存在的困难,使其持续发展,尽早步入稳定阶段。而对于想要转型的企业,政府也应积极提供引导和帮助,使其顺利实现转型,从而更好地持续成长。

三、宁波工业小企业空间分布

宁波工业自 20 世纪 80 年代呈现出块状经济发展态势。随着宁波市地方产业政策的引导,宁波特色工业园区越来越多。宁波的特色工业区分布在各县市区,除了海曙区、江东区工业企业数量逐渐减少,其他县市区的工业发展状况都比较好。如表 5-5 所示,2013 年宁波规上小型工业企业的总产值最高的是鄞州区,其次分别为北仑区、慈溪市、余姚市、镇海区,再次为宁海、象山及江北区。

表 5-5　2013 年宁波市各县(市)、区工业企业总产值　　(单位:亿元)

各县(市)	全市	海曙	江东	江北	北仑	镇海	鄞州	余姚	慈溪	奉化	象山	宁海
小型企业	4643	17	23	155	859	527	1027	629	702	187	227	229

数据来源:宁波统计年鉴 2014。

　　课题组的调查结果表明,一方面宁波各地区有各自的特色工业产业,另一方面也存在着同一产业分布在各县市区的情况。总的来说,随着各地区特色产业逐渐集聚,产生了良好的经济效果,如降低企业成本,获得规模效益,还促进了企业间的技术交流与传播,同时促使企业更加注重创新。而且对于上下游关联企业来说,产业链中任何一家企业的技术突破,都会给整个产业链带来利益。这些产业集聚区也集聚着大量的小企业。在宁波,鄞州、奉化的服装,鄞州古林的针织坯布及漂染,慈溪浒山的化纤与针织服装,慈溪附海小家电,象山爵溪的针纺织品,西周的模具与塑料件等都形成了有一定规模的集聚区,小企业自然是其中不可或缺的部分。目前,宁波部分地区工业分布情况大致如表 5-6 所示。如前所述,宁波小企业分布在制造业的30 个不同行业中,而且宁波工业小企业的数量远远大于中、大型企业数量。众所周知,产业要形成集聚,需要同行业内多家不同规模的企业以及位于产业链不同环节的企业共同聚集而成。因此,宁波工业的空间分布状况也可以用来说明宁波工业小企业的空间分布情况。

表 5-6　宁波工业产业的空间分布情况

地区	工业产业分布
北仑	石化、船舶、精密机械、装备电子、模具、汽车配件、电气机械等产业
保税区	先进制造业如液晶光电、计算机、集成电路等产业
象山	纺织、装备制造、精密器械、生物医药、新材料、新能源等产业
奉化	电子通讯、机械制造、汽车零部件、新型材料、服装服饰以及竹制品加工、笋制品加工等产业
鄞州	纺织服装、家电、汽车零配件、LED、锂电池、光伏电池及高端装备制造等产业
余姚	精密模具、家用电器、机械五金、电子信息、新材料等产业
镇海	成套设备、电子电器和机械基础件制造业等产业

续表

地区	工业产业分布
慈溪	小家电、纺织服装、智能电气、高性能新材料、高端装备等产业
江北	机器制造产业、柴油发电机组产业、高端纺织产业、汽车精密铸件制造、汽车内饰件制造、仪器仪表制造产业等
宁海	已形成五金机械、模具、文具、电子电器、汽车零部件、灯具等特色行业以及新型建材与家居、新材料、新能源及新装备等新兴产业

数据来源：宁波经信委网站。

此外，为促进小微企业健康发展，帮助他们拓展创业空间，宁波市政府根据《国务院关于进一步支持小型微型企业健康发展的意见》（国发〔2012〕14号）和《宁波市人民政府关于推进工业经济稳增长调结构促转型的若干意见》（甬政发〔2012〕71号）精神，从2012年起，在宁波市新增建设用地计划指标总量中安排5%专项用地指标，按照"布局合理、特色鲜明、集约高效、生态环保"的原则，在宁波市的9个县（市）区，结合当地产业集聚及现有园区资源条件，共规划建设了27个小微企业集聚区，其中鄞州区滨海开发区、宁波（江北）高新园区、北仑区大碶街道模具园小微企业集聚区、宁海县宁东新城小微企业集聚区等采用"园中园"形式，其他小微企业集聚区采用在重点乡镇新建方式设立。规划情况如表5-7所示，镇海区将紧固件、轴承、液压马达、汽配等机械装备产业纳入优先保障范围；北仑大碶街道模具园区优先保障模具、压铸配套的小微企业；北仑小港街道顾家桥集聚区优先保障机械、文教用品、电线电缆及服装等产业配套的小微企业；宁海则以模具产业为特色，以建成国际一流模具产业基地和国家中小模具企业转型升级示范园区为目标，建设宁东新城小微企业集聚区。

虽然，到2014年年底为止，这些小微集聚区未完全建成，但因为规划之初就考虑了各县（市）区本身的小企业集聚情况和优势产业，因此小微企业集聚区规划情况既是未来宁波工业小微企业集聚的设计，也体现了宁波不同行业的小企业在各县（市）区的空间分布情况。

表5-7　宁波市27个工业小微企业集聚区空间分布情况

地区	小微企业集聚区名称	数量	产业集聚
余姚市	阳明街道、陆埠镇、低塘街道、朗霞街道、三七市镇、丈亭镇小微企业集聚区	6	家电、铸造模具、照明灯、塑料化工等

续表

地区	小微企业集聚区名称	数量	产业集聚
慈溪市	附海镇、周巷镇、宗汉街道、观海卫镇、匡堰镇小微企业集聚区	5	小家电、厨卫洁具、纺织、汽车配件等
奉化市	岳林街道、经济开发区小微企业集聚区	2	纺织服装、汽车摩托车及零部件、气动元件、厨卫家具
宁海县	西店镇滨海、宁东新城小微企业集聚区	3	机械、电器、铸造模具、汽配
象山县	泗洲头镇、西周镇、贤庠镇小微企业集聚区	3	机电汽配、铸造模具、机械电器制造
鄞州区	首南街道、横街镇、滨海投资创业中心小微企业集聚区	2	优先保障节能环保、高端装备制造、新材料、新能源、新一代信息技术
江北区	宁波(江北)高新区小微企业集聚区	1	医疗器械产业等
镇海区	蛟川街道、澥浦镇小微企业集聚区、九龙湖小微企业集聚区	3	紧固件产业、机械装备制造
北仑区	大碶街道模具园区、小港街道顾家桥小微企业集聚区	2	机械制造、文教用品、电线电缆、纺织服装、模具、压铸相关产业

数据来源：宁波各区经信委网站。

　　宁波小微企业集聚区的建设是宁波工业小企业创新发展的重要支撑、转型发展的重要平台，将成为宁波市小微企业创业创新和转型发展需要的重要载体。[①] 在引导小微企业集聚发展的过程中，宁波市部分行业、部分区块的"低小散"（技术含量低、产品附加值低，小作坊加工，布局分散、现场环境差）等情况比较明显，还存在产业层次不高、竞争能力不强、安全与环境隐患较多等问题。为此，2015 年宁波市政府专门印发了《关于组织开展"低小散"行业整治提升深化"腾笼换鸟"专项行动的实施方案》。专项行动提出，2015—2017 年，宁波市组织实施一批"低小散"行业（区块）整治提升项目，改造提升和整治规范低端企业（装备）10000 家以上，淘汰关停落后"低小散"企业 1000 家以上，培育和打造 10 个新型的行业和块状工业集聚区。

四、宁波工业小企业资源要素

　　根据课题组调查结果（如图 5-9 所示），目前宁波工业小企业急需资源主要是人力资源、资金资源和技术资源，三者的需求程度相差无几。相比之

---

　　① 《关于宁波市小微企业集聚区建设专项督查情况的通报》（甬经信中小〔2014〕274 号）。

下，小企业对土地资源的需求并不大。究其原因，小企业发展过程中，通常租用厂房，暂时没有购买土地的需求。只有企业规模发展到一定程度，才会买土地进行投资。而目前宁波厂房的供应还比较充足，因此小企业对土地资源需求较小。

对于小企业的帮扶政策，近两年宁波市政府根据《国务院关于进一步支持小型微型企业健康发展的意见》（国发〔2012〕14号）及宁波市本身的经济发展需求，陆续出台了多项鼓励、帮助小企业发展以及减轻企业税负的政策，因此，相对来说，小企业对宁波关于小企业的政策还是比较满意的。技术、人力和资金是小企业需求较大的资源。

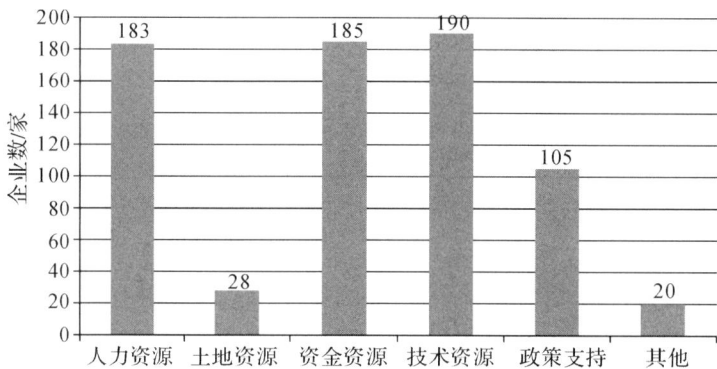

图 5-9　宁波工业小企业资源需求

数据来源：课题组调研所得。

（一）人力资源需求

就人力资源而言，一方面，一些小企业因为近几年来宁波劳动力成本的提高，在用工方面存在一些困难。另一方面，市场竞争越来越激烈，对小企业的运营管理要求也越来越高，技术含量低、作坊式的小企业生存将越来越难，因此小企业想要进一步发展，需要更多懂技术开发、会运营管理、擅市场营销的人力资源。在这方面，许多小企业都表示非常急需。

调查中，我们将企业人才分为高层、中层和基层管理人才，其中根据所处具体岗位不同，我们又将基层管理人才分为：研发技术管理人才、生产管理人才、市场管理人才等六个不同类别的人才，从而更具体地了解工业小企业的人才需求情况。课题组的调查结果表明（如图5-10所示），宁波工业小企业最缺乏的是研发、技术管理人才。有71.2%的工业小企业表示研发、技术人才最难找。这一方面说明小企业的技术水平普遍偏低，因此大量需要技术研发人才。另一方面,说明在新常态经济背景下,小企业已经越来越重视对新产品、新技术的开发研究。但由于资金及技术人才资源不足,企业的技术升级和新产品开发仍然比较乏力。

此外,销售管理人才是人才资源中宁波工业小企业认为最难找的,有44.7%的小企业表示缺乏销售管理人才。这可能是因为不少工业小企业的产品与其他企业的产品同质化,所以在市场销售中存在困难,需要得力的销售管理人才进行推动;另外,近两年随着国内外经济疲软,市场需求减少,小企业的产品销售面临更大挑战,有的小企业开始将市场从国外转向国内,还有的小企业从线下销售转向网上销售,市场竞争越来越激烈,都需要专业的销售管理人才进行操作。

其他如中层管理人才、高层管理人才、生产管理人才以及市场管理人才也分别有21.6%、26.4%、30.1%、28.1%的工业小企业表示比较难找,企业比较缺乏。财务管理和人事行政管理这两类人才小企业认为不太难找,市场饱和度较高。仅有10.1%和6.2%的工业小企业表示比较难找。认为都不难的小企业仅为2.4%,说明这些企业各方面发展稳定,企业的管理队伍比较健全,对各种管理人才有一定吸引力。

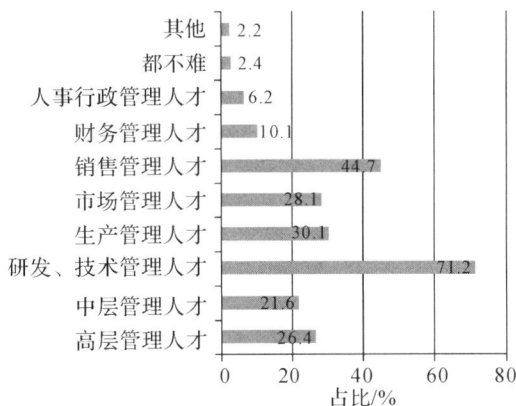

图 5-10　宁波工业小企业认为最难找的人才情况
数据来源:课题组调研所得。

(二)资金资源需求

资金资源也是宁波工业小企业比较缺乏的资源。但从调查的情况来看(如图 5-11 所示),大多数工业小企业表示只偶尔存在资金困难,占所调查企业的四分之三,有15.4%的工业小企业表示存在较大的资金困难,9.6%的工业小企业表示资金充足,不存在缺乏资金资源的问题。这说明,宁波的工业小企业总体上来说,资金缺乏的情况并不是很严重,资金资源不是阻碍宁波工业小企业发展的"瓶颈"。究其原因,一方面可能因为近年来金融行业贷款业务逐步放开,不少非银行金融机构开发了多种多样的贷款业务,同时商业银行间竞争越来越激烈,不少商业银行开办了专门针对中小企业的贷款业务。另一方面,许多小企业认为目前国内外经济状况不佳,对目前的行业趋势没有把握,对经济背景的变化也不完全了解,因此无法确定企业的转型升级思路和对策,对资金的需求自然也就不是很迫切。

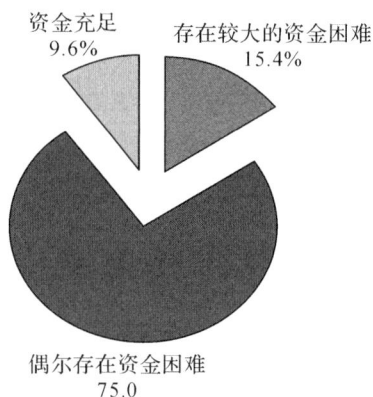

图 5-11   宁波工业小企业资金困难情况

数据来源:课题组调研所得。

从资金来源的方式来看,大多数企业选择了向银行贷款,如图 5-12 所示。其他借款方式如民间借贷、向小额贷款公司贷款、向亲戚朋友借款也是工业小企业的借款渠道,但用得非常少,占比都不超过 10%。宁波工业小企业偶尔也选择向供应商临时赊账这种方式借款,占比为 11.1%。借款方式的调查情况说明,在宁波,工业小企业从银行借款还是比较方便的,因此当工业小企业缺乏资金时,89.8% 的企业选择向银行借款。这与近年来金融行业迅速发展,各银行纷纷开发针对小企业的贷款业务密不可分。另外,2014 年 10 月阿里巴巴电子商务公司以其为主体成立了蚂蚁金融服务集团,其主要业务服务对象之一就是小微企业,这对宁波工业小企业的发展又增加了一个资金来源渠道。

(三)政策效果

2011 年以来,宁波市政府出台了许多减轻小企业税负等帮扶小企业的

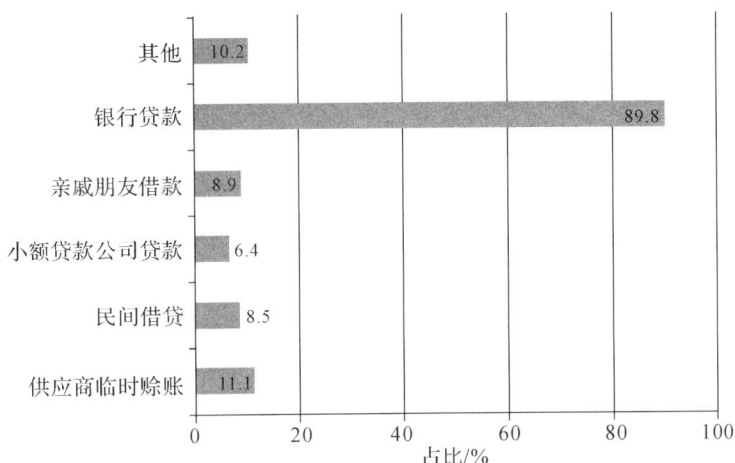

图 5-12　宁波工业小企业借款方式选择

数据来源：课题组调研所得。

政策。对于这些政策，根据课题组的调查，宁波工业小企业的感受如图 5-13
所示，觉得政府政策对企业"没有帮助"或者"不好说"的企业分别占 11.5％
和 13.6％，大部分的企业切实感受到了政府政策带来的帮助。不过 45.1％
的企业觉得这些政策的帮助较小，只有 6.3％的企业认为政府政策的帮助很
大。对于这种情况，我们认为一方面因为目前政府的优惠政策对科技含量
高、绿色环保的小企业支持较大，但许多宁波工业小企业技术水平不高，还
没有资格享受一些针对高科技小企业的减税等政策，自然也就觉得帮助不
大了。另一方面，在调查中我们也发现，许多小企业并不太了解政府颁布的
各项针对小企业的优惠政策，这些政策颁布后实施的效果还有待进一步加
强。当然，在市场经济环境中，小企业的成长主要还是得靠自身的经营管理
和技术挖潜，而不能主要依靠政府的政策扶持，政府的优惠政策只是一种引
导和辅助，所以我们认为本次调查结果是符合市场规律的。

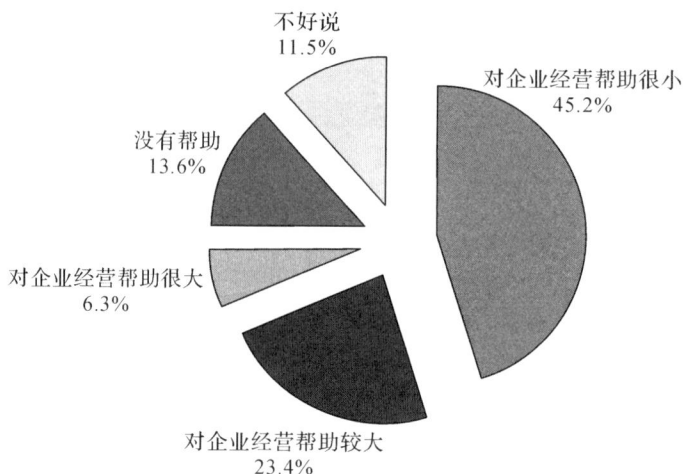

图 5-13　工业小企业对政府减税等政策的感受情况
数据来源：课题组调研所得。

五、宁波工业小企业技术创新

技术创新是企业发展的基石。课题组就多个方面对宁波工业小企业的技术创新状况进行了调查。就目前宁波工业小企业的技术水平而言，一半以上的工业小企业将企业的主要生产设备水平定位为国内一般水平。36.0％的工业小企业认为企业的主要生产设备已达到国内先进水平，只有4.8％的工业小企业认为自己企业的主要生产设备已达到国际先进水平（见图 5-14）。这与之前所述的宁波工业小企业缺乏技术资源的调查结果保持一致。说明虽然前些年宁波工业发展迅速，但技术含量并不高，主要发展动力是由于地理优势和外向型经济的推动。在这些优势逐渐丧失之际，宁波工业小企业的技术创新刻不容缓。

据图 5-15 所示，除了 6.2％的宁波工业小企业认为 2014 年自己的企业没有任何创新以及 2.5％的企业选择了其他之外，其余的企业都进行了一个或者几个方面的创新。其中 68.7％的宁波工业小企业 2014 年在现有产品线基础上开发了新产品。此外，进行质量控制改进、管理方法改进、流程改进和服务改进的小企业占所调查的宁波工业小企业的比例依次减少，分别为 57.3％、42.6％、39.1％、37.0％。相比之下，选择开发新的产品线的宁波工业小企业比例最低，只有 28.7％。究其原因，课题组认为一方面是因为开发新的产品线所需资金较多，许多小企业不愿意或者无法承担；另一方面，小企业的技术开发水平不够，研发实力有待加强。

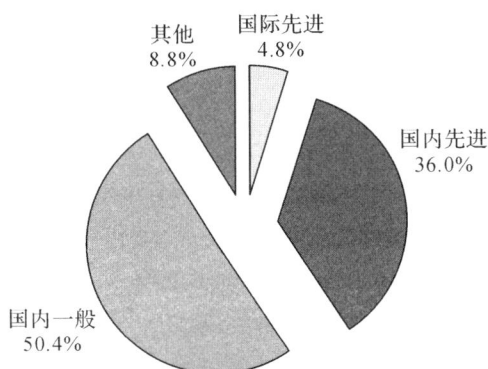

图 5-14　宁波工业小企业主要生产设备的技术水平情况

数据来源：课题组调研所得。

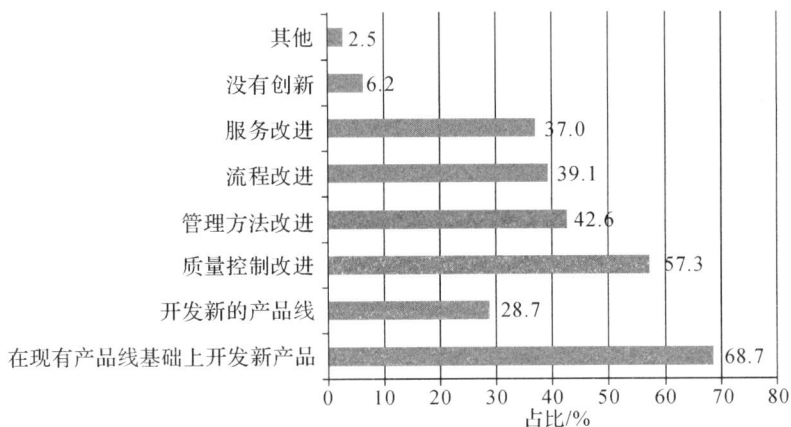

图 5-15　2014 年宁波工业小企业的创新情况

数据来源：课题组调研所得。

　　调查中，68.7％的工业小企业表示 2014 年在现有产品线基础上进行了新产品开发，28.7％的工业小企业开发了新的产品线。这些企业新产品开发的数量如图 5-16 所示，企业新产品开发数量在 5 个以下的比例最高，达到42.6％，24.3％的企业开发了 6～10 个新产品，11.1％的企业开发了 11～20个新产品，12.1％的企业开发的新产品达到了 20 个以上。也有 9.9％的企业表示 2014 年没有开发新产品。与之前对宁波工业小企业创新情况的调查一致。

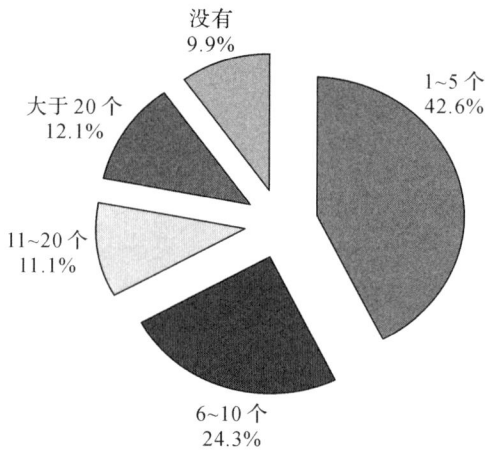

图 5-16   宁波工业小企业 2014 年新产品开发数量
数据来源：课题组调研所得。

　　而这些新产品给企业带来的收入在企业总收入中所占的比重情况如图
5-17 所示，168 家工业小企业表示新产品带来的收入在企业总收入中占的比
重为 6%～20%，为样本企业的 47.6%。其次是 33.5% 的小企业表示新产
品带来的收入在企业总收入中占的比重为 5% 及以下。新产品带来的收入
在企业总收入中所占比重达 21%～40% 甚至 40% 以上的企业比重分别为
15.7% 和 3.2%。

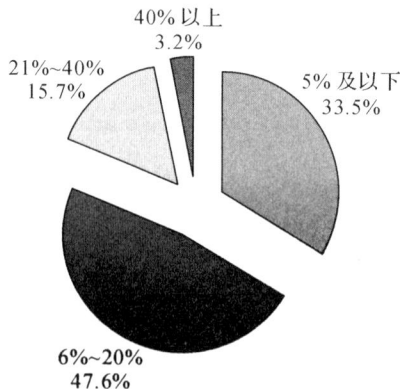

图 5-17   新产品的收入在企业总收入中所占比重情况
数据来源：课题组调研所得。

　　课题组所调查的工业小企业 2014 年的研发支出情况则如图 5-18 所示，

占比最高的是研发支出占销售收入 6%～10%,为样本企业数量的 41.6%。其次是研发支出占销售收入 5% 以下,为 39.2%。两者相差不大。有 19.2%的工业小企业的研发支出较高,达到销售收入的 10% 以上。

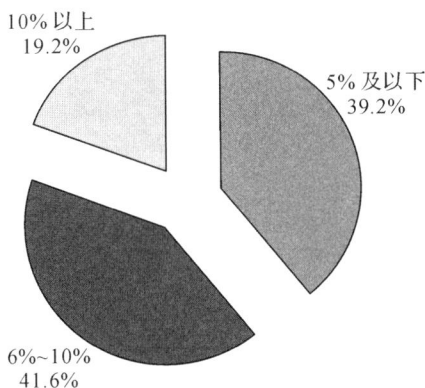

图 5-18　工业小企业研发支出占销售收入的比重情况

数据来源:课题组调研所得。

　　总体看来,就本次调查而言,宁波工业小企业的技术创新投入不够多,新产品开发较少,由此给企业带来的收入也有限。在市场需求的推动下,越来越多的小企业将更加重视技术创新。政府也有义务搭建平台并给予一定的政策支持,帮助小企业进行技术创新。

六、宁波工业小企业管理水平

(一)宁波工业小企业的管理水平总体状况

　　课题组对宁波工业小企业的管理设计了几个方面的问题。我们将企业的总体经营状况与企业的内部管理结合起来进行调查,请企业根据其内部管理各方面完善的程度对自己企业的经营状况进行评价。调查表明(如图 5-19 所示),认为企业 2014 年总体经营状况比较好和一般的企业数量几乎相同,分别占调查样本的 46.8% 和 48.7%。而认为企业 2014 年总体经营情况非常好和不太好的企业数量也基本一样,分别为 2.6% 和 1.9%。结合之前对企业盈利影响因素的分析和课题组对小企业的走访,课题组认为大多数企业对本企业管理水平的认识比较客观,但也有一些小企业还没有认识到位,"三期"叠加的经济新常态下,企业管理水平将越来越大地影响企业未来的经营状况。

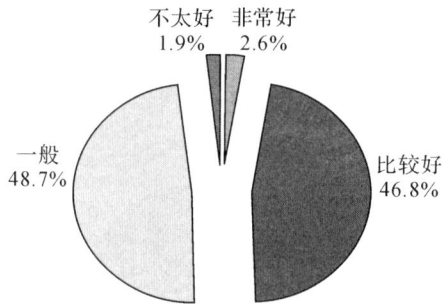

图 5-19　宁波工业小企业 2014 年总体经营状况
数据来源：课题组调研所得。

　　对于工业小企业管理不尽完善的具体体现，课题组的调查结果如图5-20所示，多数企业选择了两个以上选项。55.3％的工业小企业认为管理不尽完善主要体现为市场开拓薄弱；这与之前所述宁波工业小企业对管理人才需求的调查结果一致。市场管理、销售管理人才都是目前宁波工业小企业急需的管理人才。宁波工业小企业管理薄弱的其他方面还包括：技术研发落后，占调查企业总数的 38.9％；信息化程度不高，占调查企业总数的 33.2％；认为缺乏明确战略的小企业占 28.4％，认为财务管理与成本管理需要完善的企业占 25.5％，认为运作流程效率不高的企业占 25.0％，认为对员工激励不佳及老客户维护不力的小企业占比相对较少，分别为 16.3％和 14.4％。

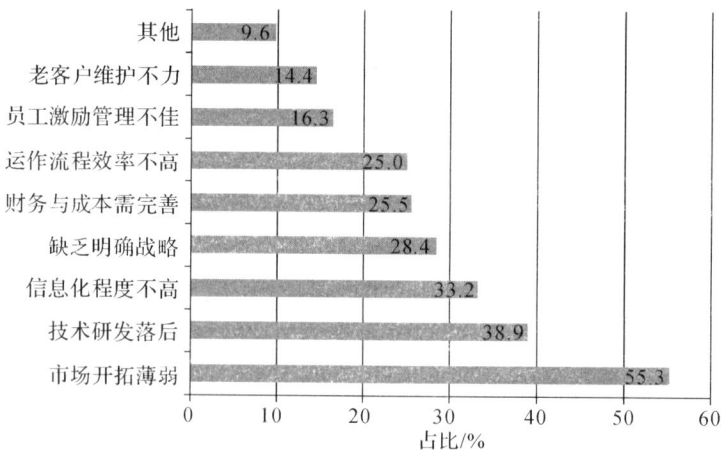

图 5-20　宁波工业小企业管理不尽完善的环节
数据来源：课题组调研所得。

调查中我们发现,宁波小企业管理水平较低还体现在小企业对产品的知识产权保护意识弱以及缺乏品牌意识上。如图 5-21 所示,有高达 21.1% 的宁波工业小企业根本没有注册商标,也就是说这些小企业根本没有将自己的产品与其他企业的产品区别开来。其余有注册商标的工业小企业中,只有 25.0% 的工业小企业生产的产品全部使用自己的注册商标。由此可见,宁波大多数工业小企业所提供的产品对于采购商或者消费者来说没有特点和优势,很容易被其他企业的产品替代。有的小企业还没有意识到要用注册商标的方式保护自己的知识产权,有的小企业虽然注册了商标,却没能进行良好运作,注册商标的作用还有待进一步发挥。

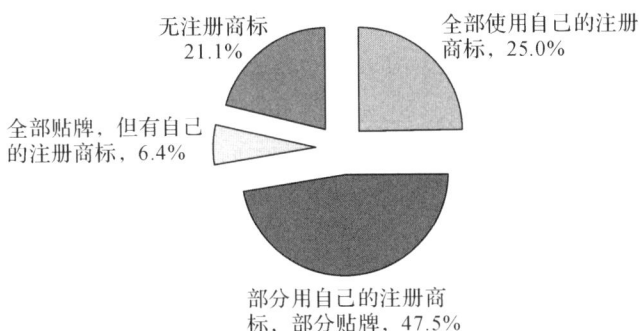

图 5-21　宁波工业小企业商标注册与使用情况

数据来源:课题组调研所得。

关于自主品牌的建设,课题组的调查结果如图 5-22 所示,宁波工业小企业已经创建自己品牌或打算创建自己品牌的只占所调查企业的 41.3%,大部分企业目前为止还没有品牌创建计划。也就是说,在较长的一段时间内,这些小企业不可能获得品牌带来的利益,无法与生产相同产品的其他竞争对手建立差异性,更不用说利用优良的品牌获得市场的认可,吸引优秀的人才。

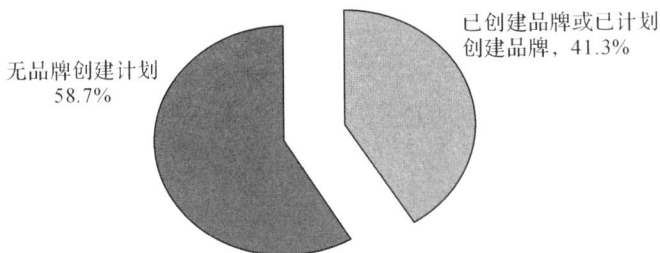

图 5-22　宁波工业小企业的品牌创建情况

数据来源:课题组调研所得。

（二）影响小企业管理水平的原因分析

　　小企业的管理水平受到多方面的影响，如企业管理方法的运用、管理组织的选择以及企业文化的营造等。而所有这些与企业最重要的资源——人有直接的关系。我们认为，影响小企业管理水平的原因归根结底还是人的原因。因此我们专门对小企业的管理人员情况以及小企业对员工的培训情况进行了调查。此外，在信息经济时代，企业对互联网的运用情况也影响到企业的管理水平。

　　我们认为企业的管理人员特别是高层管理人员的学历和素质是决定企业管理水平的重要因素之一。根据调查（如图 5-23 所示），所调研的企业中，58.1％的小企业高层管理人员的学历为大专或本科，所占比重最大。5.5％的小企业高层管理人员学历为硕士及以上。其余 36.4％的小企业高层管理人员则未受过高等教育，其中 30.5％的小企业高层管理人员学历为高中或中专，5.9％的小企业高层管理人员学历为初中及以下。可以推测，在宁波工业小企业中，学历较低的高层管理人员一定程度上影响了企业的技术创新和管理创新。

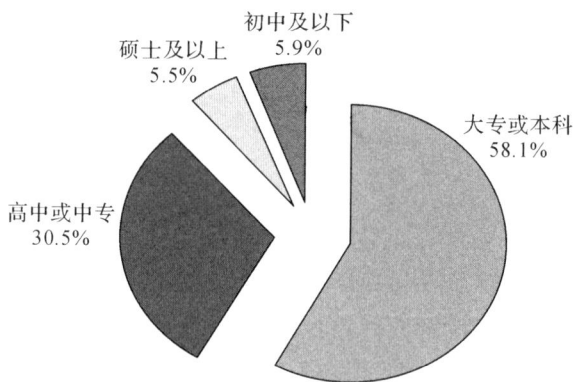

图 5-23　宁波工业小企业高层管理人员学历状况
数据来源：课题组调研所得。

　　此外，企业对员工的培训也是影响企业管理水平的因素之一。因为无论是对员工进行专业技能的培训还是团队合作能力的培训，或者是企业文化、管理制度、安全措施等方面的培训，对于企业管理水平的提高都很有好处。一个具有学习力的企业肯定是管理水平不断提升的企业。根据本课题调查，宁波工业小企业安排从事管理的员工参加公司组织或出资的培训或进修的情况如图 5-24 所示：45.6％的小企业安排公司的管理员工每年参加

1 次或以上的培训，31.8％的企业没有安排对管理员工的培训，他们仅靠自学和自我训练进行能力提升，对提升企业管理水平的作用相对较小。由此说明，较多宁波工业小企业并不太重视本企业管理员工的培训，对本企业管理水平的认识也不够客观，提升本企业管理水平的需求不是很强烈，这些小企业很可能无法适应变化越来越快的市场环境。

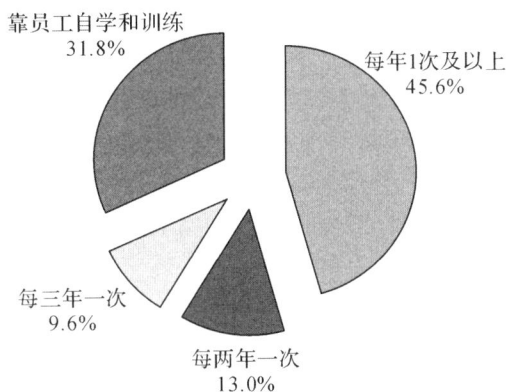

图 5-24　宁波工业小企业管理员工参加公司组织的培训及进修情况
数据来源：课题组调研所得。

　　在信息经济时代，宁波小企业管理水平除了受到"人"的影响，还受到"网"的影响。目前，宁波许多工业小企业已经或多或少开始利用互联网。根据课题组调查，如图 5-25 所示，目前 26.0％和 25.2％的宁波工业小企业使用互联网的主要目的分别是获取市场信息和进行企业宣传，还有 20.1％的小企业利用互联网发展电子商务，比例并不高。而利用互联网建立现代管理体系的小企业只有 13.3％，占比最低。由此看出，宁波工业小企业与互联网的融合还远远不够，需要进一步增强意识，采取行动，运用互联网提高公司的管理水平以及制造技术水平等。

　　以上是对宁波工业小企业的产业规模、成长阶段、空间分布、资源要素、技术创新、管理水平等六个方面的调查和分析。此外，课题组也对小企业的盈利情况进行了调查，结果表明：2014 年许多宁波工业小企业盈利能力一般。从企业的利润率来看，据图 5-26 所示，课题组所调研的 353 家工业小企业中，73％的小企业 2014 年利润率在 20％以下，47.6％的小企业利润率在 10％以下，利润率超过 50％的企业较少，只有 6 家。总的来看，宁波工业小企业 2014 年的经营状况不太乐观。

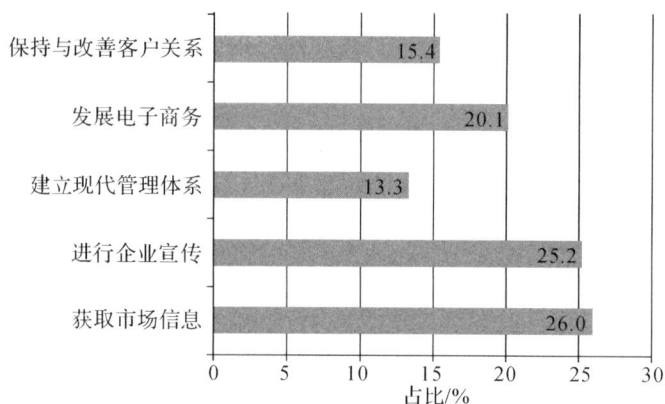

图 5-25　宁波工业小企业利用互联网的主要目的

数据来源：课题组调研所得。

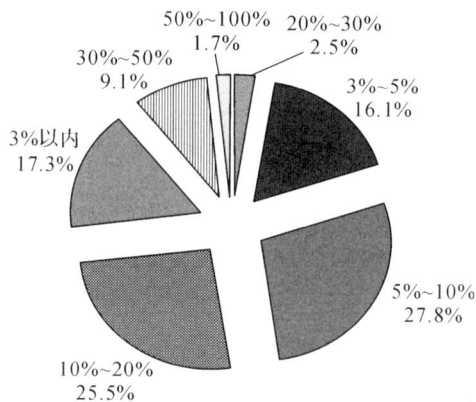

图 5-26　宁波工业小企业利润率状况

数据来源：课题组调研所得。

调查中宁波大多数工业小企业表示，2015 年企业的盈利能力还会进一步下降。如图 5-27 所示，在所调查的宁波工业小企业中，认为 2015 年企业盈利能力没有下降的企业仅占调查企业总数的 4.7％。绝大部分企业认为 2015 年企业的盈利能力将会下降。由此可见，许多小企业生存有一定困难，我们需要分析企业面临的问题并加以逐步解决。调查中，企业对盈利能力下降的原因进行了选择。其中原材料价格上涨、工资福利上涨以及市场需求不足是排名前三的因素，分别有 44.6％、41.7％、27.5％的企业选择了这三项。在企业访谈中，不少小企业认为近年来"五险一金"的负担越来越重，目前已经占企业用工成本的比例高达 40％～50％，非常希望部分险种的费

率能降低一些。此外,企业间的恶性竞争也是许多小企业头疼的问题,有
23.6%的小企业选择了这一项。特别是对于一些没有核心技术的小企业来
说,企业间的恶性竞争有可能使他们或者面临竞争对手抢走客户,或者主动
减少所获得的利润,但最终都可能无法继续生存。根据调查,导致企业盈利
下降的其他因素按其重要程度排列如下:无品牌无知名度、缺乏合适的人
才、缺乏核心技术、资金紧张或不足、企业内部管理不善、客户拖欠货款等。
就调查结果分析,导致企业盈利能力下降的外在因素影响比内在因素的影
响更大,这一方面说明我国乃至世界宏观经济正在发生变化,工业小企业的
运营环境与以往不再相同。另一方面,说明企业对提升内部管理,进行管理
创新的认识还不够充分。工业小企业必须练好内功,提升自身管理水平,开
发企业的核心技术,才能在激烈的市场竞争中立于不败之地。

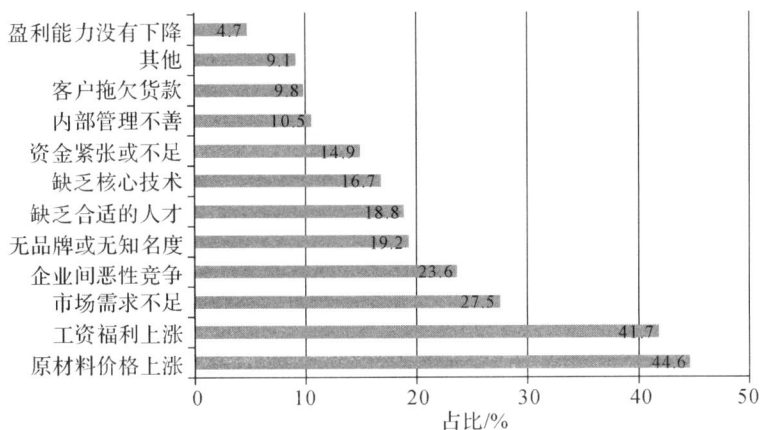

图 5-27　影响宁波工业小企业盈利能力的因素状况
数据来源:课题组调研所得。

第三节　宁波工业小企业存在的问题及对策

如前所述,宁波工业小企业是宁波经济和社会发展的重要力量,在促进
宁波经济发展、推动宁波科技创新、优化产业结构等方面发挥着至关重要的
作用。宁波 2014 年第二产业在三次产业中的比重高达 51.6%,是 15 个副
省级城市乃至整个中国制造业占三大产业比重最高的城市,其中宁波工业
小企业的贡献功不可没。

但课题组的调查情况表明,目前对于宁波工业小企业来说,无论是生存环境还是企业自身运营,都存在许多问题。宁波工业小企业必须进行转型成长才能适应我国经济的新常态和国际市场不断变化的竞争环境。

一、存在的问题

(一)宁波工业小企业原材料成本和用工成本越来越高

近年来,宁波小企业的发展已经进入高成本阶段。在本课题调查中,宁波小企业所选择的影响企业盈利的前两位因素正是原材料成本的上涨和工资福利的上涨,分别有 44.6% 和 41.7% 的样本企业认为这两个因素对企业的盈利影响最大。

对于宁波小企业来说,之前依靠低能源成本、低生产资料成本、低劳动力成本进行制造并取得可观利润的阶段已经结束。目前,有些种类的原材料成本上涨以及电价成本等的上升对企业都是不小的压力。还有,随着宁波经济的发展,生活成本不断提高,工业企业的劳动力成本也逐年提高,呈现较快速的刚性上涨压力。而内地及其他国家的成本优势使宁波的部分产业如纺织等开始向内地或东南亚转移,有些原来在宁波小企业工作的内地工人选择留在当地的企业就业,因此宁波工业小企业招工难的问题更加突出。为了企业继续经营,许多小企业不得不采取提高薪酬待遇的办法以吸引和留住员工。而且《劳动法》的实施也增加了企业的用工成本,有的企业为员工缴纳的"五险一金"已经达到企业用工成本的近 40%～50%。除此之外,有的宁波工业小企业认为税收负担和部分收费项目也增加了宁波工业小企业的成本。

根据课题组的调查,2014 年宁波工业小企业中利润率低于 10% 的工业小企业将近达到样本企业的近一半,占 47.6%。较低的利润率说明了宁波许多工业小企业处于产业链的末端,产品属于劳动密集型,技术含量低,进入门槛低,产能往往过剩,企业间竞争激烈,甚至出现恶性竞争。这些小企业的利润率远远低于那些有自主品牌或有核心技术的企业。例如,余姚大隐镇众多生产柜锁或其他五金产品的小企业、余姚塑料城及模具城中的众多小企业以及象山许多纺织小企业等,由于处在产业链末端,无法通过提高产品定价而转移成本,因为提高定价则意味着失去市场。原材料成本的上涨及用工成本的提高对于他们来说,最终结果要么是企业微薄的利润进一步被挤占,要么企业必须进行转型升级:或者在原来产品上进行技术改造,或者转行生产其他利润相对较高的产品。此外,企业自身对成本管理的认识不足或成本管理工作不到位也是部分小企业认为企业原材料成本持续增高的原因。

（二）宁波工业小企业技术开发和创新不够

宁波工业小企业大多数集中在日用品的生产制造领域，如塑料制品、家电、服装、轻工等，而这些领域基本上都产能过剩。产品附加值低、库存积压、品质粗糙、缺乏技术含量和自主设计是宁波多数工业小企业目前的产品状况。根据本课题组调查，如前所述，50.4％的宁波工业小企业认为本企业所使用的主要生产设备的技术水平为国内一般，占比最高。此外，宁波工业小企业无论是研发支出的投入、新产品的开发还是企业创新的选择等都体现出宁波工业小企业目前开展技术开发和创新的积极性和主动性还不够。课题组调查显示，宁波 68.7％的工业小企业进行的企业创新是新产品的开发，只有 28.7％的工业小企业在 2014 年开发了新的产品线。在进行新产品开发的企业中，42.6％的工业小企业开发的新产品仅为 1～5 个，占比最高。开发新产品 6～10 个的工业小企业只有 24.3％。可见，宁波工业小企业对技术创新的重视程度和投入还不够。而且，在新产品开发中，课题组发现目前工业小企业经营理念上缺乏持续发展的思想。许多工业小企业的新产品开发比较依赖政府或科研单位的技术推广，或者仅局限于消化相对成熟的技术，享受技术溢出效应。他们主要是引进或学习其他单位开发的技术，几乎没有独立开发新技术。有的小企业甚至只是模仿，认为这样投资少见效快。

造成这种局面的原因较多，主要体现在三个方面：一是技术创新研究开发经费不足。虽然在调查中小企业对于资金不是非常缺乏，但存量资金通常仅够用于日常运营。若要进行技术开发和创新，大量的资金投入是必不可少的，许多企业需要其他渠道的资金投入如银行贷款，但想从银行获得贷款用于小企业技术创新的难度还是比较大的。同时，从资本市场上获得技术开发资金对小企业来说难度也很大。而政府方面，虽然国家设立了多项基金支持中小企业创新活动，但这些基金通常用于支持规模较大的中型企业或规上企业，小企业获得资金支持难度相对较大。而且由于中小企业的资金需求大但基金支持有限，因此政府对于解决技术创新的资金投入也是杯水车薪，使用效果并不太好。二是缺乏技术开发人才。课题组调查结果显示，目前宁波工业小企业最急需的资源包括人才资源、技术资源和资金资源。在人才资源中，71.2％的小企业表示最急需的人才是技术研发人才，远远高于对其他人才的需求。缺乏技术开发人才是制约小企业技术创新的关键。因为小企业缺乏持续发展眼光,看不到技术创新人才带来的长远利益,不重视人才的长期培养和储备,对现有人才的培训投入不够,有的技术人才觉得在小企业无法施展自己的才能,选择离开小企业。有的技术人才技术水平不高,对生产工艺流程深入研究不够,无法提出技术改进和创新的方案。三是技术创新的环境还需要改善。目前,宁波虽然建立了多个创新创业孵化中心,加大了对小企业技术创新的指导和服务。但技术创新所需要的咨询、技术、科技、法律等服务体系建设还不够完善。而且,我国近年来虽然出台了《中华人民共和国中小企业法》、《关于鼓励中小企业发展的政策意见》等法律法规,对小企业的技术开发和创新有一些促进作用,但和发达国家相比,我国当前知识产权政策环境仍然不完善,相关的保护中小企业知识产权的政策相对缺乏,侵犯知识产权的现象仍比较突出。对企业而言,企业申请专利等知识产权的成本较高,既要花费较多资金和时间去完成相关的申请流程,还要承担专利申请失败的机会成本。而当企业的知识产权被侵犯时,企业的维权成本非常高,因此很多小企业不愿意进行技术开发和创新,有的小企业老总甚至认为,进行技术创新会导致企业利润下降或造成其他不利影响。

（三）宁波工业小企业缺乏创建自主品牌的意识

20世纪90年代,世界开始步入知识经济时代。与工业经济时代不同,企业要建立自己的竞争优势,必须把"品牌"视为重要的"战略性资产"。品牌是由名称、认知、标志、包装、商标等要素组成的,代表着一个企业的产品品质、服务、价格、企业文化等综合表象,在市场竞争中可以成为企业强有力的竞争工具。商标则是将一个企业的产品或服务与另一企业的产品或服务区别开的标记,是一种可被视觉感知的标志。商标是品牌的一部分。对于生产者来说,品牌的作用表现在:促进销售,增加利润,强化顾客品牌认知,引导顾客选购商品,并建立顾客的品牌忠诚等。而我们的调查发现,宁波工业小企业目前非常缺乏建立自主品牌的意识,有的企业负责人未认识到建立自主品牌的必要性和好处;有的企业负责人则觉得成本太高或过程太复杂,企业自建品牌的条件不成熟;还有的企业负责人不知道从哪里入手。

企业进行自主品牌创建一般有以下几个阶段:企业在成立初期资金实力较弱,经营管理比较欠缺,可以通过一段时间的无品牌战略来进行实践摸索;随后可依附大企业进行贴牌生产;贴牌战略实施一段时间之后就可以根据市场的需求计划部署创建自己的品牌。调查表明,宁波的工业小企业除了 21.1%的企业还没有注册商标,离自主品牌的创建还有些距离,其余约80%的工业小企业都有条件进行自主品牌的创建。但是课题组的调查结果表明,宁波工业小企业已经创建自己品牌或已打算创建自己品牌的小企业只占所调查企业的 41.3%,大部分企业目前为止还没有品牌创建计划。也就是说,许多有条件进行自主品牌创建的企业目前没有计划创建自己的品牌。因此,在较长的一段时间内,这些小企业不可能获得品牌带来的利益,无法与生产相同产品的其他竞争对手建立差异性,更不用说利用优良的品牌获得市场的认可,吸引优秀的人才。如前所述,总体上说,宁波的工业小企业正受到双重挤压,一方面我国内地和东南亚等地工业企业生产成本更低,另一方面美日德等发达国家纷纷实施"再工业化"战略,重塑制造业竞争优势。可以预见,宁波工业小企业将面对更加激烈的市场竞争,而未来的市场竞争就是品牌之间的竞争,没有品牌,基本上等于自动申请退出竞争。目前,许多处在初创阶段和发展阶段的宁波工业小企业把精力主要放在获取最大的经济效益和扩大经营规模上,认为企业没到创建自己的品牌的时机。事实上,在市场转型时期正是创建品牌的最佳时机。如果宁波工业小企业不创建自己的品牌,必然将很快失去原来的市场,被竞争对手们替代。

二、主要对策

面对新一轮全球产业变革和国内经济新常态,宁波工业小企业原来的低附加值产品、低成本运营难以为继,唯一的出路就是主动进行转型升级,从而摆脱困境,获得更多发展空间。在转型升级中,宁波工业小企业应积极与互联网融合,借力智能制造,并抱团进行技术创新和商业模式等方面的创新。同时,宁波相关管理部门的适当引导也是必不可少的。

(一)积极与互联网融合,实现小企业转型升级

宁波是工业大市,但众多工业小企业的增加值率偏低也是不争的事实。在新一轮产业变革的大环境中,宁波工业小企业应该顺应信息经济快速发展的趋势,积极与互联网融合,实现自身的转型升级。宁波市人民政府 2015年 6 月专门发布了《关于加快发展信息经济的实施意见》(甬政发〔2015〕65号),其目标之一是培育 3 万家以上的信息经济创新型中小企业,宁波工业小企业应努力通过转型升级成为 3 万家之一。

目前宁波许多工业小企业已经开始利用互联网,根据课题组调查,目前26.0%和 25.2%的宁波工业小企业使用互联网的主要目的分别是获取市场

信息和进行企业宣传,还有20.1％的小企业已经利用互联网发展电子商务,但比例并不高。而利用互联网建立现代管理体系的小企业只有13.3％,占比最低。由此看出,宁波工业小企业与互联网的融合还远远不够,需要进一步增强意识,采取行动。

工业小企业与互联网融合的好处不仅仅是通过网络清理库存,获得客户信息以及通过建设一个企业网站或在某个平台设置一个公司网页展示企业形象,宁波工业小企业积极与互联网融合更主要的目标是实现效率的提升,从而增强企业竞争力,摆脱一直位于产业链末端的局面。如前所述,宁波工业小企业目前面临着原材料成本和用工成本不断提高的压力,而许多工业小企业由于没有自主品牌,产品售价不高,利润非常微薄。宁波工业小企业可以充分利用互联网的独特优势提升企业的制造效率。具体途径可包括:首先,要充分利用互联网提升企业的管理水平,建立现代管理体系。通过学习或派员工参加培训,建立高效的办公管理和生产管理体系;密切了解行业技术发展,关注市场需求的变化并及时改进产品,抓住市场机会;在自主品牌建设和管理、库存管理、物流管理等方面也可以充分运用互联网。其次,宁波工业小企业还可以通过互联网了解行业的最新技术设备,结合企业自身情况和行业技术情况,将工业互联网与智能技术结合,用网络技术实现对制造过程的智能化控制,努力向智能制造转变,从而提高产品品质,降低产品制造成本和企业运营成本,实现企业的转型升级。

事实上,工业小企业与互联网的融合特别适合当今时代的消费主流。与传统规模化生产不同,如今的市场消费趋于个性化、多样化,由此所需的企业生产也更趋于小型化、智能化和专业化。因此,小企业若能专注于将小而专的生产模式与互联网融合,进行适合自身的智能化改造,将十分有利于小企业在瞬息万变的市场环境中找到适合自己的细分市场并及时掌握客户对产品改进的需求,从而全面提升企业的生产管理水平。

(二)工业小企业抱团进行技术创新、商业模式等方面创新

从价值链的低附加值区域向高附加值区域延伸是企业转型升级的最终目的,所以在地区政府物质和精神双方面扶持和鼓励下,外向型中小企业应增强企业自主研发创新意识和知识的获取、内化与创新能力。

如前所述,宁波工业小企业进行独立的技术研发和创新能力较弱,研发资金也不足,但在如今的经济环境中,企业不进行创新,必然无法生存。而完全封闭的独立创新已无法适应信息经济时代的智能制造模式和技术更新速度。随着信息技术的不断发展,宁波工业小企业利用网络或其他方式抱团进行技术创新以及商业模式等方面的创新。同一产业集群或者上下游的企业组成创新联盟或借助有关平台进行协同创新应该是工业小企业目前阶段的最佳选择。

在技术创新方面,随着产业分工日益细化,产品复杂程度日益提升,技术集成的广度和深度大幅拓展,单个企业难以也无法覆盖全部创新活动,需要与大学、科研机构、行业协会及其他企业等不同创新主体组成新型的协同创新网络。有条件的小企业可专门设立研发部门,引进或培养本企业的技术高级人才,积极寻找机会参与适合本企业的技术创新联盟,通过整合或者借力优良的技术资源,将目前的劳动力成本劣势转化为技术支撑优势,将高成本、资源投入多、低产值的简单加工转移出宁波,开发技术含量高的同类产品或者转而承接高端加工产业和环节,并拟定企业自主品牌的建设战略。从而逐步在协同创新体系和产业链中占据更为有利的位置,实现收益最大化。

在信息经济时代,技术创新的模仿变得更加容易,技术的溢出效应不断增强,因此工业小企业除了要进行技术创新,也要关注市场导向和用户体验的商业模式创新,从而使企业的技术创新成果更快地转化为实际的商业价值。如前所述,慈溪小家电抱团打造慈溪家电馆进驻国内外各大电商平台,以区域产业集群的方式在网络上建立品牌和口碑,为加盟慈溪家电馆的企业丰富了产品销售渠道,拓展了销售市场并降低了营销成本,不少企业从中受益。此外,他们也在探索根据用户的需求设计制造小家电产品,并在网络上进行推广,以及在国外建立海外仓,使慈溪的家电产品以较低的物流成本到达用户手中。这些商业模式的创新都值得其他宁波工业小企业借鉴和学习。

（三）政府的适当引导以及其他社会力量的共同帮助

宁波工业小企业要进行转型升级,除了顺应市场需求进行创新外,也需要政府的引导和其他社会力量的帮助,以落实政府的优惠政策。

首先,从政策层面看,国家已经将做好中小企业工作提升到一项战略任务的高度。从《中小企业促进法》的颁布,到近两年制定的各类财税优惠政策,都是政府简政放权、激活中小企业活力的措施体现。宁波市政府也做了大量的工作,如宁波市经信委制定了《2015年宁波市扶助小微企业专项行动实施方案》,着力解决小微企业发展的突出困难和问题,实施扶助小微企业专项行动。此外,宁波市也实施了多项优惠政策,如表 5-8 所示,优惠政策包括税费减免、财政扶持、市场拓展及融资等四个方面。这些政策应该有助于减轻宁波工业小企业的负担,帮助小企业开拓市场。但是,宁波市 8718 中小企业公共服务平台对优惠政策实施情况的调查却发现:许多小企业并不完全了解这些优惠政策,出现了信息不对称的情况。例如,对中小微企业进行失业保险补贴这项政策,只有 8% 的企业表示享受到了,其余 92% 的企业中有的没有资格申请,更多企业则表示不清楚,还有的表示没有申请。其他一些政策也存在类似情况。因此,除了继续实施更多合理的减轻小企业负担的政策,更重要的是必须通过各种渠道使小企业真正享受到政府的优惠政策。

表 5-8 宁波市对中小微企业实施的优惠政策

优惠政策种类	具体内容
税费减免	土、房税一次性缓交 3 个月税款
	水利基金减半征收
	社保费减征 1 个月
	研发费按 150% 在所得税前扣除
	高新技术企业所得税减按 15% 征收
	行政事业性收费、社会团体会费减按 60% 收取
	审批性服务收费按最低限或减半收取
财政扶持	新上规奖励:宁波市奖励 2 万元/家;县(市)区奖励 2 万～5 万元/家(其中海曙、江东、江北、高新、慈溪除外)
	增值税、所得税等实缴税金,地方财政新增部分给予补助或奖励
	失业保险按 50% 补贴
市场拓展	参加中博会或 APEC 展会,补助 50% 展位费
	参与政府采购扣除不超过 10% 的价格。组成联合体参与政府(国投项目)招投标,扣除 2%～3% 的价格
融资	严格执行存贷挂钩、以贷转存等"七不准"规定
	政府、银行、担保机构风险共担,帮助获得低成本、快速审批的担保贷款(政银担)
	渣打银行:利率 8.8 折
	浦发银行:抵押或担保公贷款,利率上浮 10%;信用贷款,利率上浮 30%

资料来源:宁波市 8718 中小企业服务平台。

其次，还需要动用社会各方面力量共同对宁波工业小企业进行帮助，如继续鼓励商业银行加大对宁波工业小企业的金融服务力度，创新产品和服务；建设完善宁波工业小企业创业基地，各市区政府大力推动宁波小微企业产业集聚区的建设和投入使用，使其真正发挥作用，帮助企业实施转型升级；引导各类创业投资基金投资小企业；鼓励大学、科研院所、工程中心等对小企业开放共享各种实（试）验设施等。

再次，继续加强宁波工业小企业综合服务体系建设，完善企业公共服务平台网络，建立信息互联互通机制，为宁波工业小企业提供创业、创新、融资、咨询、培训、人才等专业化服务。

最后，政府还有责任营造良好的市场竞争氛围，引导小企业适应信息经济的市场环境，小企业要直面国内的经济新常态，在获得各方力量帮助的同时，更要通过自身的挖潜和努力，成为信息经济时代重要的创新力量。

第六章　宁波生产性服务小企业现状调研

生产性服务是一种市场化的非最终消费服务,是作为其他产品和服务生产的中间投入的服务,是面向生产的服务,具有较高的专业化性与知识密集性。生产性服务小企业是生产性服务企业中最具活力、数量最大、服务范围最广的组成部分,它们是宁波经济发展的"新引擎",是自主创新的"助推器"、节能减排的"生力军",是城市功能的"原动力",是满足就业的"新源泉"。

第一节　宁波生产性服务业发展概况

生产性服务业包括交通运输、仓储和邮政业;信息传输、计算机服务和软件业;金融业;租赁和商务服务业;科学研究、技术服务和地质勘查业。宁波生产性服务业潜在需求较大,发展速度快,但面临发展规模不够大、结构不够合理、政策不够优化的情况。

一、生产性服务业内涵与特征

1966 年美国经济学家 H. Greenfield 在研究服务业及其分类时,最早提出了生产性服务业(Producer Services)的概念。生产性服务业又称生产者服务业,在理论内涵上是指市场化的中间投入服务,即可用于商品和服务的进一步生产的非最终消费服务。生产性服务业是生产者在生产者服务业市场上购买的服务,是为生产、商务活动而非直接向个体消费者提供的服务。生产性服务也可理解为服务生产的外部化或者市场化,即企业内部的生产服务部门从企业分离和独立出去的发展趋势,分离和独立的目的是降低生产费用,提高生产效率,提高企业经营的专业化程度。它是伴随着工业技术进步和分工细化,从制造业内部生产服务部门独立发展起来的直接或间接为生产过程提供中间服务的服务性产业,本身并不向消费者提供直接的、独立的服务,而是与制造业直接相关的配套服务业。它依附于制造业企业而存在,以人力资本和知识资本作为主要投入品,把日益专业化的人力资本和知识资本引进制造业,是二、三产业融合发展的关键环节。

　　生产性服务业变得日益重要,其功能从最初辅助企业管理发展到促进区域经济发展,到现在一跃成为国家和地区经济的战略支撑(见表6-1)。各个国家和地区对生产性服务业越来越重视,通过各种机制和方法促进生产性服务业的快速发展。

表 6-1　生产性服务业功能的变化

第一阶段(1950—1980 年) 辅助管理功能("润滑剂"作用)	第二阶段(1980—2000 年) 经济促进功能("助推器"作用)	第三阶段(2000 年至今) 战略支撑功能("原动力"作用)
财务管理 库存管理 证券交易	金融服务 物流服务 管理咨询 市场与品牌管理	创新与设计 信息技术与电子商务 供应链管理 科技研发 全球化资源整合

　　同消费者服务业相比,生产性服务业是一种高智力、高集聚、高成长、高辐射、高就业的现代服务产业。它具有五个方面的特征。

　　一是知识性。生产性服务业是人力资本和知识资本进入生产过程的渠道,通过这一渠道,知识的积累和技术的进步产生了更高的生产率并改进了商品和其他服务的质量。高素质人才的集聚进入制造业和生产领域,能够提供高智力、高效率的知识技术服务。基于这个道理,格鲁伯和沃克将生产性服务业形象地比喻为"将日益专业化的人力资本和知识资本引进商品生产的飞轮"。

　　二是创新性。生产性服务业是高新技术和新产品研发的重要推动者,并能引导制造业部门的技术变革和产品创新;生产性服务业是整个经济中最为活跃、创新能量最为强劲的一个部分。创新才能生存,激烈的市场竞争推动了制造型企业向服务型企业的转型。

　　三是增值性。企业根据自己的核心业务决定自身的边界和规模,而将自身不擅长或者盈利性较弱的业务外包(BPO)出去,提高其他产业的产品价值或运行效率,因而生产性服务业依赖于专门知识和专业技术。

四是国际性。跨国跨界生产网络和营销网络将制造业和配套服务业联结起来,使得"全球生产"的同时,出现"全球服务",特别是技术贸易和服务贸易在国际贸易中占有越来越大的市场份额,技术人才也能够在全球流动。

五是协同性。在整个产业链中,上下游各种服务相互关联、相互依存,服务提供与客户消费密不可分,生产性服务业的发展既降低了企业的生产经营成本,又使得敏捷制造、零库存、虚拟企业成为可能。它与制造业和农业关系密切,是产业分工深化的结果。加快发展生产性服务业,有利于促进中小企业加快转型升级、推进经济结构调整和经济发展方式转变,有助于社会劳动力充分就业、调整社会收入分配结构、改善民生。

二、生产性服务业分类

生产性服务业是服务业社会化分工的结果,通常服务业有两种大的分类方法。第一种是按照服务对象划分,美国经济学家格鲁伯和沃克在其著作《服务业的增长:原因与影响》(1993)中将服务业分为三部分:为个人服务的消费者服务业、为企业服务的生产者服务业和为社会服务的政府(社会)服务业。第二种是按照标准产业分类划分,美国经济学家布朗宁和辛格曼1975年在《服务社会的兴起:美国劳动力的部门转换的人口与社会特征》中,根据联合国标准产业分类(SIC)把服务业分为四类:生产者服务业(商务和专业服务业,金融服务业,保险业,房地产业等)、流通型服务业(又叫分销或分配服务,包括零售业、批发、交通运输业、通信业等)、消费者服务(又叫个人服务,包括旅馆、餐饮业、旅游业、文化娱乐业等)和社会服务业(政府部门,医疗、健康、教育、国防)。

迄今为止,虽然世界各国对生产性服务业的分类标准还不统一,但普遍认为交通运输、现代物流、金融服务、技术研究与开发、信息服务和商务服务等行业构成生产性服务业的主体。我国《国民经济和社会发展第十一个五年规划纲要》中将生产性服务业分为交通运输、现代物流、金融服务、信息服务和商务服务等。按照2007年国务院颁布的《关于加快发展服务业的若干意见》,生产性服务业包括金融服务业、信息服务业、运输业、科技服务业、商务服务(其中包括信用评估、会计审计、认证认可、法律咨询、工程咨询、广告会展等)业和商贸流通业等六大类。结合宁波市统计年鉴口径,生产性服务业包括交通运输、仓储和邮政业;信息传输、计算机服务和软件业;金融业;租赁和商务服务业;科学研究、技术服务和地质勘查业五大类。

三、宁波生产性服务业的总体情况

（一）产业需求分析

第二产业是生产性服务业赖以生存和发展的基础。宁波市第二产业发展迅猛，其产值从 2004 年的 1167.44 亿元增长到 2013 年的 3741.71 亿元，2004 年到 2013 年 10 年间，平均年增长 11％。第二产业的规模和增速都足以支撑生产性服务业的发展，见图 6-1。

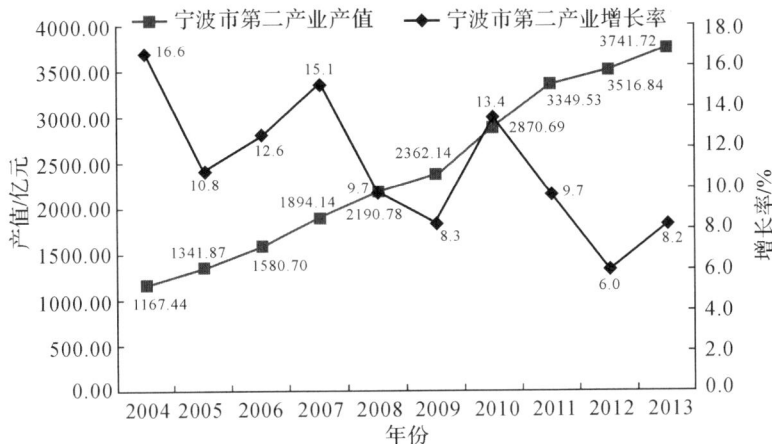

图 6-1　宁波市第二产业发展与增长情况

数据来源：宁波市统计年鉴 2014。

宁波市的经济结构主要以第二产业为主，其一直占据经济总量的 50％以上，是宁波市的支柱产业，对生产性服务业产生了巨大的需求，生产性服务业的重要性也不言而喻。三产的比重由 2004 年 5.71∶55.34∶38.95 发展为 2013 年的 3.88∶52.49∶43.63，说明宁波市的经济结构在持续优化，服务业比重稳步增加，见图 6-2。

（二）产业规模分析

从规模上来看，生产性服务业产值呈现持续增长态势，从 2004 年的 2899762 万元增加到 2012 年的 10534767 万元，平均每年以 17％的速度增长。其中，交通运输、仓储和邮政业从 2004 年的 905700 万元增加到 2013 年的 3090878 万元，年均增长 14.99％；信息传输、计算机服务和软件业从 2004 年的 415109 万元增加到 2013 年的 941552 万元，年均增长 9.84％；金融业从 2004 年的 1003100 万元增加到 2013 年的 4964365 万元，年均增长 19.96％；租赁和商务服务业从 2004 年的 429600 万元增加到 2012 年的 1480442 万元，

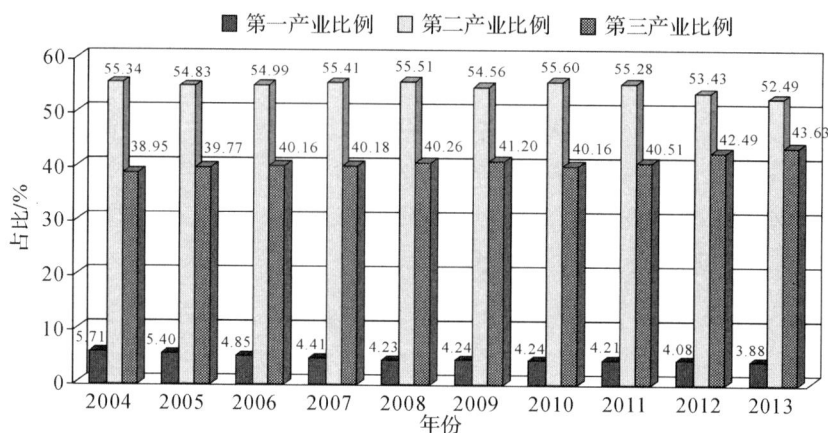

图 6-2 宁波市产业结构

数据来源:宁波市统计年鉴 2014。

年均增长 17.42%;科学研究、技术服务和地质勘查业从 2004 年的 146253 万元增加到 2012 年的 661922 万元,年均增长 21.04%,见图 6-3。

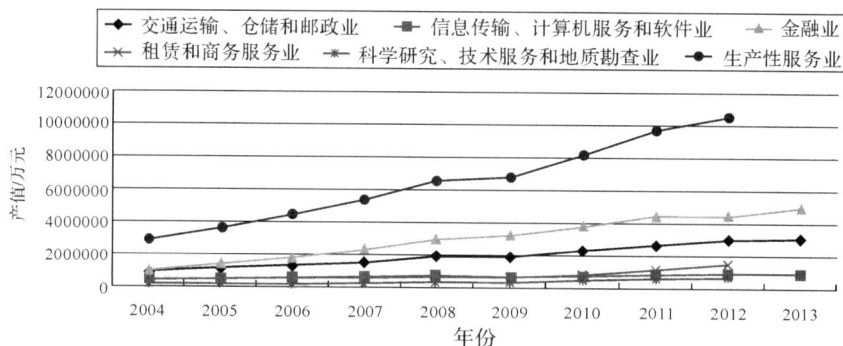

图 6-3 宁波市生产性服务业规模与发展情况

数据来源:宁波市历年统计年鉴。

从 2012 年宁波生产性服务业比重上来看,金融业占生产性服务业总产值的 43%,排在第一位;交通运输、仓储和邮政业占生产性服务业总产值的 28%,排在第二位;租赁和商务服务业占生产性服务业总产值的 14%,排在第三位;信息传输、计算机服务和软件业占生产性服务业总产值的 9%,排在第四位;科学研究、技术服务和地质勘查业占生产性服务业总产值的 6%,排在最后一位。从增长速度来看,排在第一位的是科学研究、技术服务和地质勘查业;第二位是金融业;第三位是租赁和商务服务业;第四位是交通运输、仓储和邮政业;第五位是信息传输、计算机服务和软件业,见图 6-4。

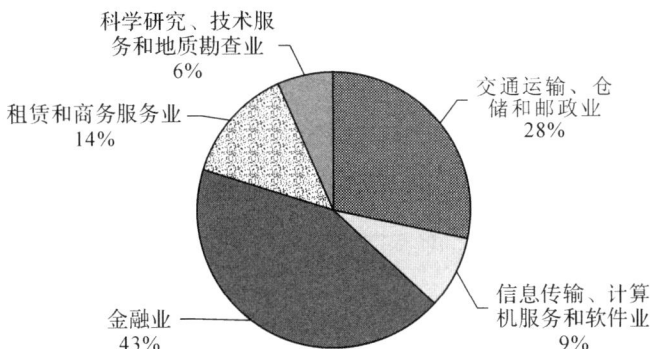

图 6-4　2014 年宁波生产性服务业比重
数据来源:宁波市统计年鉴 2014。

　　2004 年宁波市生产性服务业占第三产业的比重为 35.30%,2008 年达到 41.16%,2012 年为 37.67%。总体上,宁波市生产性服务业占服务业的比重基本稳定在 38% 左右,见图 6-5。

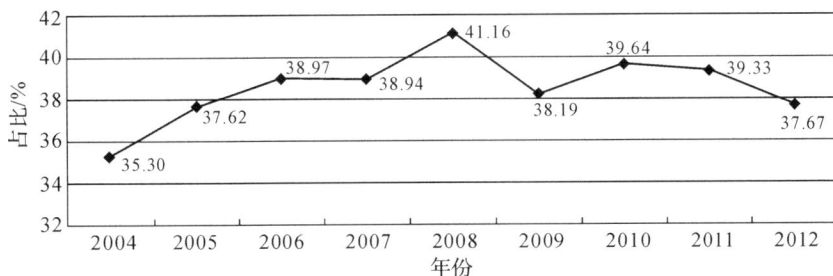

图 6-5　宁波市生产性服务业占服务业的比重
数据来源:历年宁波市统计年鉴。

　　从 2013 年的企业数量来看,私营企业中,租赁和商务服务业最多,达到 13623 家;交通运输、仓储和邮政业企业数量排在第二位,达 4393 家;信息传输、计算机服务和软件业企业数量排在第三,为 3321 家。在个体工商户中,交通运输、仓储和邮政业企业数量最多,达到 27968 家;排在第二的是租赁和商务服务业,企业数量是 4215 家;排在第三的是信息传输、计算机服务和软件业,企业数量为 334 家,见图 6-6。

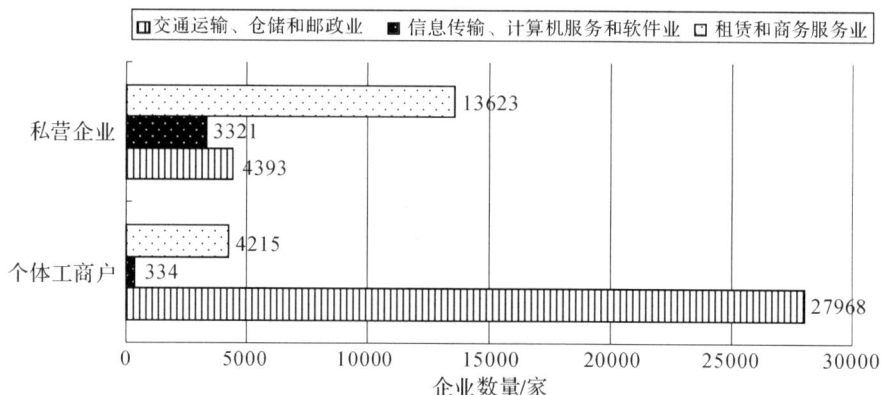

图 6-6　宁波市生产性服务业企业数量

数据来源:宁波市统计年鉴 2014。

（三）产业结构分析

宁波生产性服务业从业人数从 2011 年的 48.45 万人增加到 2013 年的 55.47 万人。从业人数中,租赁和商务服务业排在第一,2013 年达 17.80 万人;交通运输、仓储和邮政业排在第二,2013 年达 15.58 万人;科学研究、技术服务和地质勘查业排在第三,2013 年达 9.86 万人;金融业排在第四,2013 年达 7.64 万人;信息传输、计算机服务和软件业从业人数最少,2013 年为 4.59 万人,见图 6-7。

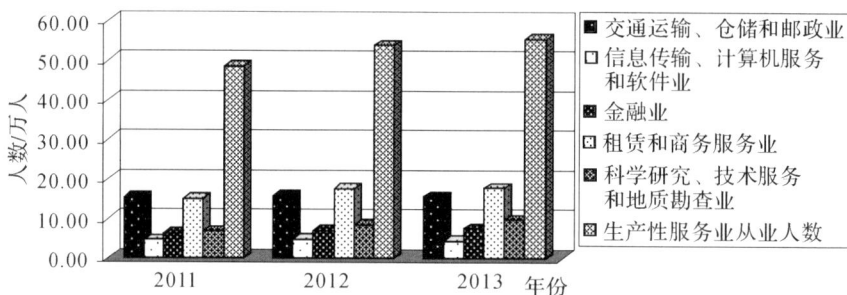

图 6-7　宁波生产性服务业从业人数

数据来源:宁波市统计年鉴 2014。

从宁波生产性服务业从业人员文化程度来看,科学研究、技术服务和地质勘查业排在第一,大学本科及以上学历占到 53.34%;其次是金融业,从业人员中大学本科及以上学历占到 52.03%;排在第三的是信息传输、计算机服务和软件业,从业人员中大学本科及以上学历占到 41.32%。交通运输、仓储和邮政业,租赁和商务服务业的从业人员文化程度较低,大学本科及以上学历分别占到 14.61％和 12.10％，见图 6-8。

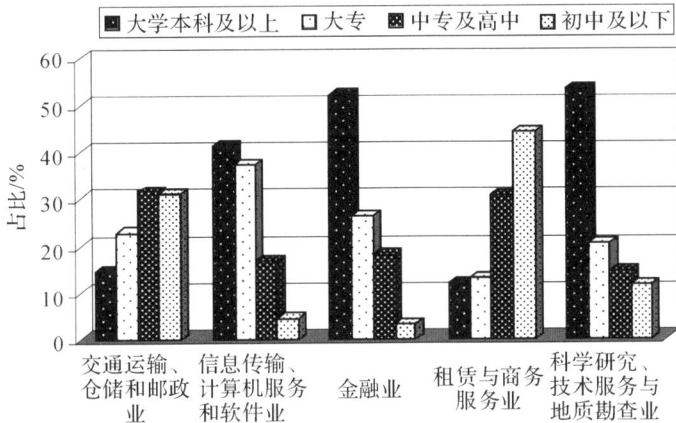

图 6-8　宁波生产性服务业从业人员文化程度

数据来源：宁波市统计年鉴 2014。

　　从宁波生产性服务业从业人员薪酬来看，金融业排在第一，从业人员 2013 年平均薪酬为 160763 元；信息传输、计算机服务和软件业排在第二，从业人员 2013 年平均薪酬为 102259 元；科学研究、技术服务与地质勘查业排在第三，从业人员 2013 年平均薪酬为 97540 元；交通运输、仓储和邮政业排在第四，从业人员 2013 年平均薪酬为 75085 元；租赁与商务服务业排在最后，从业人员 2013 年平均薪酬为 60618 元，见图 6-9。

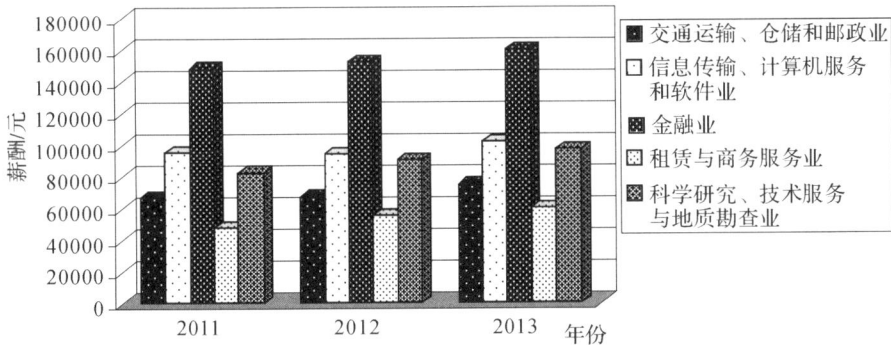

图 6-9　宁波生产性服务业从业人员薪酬情况

数据来源：宁波市统计年鉴 2014。

(四)服务外包情况

宁波不断推动企业的业务外包,将原本由企业内部完成的非核心业务剥离出来外包给外部专业服务提供商,有助于降低企业成本,优化资源配置,突破地域限制,加快业务全球化进程,促进经济转型升级。而从 2008 年至 2013 年,按商务部统计口径,全市服务外包离岸合同额和离岸执行额年均增幅分别达到 69.3% 和 102.8%,远高于同期外贸出口增幅。2014 年 1—8 月,宁波市承接服务外包合同金额 98.18 亿元,同比增长 7.0%,承接服务外包执行金额 92.86 亿元,同比增长 30.3%;其中承接离岸服务外包合同金额 6 亿美元,同比增长 28.9%,承接离岸服务外包执行金额 5.6 亿美元,同比增长 45.1%;全市新增服务外包从业企业 70 家,新增从业人员 2306 人。目前,宁波市服务外包企业已突破千家,达到 1002 家,从业人员 3.9 万人。

宁波市服务外包产业起步相对较晚但发展迅猛。宁波编制了全国第一份城市服务外包产业研究发展规划,在全国率先出台了《政府服务外包暂行办法》,培育了北仑、鄞州、高新区、江东 4 个省市级服务外包示范园区及宁波服务外包学院、浙大软件学院等 12 个服务外包人才培训基地。全球服务外包巨头日本乐科科株式会社,联合全球 IT 服务外包百强企业巴西 CI&T 公司,在宁波设立了中国第一个开发中心。一大批服务巨头如微软、迪士尼动漫、塔塔、华为、中软国际、浙大网新、神州数码等外包商落户宁波。

宁波服务外包产业整体发展水平已跻身全国前 20 强,宁波被评为 2013 年度全国服务外包最具发展潜力城市。同时,宁波服务外包产业呈现高端化发展的趋势,2013 年全市 ITO(信息技术外包)、BPO(业务流程外包)和 KPO(知识流程外包)三块业务的比例划分大致为 5∶3∶2。在境外业务承接方面,离岸服务外包合同额约占全市外包合同总额的 1/3,其中 KPO 高端业务份额逐年攀升。宁波承接境外服务外包发包来源已突破 100 个国家和地区,有来自 13 个国家和地区的外包执行额超过千万美元,特别是我国香港地区和美国的外包执行额突破 5000 万美元。

(五)产业政策分析

2014 年 5 月,李克强总理在国务院常务会议上部署加快生产性服务业重点和薄弱环节发展,通过生产性服务业推动经济结构调整、促进经济稳定增长,有效激发内需潜力、带动扩大社会就业、持续改善人民生活,引领产业向价值链高端提升,实现服务业与农业、工业等在更高水平上有机融合,推动经济提质增效升级。2014 年 8 月,国务院发布了《关于加快发展生产性服务业,促进产业结构调整升级的指导意见》,提出以产业转型升级需求为导向,进一步加快生产性服务业发展,引导企业进一步打破"大而全""小而全"的格局,分离和外包非核心业务,向价值链高端延伸,促进我国产业逐步由生产制造型向生产服务型转变。明确指出,我国现阶段生产性服务业重点发展研发设计、第三方物流、融资租赁、信息技术服务、节能环保服务、检验检测认证、电子商务、商务咨询、服务外包、售后服务、人力资源服务和品牌建设。

2015 年,浙江省政府出台的《关于加快发展生产性服务业促进产业结构调整升级的实施意见》,提出要加快生产性服务业发展,引导企业向价值链高端发展,促进农业生产和工业制造现代化,加快生产制造与信息技术服务融合,实现 3 次产业在更高水平上有机融合。

早在 2009 年宁波市就在全国率先出台了《政府服务外包暂行办法》,行政机关将社会管理、公共服务、后勤服务等方面的技术性劳务类事务,委托给具备条件的企业、科研机构、高等院校或其他组织(统称承包商)履行,并支付相应报酬。这一办法解决了过去政府部门或其下属事业单位因承担相关服务而缺乏竞争,进而出现服务质量与效率不高的问题,进一步促进了生产性服务业的繁荣与发展。服务外包事项包括:电子设备、网络、软件开发和维护管理,培训教育,专业技术鉴定、检验、检测,统计、论证、咨询、课题调查研究,规划编制、法规规章和文件起草,代履行等行政执行的辅助性工作,政府法律顾问事务,居家养老等社会公共服务,公务活动的组织、服务,后勤服务以及其他依法可以外包的事项。

2010 年,宁波获批成为全国首批 37 个服务业综合改革试点城市之一,力争通过 5 年努力,建成服务长三角、联合中西部、对接海内外的生产性服务业中心城市。为此,市政府下发了《关于印发宁波市开展国家服务业综合改革试点实施方案的通知》,明确在为期 5 年的试点期间,全市服务业在企业融资、项目建设、资金补助、价格改革、政策先行先试等方面的试点内容。在《宁波市"十二五"服务业发展规划》中,提出要优化发展生产性服务业,积极参与上海国际航运中心和国际金融中心建设,适应产业、港口和城市转型发展的需要,大力发展优势生产性服务业,培育壮大新兴服务业产业规模,加快提升生产性服务业能级,努力将宁波打造成为服务长三角、联合中西部、对接海内外的生产性服务业中心城市。宁波生产性服务业发展将瞄准重点领域改革,做大规模、做优结构、做足特色、做强实力、做新业态,为全市产业、港口和城市转型发展提供重要支撑。

第二节　宁波生产性服务小企业发展现状

课题组于 2014 年 6 月至 2014 年 12 月期间,发放问卷 350 份,回收有效问卷 292 份。问卷调研包括产业规模、成长阶段、空间分布、资源要素、技术创新、管理水平六个方面。调研对象的类别、营业收入、从业人员及成立时间见表 6-2。

表 6-2　调查对象总体情况　　　　　　　　（单位:家）

类别	交通运输、仓储和邮政业	63	从业人员	20 人及以下	53
	科学研究、技术服务与地质勘查业	64		21～50 人	108
	金融业	29		51～100 人	67
	信息传输、计算机服务和软件业	69		101～300 人	42
	租赁与商务服务业	67		301～500 人	22
营业收入	50 万元以下	30	成立时间	1～2 年	33
	50 万～100 万元	51		3～5 年	108
	100 万～300 万元	83		6～9 年	91
	300 万～500 万元	44		10～15 年	37
	500 万～1000 万元	35		15～20 年	17
	1000 万～2000 万元	49		20 年以上	6

一、宁波生产性服务小企业产业规模

2013 年年末,宁波市生产性服务小企业的数目、从业人员及营业收入总量及占该行业比重见表 6-3。可以看出,总体上生产性服务小企业在生产性服务业中占有较为重要的地位,特别是在从业人员和营业收入方面表现突出,如交通运输、仓储和邮政业,租赁和商务服务业小企业从业人员占到总行业的 50% 以上,营业收入占到总行业的 60% 以上。

表 6-3　宁波生产性服务小企业规模情况

小型服务业	小企业数		小企业从业人员		小企业营业收入	
	总量（家）	占比（%）	总量（人）	占比（%）	总量（万元）	占比（%）
交通运输、仓储和邮政业	1024	26.6	62518	51.7	56374016	65.2
信息传输、软件和信息技术服务业	493	16.6	12859	34.7	3711021	16.3
租赁和商务服务业	1531	13.4	168963	73.1	31764862	67.0
科学研究和技术服务业	1055	26.6	25439	49.5	6575352	50.8

数据来源：宁波市第三次经济普查数据（金融业未按照大中小规模来统计）。

　　从调查样本利润占营业收入的情况来看，宁波生产性服务小企业利润尚可。其中，97 家利润占营业收入比重为 5%～10% 之间，占到样本总量的 34%；77 家利润占营业收入比重为 10%～20% 之间，占到样本总量的 26%；47 家利润占营业收入比重为 20%～30% 之间，占到样本总量的 16%；26 家利润占营业收入比重为 3%～5% 之间，占到样本总量的 9%；22 家利润占营业收入比重为 30%～50% 之间，占到样本总量的 8%；16 家利润占营业收入比重为 3% 以内，占到样本总量的 5%；7 家利润占营业收入比重为 50%～100% 之间，占到样本总量的 2%，见图 6-10。

二、宁波生产性服务小企业成长阶段

　　从调查样本来看，宁波生产性服务小企业处于发展和成熟阶段的较多。处在发展阶段的最多，达到 150 家，占调查样本总量的 51%；其次是处在稳定阶段的企业，数量为 90 家，占调查样本总量的 31%；再次是处于初创阶段的企业，数量为 40 家，占调查样本总量的 14%；处于衰退和转型阶段的企业比较少，数量为 12 家，只占到总量的 4%，见图 6-11。从调研数据来看，生产性服务业作为一种新兴产业，由于起步比较晚，大多处于初创和发展阶段，调查中认为企业本身正处于衰退或调整阶段的比例非常小，总体上宁波生产性服务小企业呈现蓬勃发展的态势。

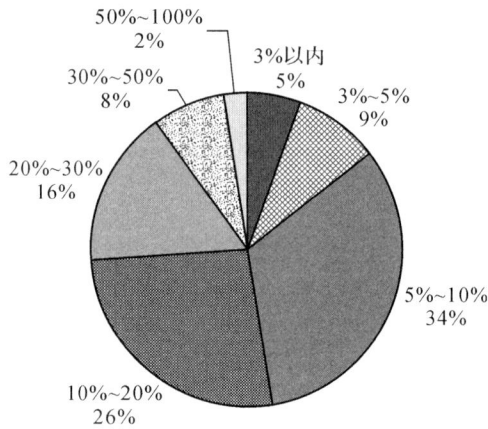

图 6-10　宁波生产性服务小企业利润额情况
数据来源:课题组调研所得。

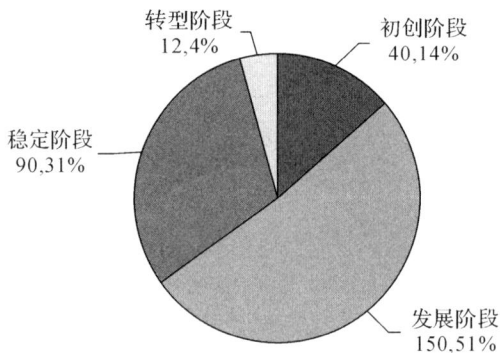

图 6-11　宁波生产性服务小企业所处的成长阶段
数据来源:课题组调研所得。

　　从行业细分来看,交通运输、仓储和邮政业主要处于发展与稳定阶段,分别占到 56% 和 30%,但也有 6% 处于转型阶段。物流行业作为宁波的支柱性产业具有强大的发展根基,同时也面临激烈的竞争,在外部环境和内部运作的压力下,一部分小型物流企业在积极转型,提升业务增值性,开拓新的市场。科学研究、技术服务与地质勘查业发展阶段和稳定阶段分别占到 51% 和 27%;近年来在市政府大力支持下,新创建的技术中介与服务公司增加,初创阶段的企业达 16%。金融业相对比较稳定,初创的企业较少,转型的企业在调查中没有出现,处于发展阶段和稳定阶段的比例较高,达到 59% 和 34%。信息传输、计算机服务和软件业小企业处于发展阶段与稳定阶段的比例分别是 49% 和 28%，初创企业和转型企业都比较多，说明行业竞争激烈，企业变化比较大。租赁与商务服务业也主要以发展阶段和稳定阶段的企业为主，分别占 47% 和 37%，相对来说该行业的进入壁垒是最低的，所以初创企业的比例较高，见表 6-4。

表 6-4　按行业分类的生产性服务小企业成长阶段

行业	初创阶段		发展阶段		稳定阶段		转型阶段	
	数量（家）	比例（%）	数量（家）	比例（%）	数量（家）	比例（%）	数量（家）	比例（%）
交通运输、仓储和邮政业	5	8	35	56	19	30	4	6
科学研究、技术服务与地质勘查业	10	16	33	51	17	27	4	6
金融业	2	7	17	59	10	34	0	0
信息传输、计算机服务和软件业	13	19	34	49	19	28	3	4
租赁与商务服务业	10	15	31	47	25	37	1	1

数据来源：课题组调研所得。

三、宁波生产性服务小企业空间分布

生产性服务业成为宁波服务业增长的重要动力，已形成以港口物流、现代营销贸易、现代金融和创意设计产业为支柱的生产性服务业体系。总体上来看，宁波生产性服务业主要围绕工业分布。从调研情况来看，呈现如下空间集聚特点。

宁波国际航运服务中心服务宁波航运市场，具有大通关、电子口岸和第四方物流体系，是提高通关效率、降低物流成本、方便和服务企业的重要平台。宁波国际航运服务中心进驻了宁波市政府口岸与打击走私办公室、宁波海关、宁波出入境检验检疫局、宁波海事局以及宁波港集团公司、宁波电子口岸公司、宁波航运交易所。集聚了一大批船舶代理、货物代理公司，报关、报检公司，法律咨询、金融服务等生产性服务小企业。

宁波国际贸易展览中心位于宁波东部新城中央商务区，是以国际贸易和会展为主题的城市综合体。国展中心主要由四大功能区组成，一是以各类展会活动为载体的会议展览功能区；二是以进口葡萄酒、进口商品、软装饰品等题材为主的常年展示交易区；三是以各式写字楼宇为载体的企业总部集聚区；四是即将投入使用的五星级酒店、酒店式公寓等综合配套服务

区。国展中心入驻了一大批进出口企业、股权投资公司、会展服务企业、营销策划企业、广告设计企业、大宗物资企业、金融企业、保险企业、会计及法律服务机构等生产性服务小企业。

宁波国际金融服务中心自 2011 年 6 月 18 日开园以来,已经吸引了国家开发银行宁波市分行、中国进出口银行宁波分行等 10 家银行机构入驻。进驻了一批信托、保险、融资租赁、私募股权投资、会计师事务所、律师事务所等金融服务小企业,初步形成了一个业态丰富、产业链完整的"金融城"。金融中心带动了整个区域作为金融高地的崛起。2013 年仅金融中心所在的江东区就实现金融业增加值 93.4 亿元,占全市金融业增加值近两成,占该区生产总值的 20%,辖区内银行法人机构和区域总部机构占全市的 67%。中国银行、建设银行、交通银行、宁波银行大厦陆续建成。到 2016 年年底,这里将吸引 50 余家金融和相关配套机构入驻,金融业集聚度居全省前列。

和丰创意广场主打设计创意产业,构建了以"设计研发""成果转化"为核心功能的特色运营体系,形成了设计交易平台、信息情报平台、技术服务平台、培训教育平台、国际交流平台、融资担保平台六大专业服务平台以及"甬港产业设计中心""和丰快速成型中心""知识产权服务中心"等总体产业服务格局,是长三角南翼乃至全国重要的名企、名师、名品集聚的工业设计与创意产业基地。这里集聚了大量工业设计企业,有力助推产业转型升级,促进宁波由"制造名城"向"设计名城"的转变。

宁波研发园区主要围绕宁波现有机电一体化的装备制造、电子电器、汽车零部件、石化、高档纺织服装五大优势产业和新材料、新能源、新光源、软件及服务外包、医疗及保健设备五大新兴产业,集聚以企业工程中心为主体的各类研发机构、创新服务平台和科技人才,营造资源共享、信息畅通、各类学科交叉融合的良好创新创业环境,降低企业研发创新成本,提升企业自主创新能力,发挥"研发、创新、集聚、转化、辐射、示范"六大功能。

以北仑保税物流中心、杭州湾新区(余慈地区)物流中心、梅山保税港区、宁波明州现代物流中心为节点,形成了物流小企业集聚的现代物流产业圈。

从调查样本的空间分布来看,宁波生产性服务小企业更多地集中在老三区和鄞州区。本次问卷调查企业的空间分布情况见表 6-5。

表 6-5　问卷调研企业的空间分布

县(市)区	老三区	鄞州	镇海	奉化	慈溪	北仑	余姚	宁海	象山
问卷回收数(份)	87	41	39	29	27	27	21	11	10
占比(%)	29.8	14.0	13.4	9.9	9.2	9.2	7.2	3.8	3.5

四、宁波生产性服务小企业资源要素

(一)资源需求

从调研情况来看,宁波生产性服务小企业对资源要素的需求排在第一位的是人力资源,需求企业数量为 133 家,占到企业总数的 45.5%;排在第二位的是资金资源,需求企业数量为 86 家,占到总量的 29.5%;排在第三位的是技术资源,需求企业数量为 76 家,占到总量的 26%;排在第四位的是政策支持,需求企业数量为 34 家,占到总量的 11.6%;排在后两位的分别是土地资源和其他,分别占到总量 3.8%和 3.4%,见图 6-12。

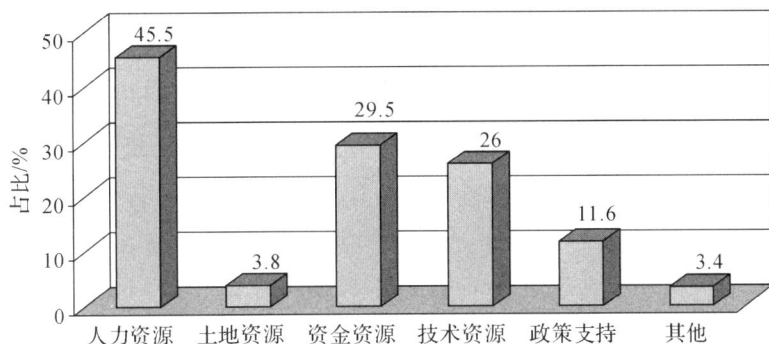

图 6-12　宁波生产性服务小企业资源需求情况

数据来源:课题组调研所得。

从行业结构来看,交通运输、仓储和邮政业最需要的资源要素是人力资源和资金资源,分别占 44%和 23%,中小企业的物流人才稀缺。科学研究、技术服务与地质勘查业最需要的资源要素是资金资源、人力资源和技术资源,分别占 30%、29%和 29%,该行业中小企业资金比较短缺。金融业最需要的资源要素是人力资源、资金资源和政策资源,分别占 36%、26%和 26%,金融行业小企业除人力资源和资金资源缺乏外,还需要政策支持,能与大中型企业站在同一起跑线竞争。信息传输、计算机服务和软件业最需要的资源要素是人力资源和资金资源,分别占 47%和 23%,该行业宁波小

企业人才缺乏。租赁与商务服务业最需要的资源要素是人力资源和技术资源，分别占 33% 和 26%，摆在首要位置的也是人力资源的短缺，急需引进和培育需求的人才，见表 6-6。

表 6-6 生产性服务小企业按行业分类资源需求情况

行业	人力资源		土地资源		资金资源		技术资源		政策资源		其他资源	
	数量（家）	比例（%）	数量（家）	比例（%）	数量（家）	比例（%）	数量（家）	比例（%）	数量（家）	比例（%）	数量（家）	比例（%）
交通运输、仓储和邮政业	31	46	2	3	16	23	14	20	5	7	1	1
科学研究、技术服务与地质勘查业	23	29	3	4	24	30	23	29	4	5	2	3
金融业	13	36	2	6	9	26	2	6	9	26	0	0
信息传输、计算机服务和软件业	40	47	1	1	20	23	14	16	9	10	3	3
租赁与商务服务业	28	33	3	4	18	22	21	26	7	9	5	6

数据来源：课题组调研所得。

（二）人才需求

调查发现，宁波生产性服务小企业资源要素需求中排在第一位的便是人才需求。宁波生产性服务小企业最需要的人才是市场和销售管理人才，需求企业占到总量的 34%；其次是研发、技术管理人才，需求企业占到总量的 23%；排在第三的是中层管理人才，需求企业占到总量的 13%，这三类人才占到需求量最大。排在第四、第五、第六、第七的分别是高层管理人才、财务管理人才、人事行政管理人才和生产管理人才，分别占 10%、7%、5% 和 5%。也有 1% 的企业表示不缺乏人才资源，见图 6-13。

从宁波生产性服务小企业的行业细分来看，交通运输、仓储和邮政业最需要的人才是市场管理人才、销售管理人才和中层管理人才，比重分别为 21.0%、17.1% 和 16.2%，物流业由于市场竞争激烈，对市场与销售管理人才需求迫切。科学研究、技术服务与地质勘查业最需要的是研发人才、销售管理人才和中层管理人才，比重分别为 37.8%、13.4% 和 12.6%，该行业小企业核心优势在于知识性与专业性，因此对研发及技术管理人才需求更为迫切。金融业最需要的是市场管理人才、高层管理人才和研发技术人才，比

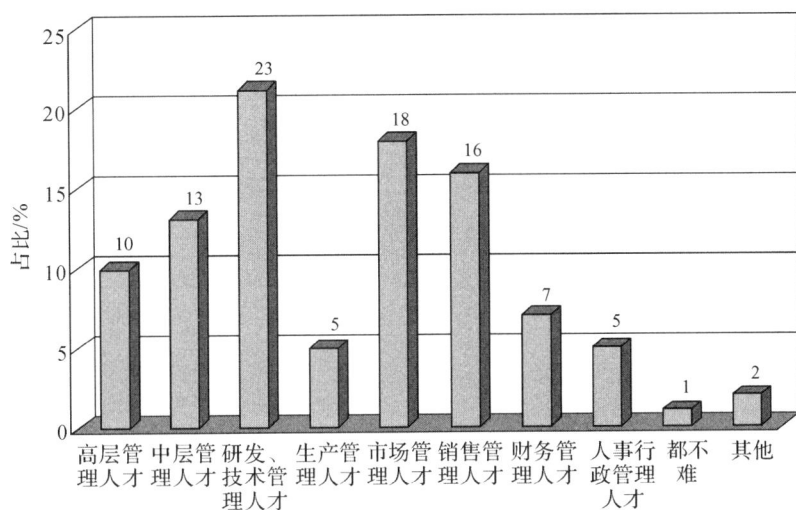

图 6-13　宁波生产性服务小企业人才需求情况

数据来源:课题组调研所得。

重分别为 20.0%、16.7% 和 15.0%。随着金融业的开放,业内小企业面临着巨大的经营压力,更需要高素质的高层管理人才与市场开拓人才。信息传输、计算机服务和软件业最需要的是研发技术人才、市场管理人才和中层管理人才,比重分别为 21.3%、20.5% 和 15.7%,基于信息技术的快速发展与市场应用的迅速拓展,该行业小企业的人才需求主要集中在技术人才与市场管理人才方面。租赁与商务服务业最需要的是市场管理人才、销售管理人才和研发技术人才,比重分别为 21.7%、19.2% 和 15.0%,见表 6-7。

表 6-7　宁波生产性服务小企业分行业人才需求情况

人才类别	交通运输、仓储和邮政业		科学研究、技术服务与地质勘查业		金融业		信息传输、计算机服务和软件业		租赁与商务服务业	
	数量(家)	占比(%)	数量(家)	占比(%)	数量(家)	占比(%)	数量(家)	占比(%)	数量(家)	占比(%)
高层管理人才	7	6.7	11	9.2	10	16.7	14	11.0	13	10.8
中层管理人才	17	16.2	15	12.6	8	13.3	20	15.7	11	9.2
研发、技术管理人才	16	15.2	45	37.8	9	15.0	27	21.3	18	15.0
生产管理人才	6	5.7	7	5.9	1	1.7	2	1.6	9	7.5
市场管理人才	22	21.0	11	9.2	12	20.0	26	20.5	26	21.7

续表

人才类别	交通运输、仓储和邮政业		科学研究、技术服务与地质勘查业		金融业		信息传输、计算机服务和软件业		租赁与商务服务业	
	数量（家）	占比（%）	数量（家）	占比（%）	数量（家）	占比（%）	数量（家）	占比（%）	数量（家）	占比（%）
销售管理人才	18	17.1	16	13.4	9	15.0	18	14.2	23	19.2
财务管理人才	6	5.7	8	6.7	7	11.7	9	7.1	6	5.0
人事行政管理人才	6	5.7	4	3.4	3	5.0	4	3.1	10	8.3
都不难	5	4.8	0	0.0	0	0.0	3	2.4	1	0.8
其他	2	1.9	2	1.7	1	1.7	4	3.1	3	2.5

数据来源：课题组调研所得。

（三）资金需求

关于宁波生产性服务小企业是否存在发展资金不足的调查中，82%的企业表示存在资金困难，其中61%的企业表示存在较大的资金困难，21%的企业表示偶尔存在资金困难。资金周转不困难的企业占到总数的18%，见图6-14。

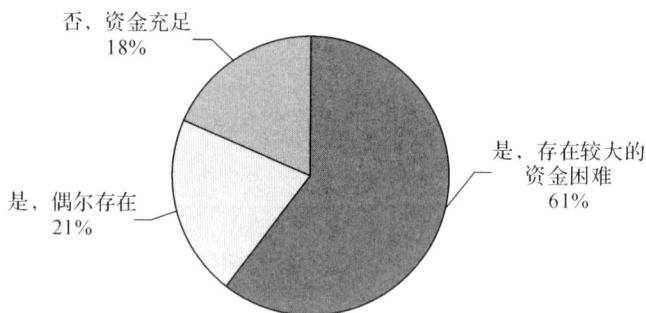

图 6-14　宁波生产性服务小企业资金需求情况
数据来源：课题组调研所得。

在宁波生产性服务小企业融资渠道方面，主要的措施仍然是银行贷款，占到总样本数的71.2%；第二位是小额贷款公司贷款，占到总样本数的30.5%；第三位是供应商临时赊账，占到总样本数的25.0%；第四位是民间借贷，占到总样本数的18.2%；第五是向亲戚朋友借款，占到7.2%，见图6-15。

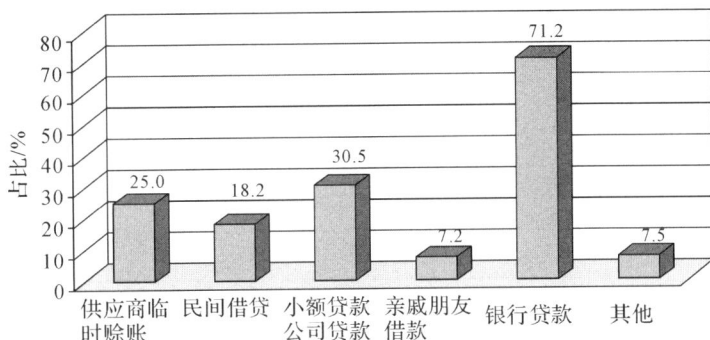

图 6-15　宁波生产性服务小企业资金来源情况
数据来源:课题组调研所得。

（四）政策效果

关于宁波生产性服务小企业对政策效果的评价,82%的企业认为政府出台的减轻小微企业税费负担的政策对企业有帮助,其中6%的企业认为对企业的帮助很大,37%的企业认为对企业的帮助较大,39%的企业认为对企业的帮助很小;不好说的企业14%,感觉没什么帮助的企业4%,见图6-16。虽然认为有帮助的企业达到82%,但57%的受访企业认为现有政策对企业帮助不大或者根本没有帮助,说明政策效果还不显著,需要在生产性服务小企业发展急需的要素与条件方面给予更大的支持。

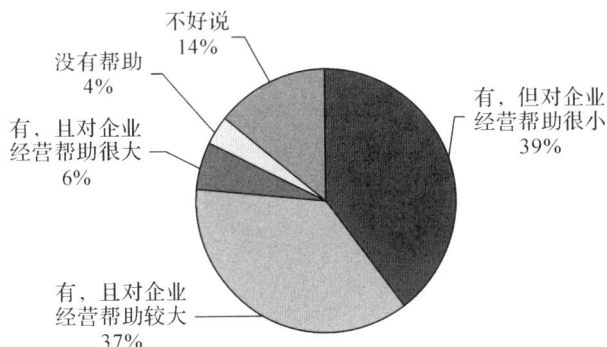

图 6-16　宁波生产性服务小企业政策效果分析
数据来源:课题组调研所得。

五、宁波生产性服务小企业技术创新

在企业创新方面,宁波生产性服务小企业的主要创新是产品创新(包括在现有产品线上开发新产品和开发新的产品线），占到总量 48.3%；第二是服务改进，占到总量的 44.2%；第三是管理方法改进，占到总量的 31.8%；第四是流程改进，占到总量的 26%；第五是质量控制改进，占到总量的 12.7%；近一年没有任何创新的占 7.9%，见图 6-17。说明生产性服务小企业的创新方式主要是产品创新与服务改进。

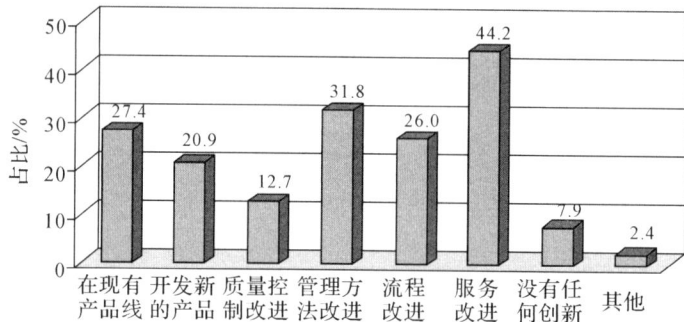

图 6-17   宁波生产性服务小企业创新情况
数据来源：课题组调研所得。

关于创新数量的调查中，最近一年创新数量为 1～5 个的企业占总样本的 56%，6～10 个的企业占总样本的 23%，11～20 个的企业占总样本的 11%，大于 20 个的企业占总样本的 2%，最近一年没有创新的占到 8%，见图 6-18。

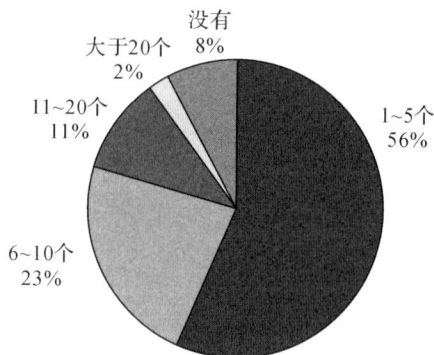

图 6-18   宁波生产性服务小企业创新数量
数据来源：课题组调研所得。

宁波生产性服务小企业创新贡献率的调查显示，新产品带来的收入占总体收入比重为 6%～20% 的企业数量排在第一，占到总量的 47%；新产品带来的收入占总体收入比重为 5% 及以下的企业数量排在第二，占到总量的

30%;新产品带来的收入占总体收入比重为 20%～40% 的企业数量排在第三,占到总量的 18%;新产品带来的收入占总体收入比重为 40% 以上的企业数量排在第四,占到总量的 5%,见图 6-19。

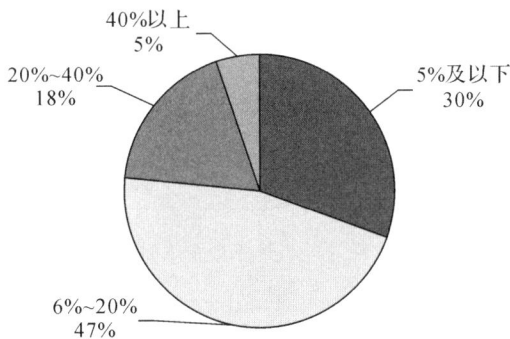

图 6-19　宁波生产性服务小企业创新贡献率
数据来源:课题组调研所得。

在创新投入方面,研发支出约占销售收入 5% 及以下的企业占总样本的 69%,研发支出约占销售收入 6%～10% 的企业占总样本的 23%,研发支出约占销售收入 10% 以上的企业占总样本的 8%,见图 6-20。

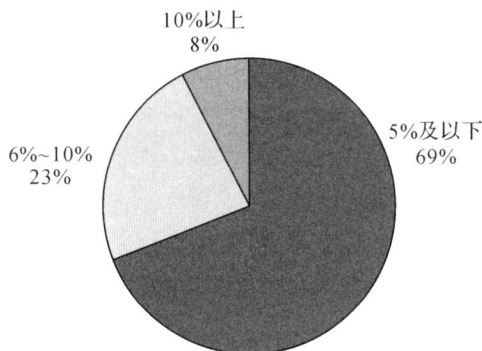

图 6-20　宁波生产性服务小企业创新投入情况
数据来源:课题组调研所得。

六、宁波生产性服务小企业管理水平

被调查企业对其总体经营状况进行自评(被调查企业自己评价)的数据显示,认为经营状况比较好的 161 家,占总样本的 55%;认为经营状况一般的 99 家,占总样本的 34%;认为经营状况非常好的 19 家,占总样本的 7%;认为经营状况不太好的 13 家,占总样本的 4%,见图 6-21。

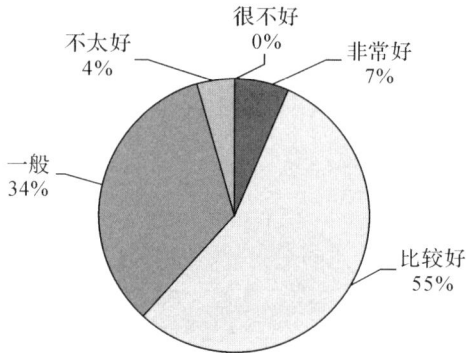

图 6-21　宁波生产性服务小企业总体经营状况
数据来源：课题组调研所得。

　　宁波生产性服务小企业管理不完善主要体现为市场开拓薄弱，占46.9％；第二是员工激励管理不佳，占 32.5％；第三是运作流程效率不高，占25.7％；第四是信息化程度不高，占 25.3％；第五是缺乏明确战略，占22.9％；第六是财务与成本管理不够完善，占 20.9％；第七是老客户维护不力，占 12.3％；最后是技术研发落后，占 17.5％，见图 6-22。

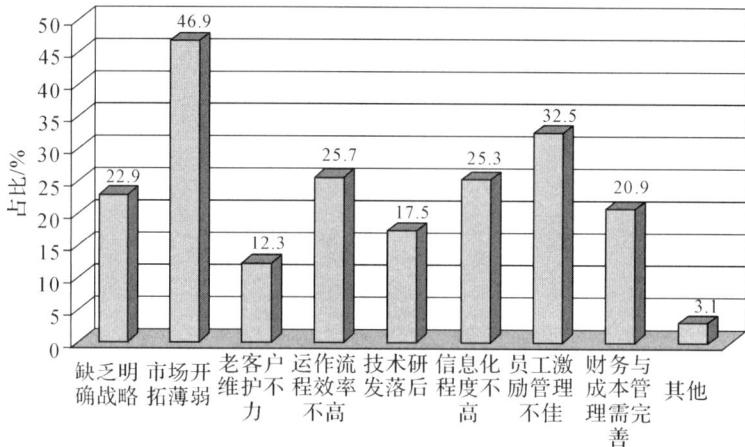

图 6-22　宁波生产性服务小企业管理薄弱环节
数据来源：课题组调研所得。

　　调查数据显示，只有 10.3％的企业表示近一年来的盈利能力没有下降。在影响宁波生产性服务小企业盈利能力方面，首要因素是缺乏合适的人才，占 37.3％；第二是市场需求不足，占 29.5％；第三是原材料价格上涨，占24.7％；第四是内部管理不善，占 22.3％；第五是无品牌知名度，占 20.5％；

第六是资金紧张或不足,占 15.8％;第七是缺乏核心技术,占 14.7％;第八是工资福利上涨,占 12.7％;第九是客户拖欠货款,占 10.6％,见图 6-23。

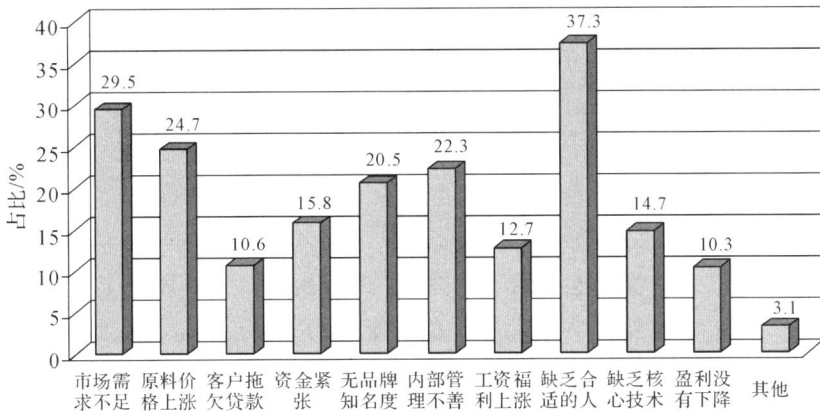

图 6-23　宁波生产性服务小企业盈利能力影响因素

数据来源:课题组调研所得。

第三节　宁波生产性服务小企业典型案例

选择宁波生产性服务小企业中比较有代表性的两家企业进行典型调查与深度访谈的方式,分别以物流货代企业与管理咨询企业为典型案例,分析其经营运作的现状与存在的问题,总结值得借鉴的经验做法。

一、A 货代企业

（一）企业概况

A 货代公司创立于 2002 年,是一家集海运、空运、陆运、拼箱于一体的综合性宁波货运代理企业,总部设立于宁波,在上海、义乌设有办事处,并且在海外有多家合作代理商,服务网络更加宽广,能够提供从中国各口岸进出口至全球各地的海运、空运及多式联运,能够为不同需求的客户提供更加完善、优质的物流服务。具体包括:国际海运代理、国际空运代理、拼箱、拖车报关、化工危险品运输、大宗散杂运输。公司代理航线涵盖欧洲、地中海、中东、东南亚、印巴、红海、非洲、美加、中南美航线。除了宁波港之外,公司在上海、深圳等全国各大城市主要港口与兄弟企业有着密切合作,提供异地出口、报关等综合物流服务。公司在欧洲、东南亚、南美、澳洲等地拥有代理网络,可提供内陆转运、清关等物流服务。公司下设海运进出口部、销售部、拼箱部、客户服务部、集装箱陆运部等部门。自成立以来,公司秉承客户至上的服务理念,在一群优秀员工的共同努力下,针对不同客户不同需求提供专业、卓越的高质量服务,公司业务蒸蒸日上,已经成为许多国内外知名企业的长期物流合作伙伴,在市场上享有崇高的声誉。

(二)现状与问题

宁波航空货代行业竞争激烈,市场上有较大的货代企业 3~4 家,一级航空货代 20~30 家,全部航空货代 200~300 家。每年从宁波机场空运的货物占到宁波空运货物总量的 15%,其他大部分走上海机场和北京机场。主要货源以宁波本地货源为主,少部分是来自台州、金华、义乌、绍兴的散货。面临的主要问题包括以下几个方面。

第一,经济下行持续。美国金融危机、欧债危机等国际环境的影响,加上我国进入经济新常态,形成发达经济体经济低迷乏力,新兴经济体增速继续放缓的局势。近几年宁波市乃至全国的经济呈持续下行态势,尤其是外贸业务增长势头锐减,这无形中冲击着货代市场,在增长总量上为整个货代行业带来了压力与挑战。

第二,同业竞争加剧。由于市场增幅受限,加上新注册货代企业的增加,从事货代业务的企业数量逐步增加,宁波货代行业的同行业务竞争压力愈来愈大,低价位战略、抢货源现象越发严重,利润空间愈来愈小,这无疑是宁波货代企业面临的一个重大挑战。

第三,管理风险增大。A 货代公司近年在规模扩张上一年一个大台阶,在宁波货代行业的影响力迅速扩大。但随着集团布点的增加,其分散度也越来越高。尽管处在信息管理时代,但远距离分布,尤其是布点数目的持续增加使管理幅度日益拉大,必然降低直接管理的频次,潜在的管理风险在增大,管理压力在增加。

第四,业务品种单一。A 货代公司最大的特点是专业性,随着公司规模的迅速扩张,其经营弊端也逐步显现。专业性与品种单一性尽管是两个概念,但这两个概念却具有较高的关联度。品种单一有利于将业务做得更加专业,小微企业由于实力所限一般选择单一性品种经营。单一的业务势必造成"所有鸡蛋均放在同一个篮子里"的情形,面临抗风险能力降低的挑战。

（三）经验做法

1. 积极探索国际化发展

在互联网时代，以市场为主导的全球开放经济，必然是跨国界的经营。尤其是以空运货代业务为主体的货运公司，开展国际化布局是其最基本的战略。国际化战略的实施，一是"布点"，二是"选线"，三是"揽才"。A 企业规划国际化网点的布局，从宁波市乃至长三角区域外贸企业海外业务的集中点着力，在全球范围内选择适当的城市作为布点对象，形成最终决策。精心筛选国际航线，布局经纬网络，以支撑国际业务的拓展。注重延揽人才，培育国际化的专业人才，以通物流、会外语、懂计算机技术、掌握通关技能的高层次人才队伍落实国际化决策。

2. 大力推进管理一体化

拥有众多分公司的企业，必须在关键环节上实施一体化，以便形成核心竞争力。统一企业形象，需要在品牌与形象上统一。打开 A 企业的网站，可以看到企业的各个分部以及每个分部的业务、人员、组织的介绍；网页展示了主要的客户，主要的商品与服务，做到形象直观，体现出企业的整体实力。通过建设 CRM 系统（客户关系管理系统），剥离市场业务与客户服务职能。设置统一的客户服务电话，问题咨询、业务洽谈、投诉建议等均有客户服务中心分配市场人员对接。客户服务部门负责实施客户关系管理计划，包括对重点客户的关怀、对新客户的升级、对老客户的维护、对潜在客户的开拓，并指定相应的市场业务人员或服务人员定期回访。监督市场业务人员的行为，有效评价市场业务人员的绩效。每个业务人员都可以根据系统的资料迅速与客户建立联系，保持良好的客户关系与客户忠诚度。

3. 着重提升业务增值性

企业的发展，要诀在于公司业务具有增值性，通过增值服务，提升企业的利润空间，物流也应如此。传统的货代业务竞争激烈，盈利空间小，有必要深入挖掘客户需求，提供增值服务，寻找新的利润点。A 企业提供"门对门"运输服务，为客户提供进出口货物报关、报检、查验、缴纳关税和结关放行的一条龙服务，利用美国的分部和资源，为客户提供门到门的一站式服务，为重点行业、核心客户提供量身打造的增值服务。

二、B 管理咨询有限公司

（一）企业概况

咨询业是一种知识密集型的新兴产业，通常由具有丰富经营管理知识和实践经验的专家,深入企业现场,运用现代化的手段和科学方法,通过对企业诊断、培训、方案规划,系统设计与辅导,从集团企业的管理到局部系统的建立,从战略层面的确立到行为方案的设计等,对现代化企业生产经营全过程实施动态分析,协助其建立现代管理系统,以获得强有力的竞争优势。

B企业管理咨询有限公司位于慈溪市,主要为企业提供从订单销售开始,到生产计划、采购、仓库、车间生产、精益生产以及技术、质量、设备、ERP、人事、制度、流程、现场5S的整体运营咨询服务,提供企业内部管理整体咨询。咨询辅导使作业现场规范化,帮助被咨询企业建设优秀的工作团队,构建完善的管理控制模式,优化作业方式,降低材料的损耗,提高企业经营运作效益。

(二)现状与问题

B企业通过对企业详细调研,提出对企业现有运营管理体系改进、补充、完善、优化的方案,在方案的反复实践操作中提炼出适合公司的会议、表单、数据、标准、制度、流程、考核等控制管理模式,并能持续运行。开发契合企业实际的课程,并贯穿于咨询辅导的过程中,注重解决实际问题的效果,强化受训干部的管理技能;挖掘企业内部人员的潜力,激发现有员工的热情,提升员工工作能力。注重细节的控制、注重持续的改善与优化,梳理总结经典的样板案例,提炼改善的工具和方法,结合控制管理模式的运行,促进全员行动,使公司管理、产量、质量、效率提升。企业的主要咨询业务见表6-8。

表6-8　B公司主要咨询服务

服务名称	服务内容
管理职能服务	生产计划、采购、仓库、车间生产、精益生产、技术、质量、设备、ERP、人事、制度、流程、现场5S的整体运营咨询服务
专项咨询服务	全面战略管理咨询、全面绩效管理咨询、人力资源管理咨询、营销全案咨询
培训课程服务	《常用的管理工具及方法》《做杰出的主管》《合理化与精益生产》《怎样高效执行》《生产管理》《质量管理》《技术管理》《采购管理》《仓库管理》《设备管理》《流程管理》《5S管理》《做优秀员工》《打造卓越团队现场训练》
市场调查服务	为政府部门、社会公众服务部门、通信服务行业、金融服务行业、房地产行业、商业零售行业、快速消费品行业、广告(传媒)行业以及餐饮行业提供市场调查与满意度调查

B企业管理咨询重视咨询流程的规范化,在为企业和单位提供市场调研和企业管理咨询服务的过程中,积累了丰富的知识与经验,专业服务得到

了客户的高度评价。通过不断完善与优化,形成了一整套成熟的定量和定性数据采集、改进优化、分析控制、反馈体系等方面的研究模型,形成了完整的业务操作体系,见图 6-24。

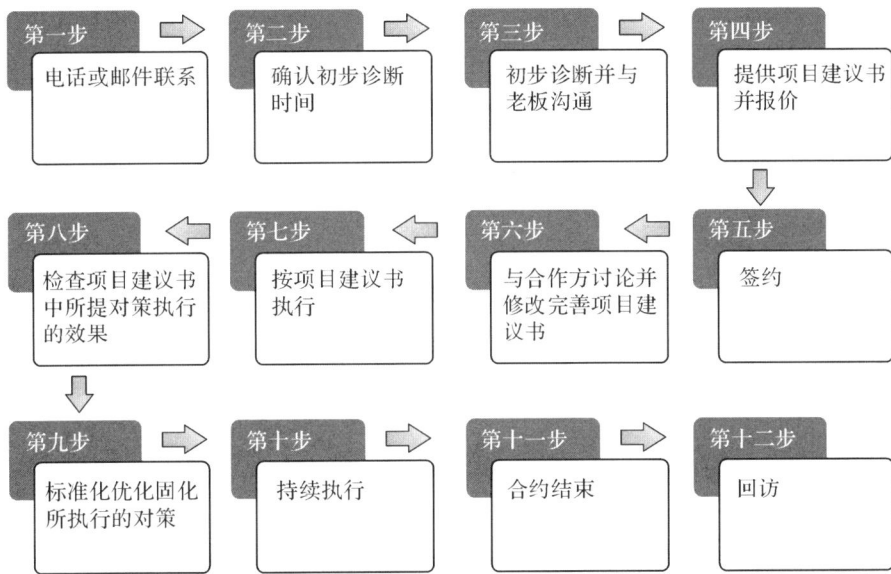

第一步	第二步	第三步	第四步
电话或邮件联系	确认初步诊断时间	初步诊断并与老板沟通	提供项目建议书并报价

第八步	第七步	第六步	第五步
检查项目建议书中所提对策执行的效果	按项目建议书执行	与合作方讨论并修改完善项目建议书	签约

第九步	第十步	第十一步	第十二步
标准化优化固化所执行的对策	持续执行	合约结束	回访

图 6-24　B 公司咨询业务操作流程

B 咨询公司主要存在的如下问题。

第一,高素质人才缺乏。咨询公司的核心价值在于能够用自己的知识、智慧和经验帮助企业解决实际问题,获得收益。咨询人员的素质直接决定了咨询项目的质量,咨询公司需要有足够的高素质专家来满足业务开展的需要;需要有各类专业人才打通专业壁垒,实现企业资源的充分整合;需要工作人员具有全球化的视野,能帮助企业制定国际化战略。由于 B 企业创办时间还比较短,并且在发展过程中人才的凝聚力不强,目前在咨询团队中,高水平的骨干核心成员数量较少。

第二,品牌宣传薄弱。咨询业在中国发展的时间不长,企业对其重要性认识不足,甚至存在认识的误区。在咨询业发展的最初几年,一些"点子公司"把咨询市场弄得很混乱,给咨询业披上了不光彩的外衣,造成企业缺乏对咨询公司的认知与信赖。咨询业给企业提供的往往是一种无形的、知识含量极高的服务,而这种服务发挥作用是动态的、长远的、不能完全量化的。类似经营理念、企业文化、科学管理模式、激励机制等,很难准确量化,而企业支付的咨询费用则是有形的、静态的,很多企业更在乎的是立竿见影的效果。

另外,咨询业进入壁垒较低,似乎组织几个人,花很少的费用便可以成立起来,给外界造成咨询公司服务不规范、人员专业素质差、提供服务质量低的印象。B咨询公司也面临同样的问题,对自身的宣传力度和品牌塑造努力还不够。公司网页制作比较简单,各种网络社交工具还不健全,员工介绍不完善,咨询项目经历不丰富,影响了该公司品牌传播与市场拓展。

(三)经验做法

1.市场定位准确,有合适的竞争战略

2014年慈溪市GDP1111.56亿元,同比增长8.6%,增速分别高于全国(7.4%)、全省(7.6%)、宁波市(7.6%)1.2、1.0和1.0个百分点。其中,第二产业实现增加值633.32亿元,增长10.6%;一、二、三产业之比调整为4.3∶57.0∶38.7。2014年慈溪工业增加值583.07亿元,比上年增长10.5%,增速高于宁波2.9个百分点。规上工业企业达1227家,规模最大的是电气机械及器材制造业,增速最快的是汽车制造业。慈溪市工业产业占主导地位,给生产性服务业发展带来了巨大空间。B咨询公司立足慈溪市场,专门提供企业整体供应链服务的咨询业务,市场定位准确,与各类竞争对手形成了较大的差异。

2.用数据说话,降低管理咨询风险

企业用数据体现效果,通过管理咨询服务,除了公司现场改变、团队士气和干部能力提升、内部沟通顺畅这些可以看见和感受的以外,更要在数据上体现出来,其中,生产率和合格率是两个重要指标。咨询中所提出的各项管理办法、流程、表单、改善等,都要用生产率、合格率等数据来检验,在辅导过的企业中,大部分能达到产量提升20%,或退货率降低30%,或报废量降低20%。

咨询公司为了降低管理咨询风险,一是保证顾问师在工厂提出改善对策和管理办法创造的效益超过咨询服务费;二是部分工厂请过高管或咨询公司,但有的半途而废,公司内部干部员工因此对管理改善失去信心,这对工厂和咨询公司都是伤害,因此在对工厂做详细诊断后才决定合作,确保咨询成功,让工厂和咨询公司双赢。

3.深入调研分析,根据企业需求定制

咨询本着为企业培训一支优秀的团队,打造一套适合企业的管理控制模式,提高产品的合格率、生产率,降低成本,提升企业效益的宗旨,消除企业常见的直接表现出来的问题,如生产任务完不成、不良率高等。这些问题实际上是企业综合问题的反映,往往不是单个项目如5S就可以解决的,另外按单个项目如5S管理、班组建设、质量管理等来做,项目多、时间长、费用高,企业难以承受,作为中小企业没有必要花那么大的精力来做一个项目。调查发现,很多做过5S项目的工厂基本是"一紧二松三垮台",过段时间再重来。B咨询公司不断沟通和调研,深入了解企业需要做到的和能够做到的,以及做到什么样的程度就能达到上述目的,所提供的整体咨询服务是根据企业实际量身打造的一套实用且可持续执行的管理控制模式,能让企业得到实际的效果。

4. 避免无效培训,切实落实培训目标

面对咨询市场存在的"课讲得非常好,让学员听起来激动,想起来感动,但回去就是没有行动"的问题,B公司进行深入研究,认为造成这种现象的主要原因:一是没有考试及交流,不知道学员掌握情况到底如何;二是没有人跟踪效果;三是没有在实际工作中运用,也不知道怎样应用落地;四是没有把所学教授给其他人;五是因为价格昂贵,企业只培训部分干部,没有培训普通管理人员和员工。

B公司根据需求情况采取以下方法:一是契合企业实际,大部分案例来源于企业,甚至就是学员身边发生的事情,让学员更易理解和接受。二是培训完了有开卷考试和评分并做必要的交流,了解学员掌握的程度。三是在企业中找出案例让学员用所学知识解决,在运用中提高能力。四是培训贯穿在咨询服务过程中,随时帮学员答疑解惑。五是干部、普通管理人员和员工按不同课程全部进行培训。

第四节　宁波生产性服务小企业存在的问题及对策

结合宁波生产性服务业的总体发展情况、宁波生产性服务小企业问卷调查与定性调查的具体现状,深入剖析宁波生产性服务小企业发展存在的问题,提出有针对性的发展对策。

一、存在的问题

(一)总体规模小,结构不合理

生产性服务业小企业数量大,规模普遍偏小。从调研样本来看,营业收入500万元以下的占71.2%,从业人员50人以下的占55.1%,反映出宁波生产性服务小企业的规模还偏小,大部分小企业离发展成中等规模企业还有较大的距离。调研发现,宁波生产性服务小企业起步比较晚,大多处于初创和发展阶段,79.5%的企业成立不足9年。部分高附加值行业和高技术行业,小企业进入门槛比较高,审批程序复杂。一些行业仍然存在较强的政策性垄断,如银行、电信、能源、媒体相关生产性服务业,准入条件高,有些还没完全开放,民营资本和小企业无法进入。交通运输、仓储和邮政业,租赁和商务服务业在生产性服务小企业中比重最大,说明生产性服务小企业仍以流通服务业为主,现代制造服务等高端业务比例不高,科技服务、信息服务、商务服务占生产性服务业比重与发达国家和地区相比差距较大,结构不够合理。

(二)需求层次低,难以开拓高端价值链

宁波生产性服务小企业市场开拓薄弱是制约发展的主要环节,24%的企业都反映市场难以开拓。背后的原因是宁波的制造业发展模式直接影响了生产性服务业的发展,尽管宁波是制造业大市,但劳动密集型生产制造企业仍然占据主导地位。这意味着大多数企业仍然从事"微笑曲线"的中端产业,以加工、组装、代工的低附加值产业为主,而在附加值较高如前端的研发、设计、采购、原料,以及后端的品牌、销售、服务等产业方面发展不足,制造业对生产性服务业的带动不足。宁波制造业自我服务占主要地位,很多非核心的业务尚未实现市场化,制造业主辅分离进展缓慢。一些大的生产企业往往有固定的合作伙伴,这些合作伙伴的往往也是规模较大的生产服务业,这就造成了宁波生产性服务小企业无法依托宁波本土的大型生产制造业,也无法开拓国内的高端价值链环节。

(三)行业专业性要求高,市场管理和研发人才缺乏

制造业分离出的服务业业务体量大、标准高、种类多、专业性强,需要强大的公共服务平台和社会配套资源予以承接配套来支撑,对业务承接方式的标准化、信息化、多样化水平要求更高。宁波生产性服务小企业缺乏专业人才。在调查中发现,宁波生产性服务小企业对资源要素的需求中排在第

一位的就是人才需求,主要是市场、技术、管理人才,占到调查样本的68%。目前,生产性服务企业所需的中高端专业人才培养渠道不够广泛,所需要的重点人才难以引进,缺乏配套的引才与留才政策。宁波高等院校和中等职业学校与生产性服务业的结合还不够紧密,相关的人才培养、实训基地建设、再教育还比较薄弱。生产性服务小企业在中高端人才引进方面,在宣传推广、用人机制、留人策略方面尚存在诸多困难。

(四)融资难度大,政策体系不完善

宁波生产性服务小企业融资难度较大,调查发现82%的企业存在资金困难,其中61%的企业表示存在较大的资金困难。由于生产性服务业主要以人力资本和知识资本为主要投入,实物资本较少,特别是小的生产性服务业,两者都比较薄弱,很难通过传统方式向银行获得实物抵押贷款。调查中发现,在资源要素上生产性服务小企业获得土地、水电等资源的实惠明显小于生产制造业;在税收政策上生产性服务小企业全额征收营业税也高于生产制造业征收允许进项抵扣增值税,分包环节越多,税负越重,这进一步限制了制造业业务的剥离和分工的细化。

生产性服务业尽管受到了较大的重视,但实际政策支持还比较薄弱,在调研中57%的受访企业认为现有政策对企业帮助不大或者根本没有帮助,说明大多数企业认为政策发挥的作用有限。宁波也缺乏生产性服务业的专门规划。上海"十一五"期间就制定发布了《生产性服务业发展重点及空间布局规划》和《生产性服务业发展重点指南》,确立了上海生产性服务业发展方向和扶持政策;2012年,北京市发改委出台了《北京市"十二五"时期生产性服务业发展规划》、杭州市人民政府发布了《关于进一步加快发展服务业的实施意见》;2014年,青岛市人民政府颁布了《关于促进服务业发展的若干意见》、苏州市政府印发《关于进一步加快生产性服务业发展的实施意见的通知》;2015年,重庆市人民政府出台了《关于加快发展生产性服务业的实施意见》。宁波作为制造业大市和副省级计划单列市,尚未出台生产性服务业重点产业发展和空间引导的规划以及扶持生产性服务业发展的土地、资金、人才等关键要素方面的政策,尚未制定促进生产性服务业集聚发展的系统性措施,在推动制造业外包非核心业务方面未出台明确的鼓励政策等,亟待出台促进生产性服务业发展的规划和政策体系。

二、主要对策

(一)深化产业联动发展,鼓励外包生产服务业务

积极发挥财政、税收的激励机制,发挥政府、行业协会的沟通协调功能,鼓励宁波生产制造企业外包非核心业务,支持生产性服务小企业进入制造业内部,合理分工,融入生产制造业的业务流程之中,对物流、研发、设计、销售、金融、品牌、租赁、商务服务等各环节提供优质服务,实现流程优化与再造,推动产业升级。鼓励制造业企业外包物流业务,支持生产性服务小企业融入制造业流程,形成长期稳定合作的战略联盟关系。

(二)突出重点扶持领域,加大财税支持力度

加大财政投入,发挥财政体制的导向作用,规划和安排支持生产性服务业发展的各类专项资金和引导资金,主要用于重点行业、重点区域和重点项目生产性服务小企业的专项发展支持。实施税费优惠,对鼓励发展的生产性服务小企业在要素使用上实施税收倾斜。加快开发适应宁波生产性服务小企业发展所需的金融产品,给予必要的信贷支持,实施向生产性服务小企业倾斜的产业政策,加大技术、人才、资金等资源向生产性服务小企业的集聚。

(三)优化招商引资,强化人才培养

紧抓生产性服务业发展的机遇,把生产性服务业领域作为投资促进工作的重点,紧密结合制造业产业需求,引进能够促进产业结构转型升级的生产性服务业。吸引更多的国内外著名的大型服务业企业地区总部、投资性公司、研发中心、采购中心等功能性机构落户宁波,扩大生产性服务业利用国内外资金的规模和质量。通过优秀的生产性服务企业推动制造业观念与运作的转变,通过优秀的生产性服务企业带动和集聚一大批生产性服务小企业的发展。

加快培育生产性服务业人才,建立多层次的技术人才、管理人才以及复合型人才引入和培养机制,满足生产性服务小企业发展和公共服务需求。建立高端人才使用政策体系,引进和培育行业领军人物、学科技术带头人和高级复合型人才。抓好企业岗前教育、在岗培训、实训基地建设,建立和发挥职业教育联盟作用,鼓励本地高校结合宁波产业需求实际开办与生产性服务业相适应的专业课程。引入国际国内"智库"、专家团队和人力资源中介机构,打造人才市场,构筑人力资源金字塔结构,增加人力资源市场化储备厚度。

(四)搭建公共服务平台,提升公共服务能力

加强公共服务平台的建设,一是搭建要素市场平台,整合宁波现有的资

源要素,构筑以金融、物流、商务、技术产权、人才为主体的专业化服务体系,全面提升生产性服务小企业的公共服务水平。二是整合政府部门、科研单位和其他机构的信息资源,组建区域大数据中心,搭建社会公众、电子政务、企业信息、公共信用等生产服务业信息共享服务平台。对宁波企业提供综合经济信息分析服务,按照企业需求提供个性化的信息服务,实现生产性服务与制造业的"无缝对接"。

大力提升公共平台的服务能力。在生产制造研发设计、创新与工业设计、检验检测和质量认证、重要物流装备、一二手设备交易、机电产品电子商务、公共制造与设备维护等领域鼓励小企业开展专业服务,为生产制造业提供专业化支持的租赁、会展、咨询、审计、评估,法律、知识产权等商务和中介服务,补充和强化为生产服务的各类商会、行业协会组织,配套建设满足不同阶层需求的酒店、餐饮、娱乐等商务生活设施,提供专业、高效、便捷、时尚的服务。把宁波信息网络基础设施建设成为国内领先水平,不断提高宁波生产性服务小企业电子商务和信息化水平。

(五)推进生产性服务业集聚区建设,促进合作模式创新

要加快聚集发展生产性服务业,推进生产性服务业集聚区建设,优化和拓展生产性服务业集聚空间、集约资源,发挥生产性服务业高端项目建设的集聚效应,打造总部企业领衔、高端要素集聚、服务功能完善、众多小企业云集的生产性服务企业集聚区。重点以大企业总部基地、研发基地、中试基地和培训基地为核心,集中建设商务服务、金融服务、文化创意、休闲娱乐、时尚社区等配套服务产业齐备的产业园区,逐步建立集群式发展态势,带动小企业快速发展。

积极探索和促进生产性服务小企业与制造业合作模式创新。一方面,鼓励实力较强的生产性服务小企业在"技术—设计—采购—金融—物流—施工—运行"全链条进行总包服务功能的升级改造,将小企业打造成集先进设备开发商、制造商、服务商、运营商为一体的第三方集成商。另一方面,将现有生产技术和生产能力处于领先的制造企业转型升级为同时具有生产性服务业核心竞争力的企业,为同类生产制造业提供优质的研发设计、管理咨询、检测认证、系统集成、工程总包、融资租赁等增值服务,发挥企业资源和渠道优势,外延服务范围,拓展业务模式,为本行业和宁波社会提供优质服务,创新生产性服务业的服务模式。

第七章　宁波消费性服务小企业现状调研

消费性服务业属于现代服务业的分支,现代服务业是我国经济社会发展到一个新阶段的产物,随着后工业化时代的到来,服务业与工业之间的边界交织,而互联网、物联网等新技术、新手段的普及应用推高了服务业在整个经济中的地位,服务业的范围不断扩大,内容不断丰富。人民群众对于消费性服务业需求非常大,如何满足需求,实际掌握宁波消费性服务业特点和发展趋势成为一项必要工作。

第一节　宁波消费性服务业发展概况

党的十八大提出"加快传统产业转型升级,推动服务业特别是现代服务业发展壮大"。加快发展消费性服务业,事关经济社会发展全局,是新时期推进结构调整、转变发展方式、化解资源环境约束、解决民生问题的迫切需要。

一、消费性服务业内涵与特征

现代服务业是一种现代化、信息化意义上的服务业,主要是指伴随工业化进程并依托信息技术和现代管理理念、经营方式和组织形式而发展起来的向社会提供高附加值、高层次、知识型的生产和生活服务的行业,它既包括现代化进程中的新型服务业,也包括以现代化的新技术、新业态和新服务方式改造和提升的传统服务业。

现代服务业包括消费性服务业(也称为生活服务业、居民服务业)与生产性服务业。因此,消费性服务业的发展是伴随着我国现代服务业的发展而发展的。消费性服务业最早是 Hubbard 和 Nutter、Daniels 等人在探讨服务业的分类时提出的。耿莉萍(2007)[①]认为,服务业是以无形产品的供给与消费为特征的,居民以付费的方式换取所需要的服务,这一过程就称为居民服务消费。程大中、陈宪(2005)[②]认为,消费者服务是市场化的最终消费服务,对应着作为消费品的服务,因而被称为"面向生活的服务"。最显著的特征是面向广大消费群体,为一个具体的消费行业服务。何德旭、姚战琪、王朝阳(2008)[③]将消费性服务作为一种最终需求,服务对象是最终消费者。商务部国际贸易经济合作研究院(2009)认为,消费者服务业也称生活性服务业或民生服务业是指为消费者提供服务产品的服务业(最终需求性服务业),它涵盖范围很广,涉及居民日常生活的方方面面。郭世英、王庆、李素兰(2010)[④]认为,消费者服务业是指主要满足消费者对服务的最终消费需求的服务行业,服务的最终消费需求包括居民个人对服务的最终消费需求和政府对服务的最终消费需求。总之,消费性服务行业是我国"十一五"规划中提出和强调的概念,主要是指为适应居民消费结构升级趋势,继续发展主要面向消费者的服务业,扩大短缺服务产品供给,满足多样化的服务需求的行业,即满足消费者的服务业叫消费性服务业。可见,消费性服务业涉及千家万户,关系人民群众吃饭、住房、旅行、购物、健身、文化娱乐、教育等多个方面,与人民生活密切相关、紧密相连。

Mckee(1988)指出,随着西方发达国家纷纷把传统工业转移到发展中国家,发达国家的金融服务、高新技术支持、信息服务、市场营销服务、物流储运服务等生产性服务活动也得到了蓬勃发展,从而形成了发达国家与发展中国家之间"较高层次生产性服务业与一般制造业"的国际分工格局。周

---

①　耿莉萍:《居民家庭服务消费的特征、制约因素与发展趋势分析》,《商业研究》2007年第 3 期。

②　程大中、陈宪:《生产者服务业与消费者服务互动发展中的提升》,载于周振华主编:《现代服务业发展研究》,上海社会科学院出版社 2005 年版。

③　何德旭、姚战琪、王朝阳:《生产性服务业与消费性服务业:一个比较分析框架》,何德旭主编:《中国服务业发展报告 No.6:加快发展生产性服务业》,社会科学文献出版社 2008年版。

④　郭世英、王庆、李素兰:《中国服务业结构优化升级问题分析》,《河北大学学报》(哲学社会科学版)2010 年第 3 期。

超、孙华伟(2007)研究认为,消费性服务业具有服务的同时性、波动性、服务价值感知的主观和差异性、消费服务的全程性和难以预测性等四个主要特征。[①] 宁波消费性服务小企业还具有鲜明的产业集聚特征,对于这一特征的理论解释我们可以以 Miller(2001)对伦敦金融服务业集群系统实证分析来说明。[②] Miller 研究结果表明:伦敦市聚集了全英国最重要的生产性服务业集群,如商务服务业集群、金融服务业集群、媒体制作服务业集群。Nachum(1999)在 Miller 的研究基础上进一步考察了伦敦市区的商务服务业集群[③],研究结论表明区域内的集体学习过程以及知识溢出是伦敦商务服务业集群得以不断创新发展的主要动力源泉。在实证分析过程中,Nachum 和 Keeble 调查了伦敦和南英格兰地区的 300 家中小型专业管理咨询和专业工程咨询企业,他们发现无论是大型专业性咨询机构还是中小型专业性咨询机构都倾向于在大都市集中,因为在大都市集中能够为他们提供潜在的参与全球网络分工的机会。

此外,消费性服务是基于收入增长到一定阶段的产物。杜海韬、邓翔等(2005)[④]研究表明城乡居民当期消费主要取决于当期收入。多位学者先后对"收入分配对消费的影响"进行了研究,他们大多从收入分配均匀程度(如基尼系数等)对于消费的影响的角度进行研究。[⑤] 马超、严汉平、李冀(2010)[⑥]通过分析得出影响内需增长的关键因素之一是消费者的生活模式与社会商品供给能力。胡霞(2007)[⑦]认为影响消费者服务业需求的因素主要有人均可支配收入、城市化水平、城市规模、人口密度等。城市化水平越高、城市人口规模越大和人口越密集的地区,服务企业的起点规模越容易达

---

① 周超、孙华伟:《基于消费性服务业的价值链分析》,《江苏商论》2007 年第 9 期。

② Miller. Retail Business Clusters in the UK—a First Assessment. Trade and Industry Main Report,2001(10).

③ Nachum,Marshallian Nodes. Global Networks and Firm Competitiveness. University of Cambridge Working,1999:154.

④ 杜海韬、邓翔:《流动性约束和不确定性状态下的预防性储蓄研究——中国城乡居民的消费特征分析》,《经济学(季刊)》2005 年第 1 期。

⑤ 骆祚炎:《城镇居民收入结构、收入初次分配格局与消费过度敏感性——1985—2008 年的经验数据》,《财贸研究》2010 年第 2 期。

⑥ 马超、严汉平、李冀:《影响我国内需增长的因素探讨》,《生产力研究》2010 年第 4 期。

⑦ 胡霞:《从需求角度对我国城市服务业发展差异的影响因素分析》,《岭南学刊》2007 年第 2 期。

到，服务需求越旺盛，消费者的消费服务成本越低，服务企业的效率越高。城市化水平、人口规模和人口密度对消费者服务的需求产生积极的促进作用。刘建国(2007)对上海实证研究发现，消费服务业在产出和就业中具有重要地位，推动服务业消费在居民消费支出中比重上升的主要原因：一是人均可支配收入的持续增长，二是服务类价格水平的提高。强调政府公共责任对上海市教育、医疗等消费性服务业的发展具有重要影响。

总之，无论从消费性服务业的内涵还是特征来看，消费性服务业都与城镇和乡村人们的生活密不可分，同时对提高社会经济结构产生巨大的便利和影响，这也是学者们研究的重要课题领域，它对我国未来社会经济活动产生不可替代的作用。

二、消费性服务业分类

现代服务业的本质是实现服务业的现代化。[①] 通常意义上的服务业就是第三产业，是指除第一产业、第二产业以外的其他行业。第三产业包括：批发和零售业，交通运输、仓储和邮政业，住宿和餐饮业，信息传输、软件和信息技术服务业，金融业，房地产业，租赁和商务服务业，科学研究和技术服务业，水利、环境和公共设施管理业，居民服务、修理和其他服务业，教育，卫生和社会工作，文化、体育和娱乐业，公共管理、社会保障和社会组织，国际组织，以及农、林、牧、渔业中的农、林、牧、渔服务业，采矿业中的开采辅助活动，制造业中的金属制品、机械和设备修理业。陈秋玲、李怀勇等(2010)研究认为消费服务业主要包括房地产业，文化、体育与教育培训服务业，租赁和维修服务业，零售业，旅游和娱乐服务业，社区服务业(见表7-1)。根据国民经济行业分类(GB/T 4754—2002)，服务业共有 339 个行业小类，通过上述两个层面的划分，已有 130 个行业小类界定为现代服务业，剩下的 209 个行业虽然不能全部划入现代服务业，但其中的一些企业仍具有较为明显的现代服务业特征，信息技术含量较高，经营管理的方式和理念较先进，如依托信息技术平台的现代社区服务模式——"81890"等。

---

① 宁波市现代服务业的界定与统计研究. 宁波统计信息网，http://www. nbstats. gov. cnreadread. aspx? id=26306，2015-07-20.

表 7-1   消费性服务业行业分类

行业分类	子分类
房地产业	房屋建筑、建筑材料、装潢装饰材料
文化、体育与教育培训服务业	教育培训业、体育产业、文化产业
租赁和维修服务业	租赁和维修服务
零售业	汽车零售、服装零售、百货商场、折扣商店、电子用品商店、食品批发、家具零售、连锁超市、网上零售、专业商店
旅游和娱乐服务业	酒店宾馆业、餐饮业、旅游业与休闲娱乐业
社区服务业	社区卫生、家政服务、社区保安、养老托幼、食品配送、修理服务和废旧物品回收等

资料来源:陈秋玲、李怀勇等:《中国服务产业研究》,经济管理出版社 2010 年版。

我们认为,消费性服务小企业需要根据各个企业涉及的行业进行分类,主要是批发和零售业,住宿和餐饮业,房地产业,居民服务、修理和其他服务业,文体娱乐业、公共服务业等除生产性服务业以外的服务性小企业,统称为消费性服务小企业。当然,从规模和从业人数上都有规定。如餐饮业小企业是指从业人员多于 10 人少于 100 人,年营业收入介于 100 万元到 2000 万元之间的企业;房地产开发经营小企业是指营业收入在 100 万元至 1000 万元之间,资产总额在 2000 万元至 5000 万元的企业;商务服务业小企业是指从业人员多于 10 人少于 100 人,资产总额在 100 万元和 8000 万元之间的企业。

三、宁波消费性服务业总体状况

(一)产业需求分析

宁波现代服务业的发展,极大地带动了相关产业的转型升级,进而推动了宁波经济的转型升级。沃尔玛、欧尚等国际著名商业连锁机构陆续在宁波开设分支机构,银泰、银亿等宁波本土主要消费性企业也纷纷崛起,提升了宁波消费发展水平,推动宁波融入全球化商业、贸易活动的大潮中。

2013 年宁波市第一产业生产总值 276.3 亿元,比 2012 年增长了 98%;第二产业生产总值为 3741.7 亿元,比 2012 年增长 108.2%;第三产业生产总值达到 3110.8 亿元,比 2012 年增长了 108.8%。在三个产业中,第三产业的发展速度是最快的,同时消费性服务业的增速又是第三产业中发展最快的。

据统计,2013 年宁波现代服务业占市生产总值比重为 43.64%,呈现逐年递增的趋势。2013 年宁波全市服务业单位(不含房地产开发企业。增加值总量及速度为服务业制度测算,未扣除价格指数)实现营业收入 15141.6 亿元,同比增长 7.1％;吸纳从业人员 191.9 万人,增长 1.6％。其中限额以上服务业企业实现营业收入 10709.1 亿元,增长 8.4％;实现利润总额 570.7 亿元,下降 2.5％;吸纳从业人员 65.2 万人,增长 4.0％。

2014 年,全市商品销售额 1.44 万亿元,同比增长 18.1％;社会消费品零售总额 2992.0 亿元,增长 13.5％。分商品类别看,2014 年 1—11 月份,汽车类、居家装潢类、纺织品类和石油及制品类商品销售贡献率都超过 10％,合计对限上销售额的贡献率高达 70.3％。宁波市服务业办综合处指出,2014 年,宁波市受交通运输增长乏力、金融业增速放缓等因素影响,服务业整体发展有所放缓,其中商贸流通业稳定增长,房地产业企稳回升,旅游业平稳增长,其他营利性服务业营收增速亦有所改善。① 宁波全市消费需求总体平稳,销售市场增势良好。

(二)产业规模分析

从产业规模来看,宁波消费性服务业发展态势良好。特别是房地产业在消费服务业中的带动作用在过去的十年间非常明显,2012 年生产总值为 369.8 亿元,2013 年生产总值达到 456.5 亿元,增速为 117.0％;住宿与餐饮业 2013 年生产总值为 164.9 亿元,增速为 107.5％;批发和零售业、居民服务业、文体娱乐业等消费性服务业都呈现高质、较快增长。

随着房地产限购限贷政策的全面放开,购房补贴等一揽子政策调整和企业以价换量的带动,宁波商品房销售回升势头明显。2014 年 1—11 月,全市商品房累计成交 67277 套,同比增长 11％。其中商品住宅成交 42228 套,增长 11.9％。初步统计,全年市六区商品房成交突破 30000 套,其中后三个月成交量近 12000 套,对全年成交量创下近年新高起到决定性作用。

大宗商品交易和电子商务快速发展。2014 年 1—11 月,宁波大宗商品交易所完成交易额 4060 亿元,服务收入 5368 万元,同比增幅均超过 180％。电子商务发展势头强劲。2014 年宁波市网络零售总额达到 500 亿元,同比增长 90.98％,增幅居全省首位。推进 8 家电子商务产业基地(园区)建设。至 2014 年年底,电商城江北园区已有 65 家企业入驻,电商城海曙园区已有

---

① 宁波市服务业办综合处:《2014 年宁波服务业发展情况及 2015 年展望》,《经济丛刊》2015 年第 1 期,第 9—11 页。

200 余家企业入驻。宁波鄞州区拥有电商企业 2000 多家,电商服务企业超过百家,90% 的重点企业拥有企业网站,规上工业企业电商应用率达 33%,外贸电商应用率达 65%。

服务外包加快发展。2014 年宁波服务外包一直保持良好的增长态势。全市承接服务外包合同总额 147.11 亿元,同比增长 2.14%,承接服务外包执行额 140.64 亿元,增长 30.13%。承接国际服务外包执行额 9.1 亿美元,增长 50.83%。服务外包产业集聚度不断提升。目前,全市已有 4 个省、市级服务外包示范园区。另外,杭州湾新区、余姚和镇海积极探索发展智慧服务外包、中小企业业务流程外包、动漫创意和工业设计等服务外包新业态。

毫无疑问,消费升级是未来消费市场发展的潜力所在,同样也是更好地发挥消费对经济增长基础性作用的关键所在。随着我国旅游消费、休闲娱乐消费、绿色消费等顺应消费升级趋势的消费领域出现,消费升级的态势也越发凸显。宁波市委市政府对月光经济、电子商务等拉动消费政策和措施的出台,人民群众消费意识的增强,拉动人民群众消费成为新的经济增长极,由此消费性服务业产业规模将会达到数量级增长。

(三)产业结构分析

宁波市消费性服务业按照批发和零售业,住宿和餐饮业,房地产业,居民服务、修理和其他服务业,文化、体育和娱乐业等行业统计的数据来看,2013 年宁波市消费性服务业企业总数为 51407 个,占宁波市企业总数的 32.9%;期末从业人员数为 563553 人,占宁波市的 13.0%;资产总计达 123531.8 万元,占宁波市的 33.0%;全年营业收入为 141217.8 万元,占宁波市的 42.6%。从各个统计指标来看,新闻和出版业是企业数量最少的行业;批发和零售业是企业数量最多、从业人数最多、资产规模最大的行业;从收入上来看,房地产业是最赚钱的(见表 7-2)。

表 7-2　2013 年宁波市消费性服务业产业规模一览

项目	企业数 (家)	期末从业人员数 (人)	资产总计 (元)	全年营业收入 (元)
批发和零售业	42580	369181	640120818.88	1237547480
一批发业	34023	273894	564929090.1	1127674168
一零售业	8557	95287	75191728.78	109873312
住宿和餐饮业	2132	63638	23984093.11	9546884.18

续表

项目	企业数（家）	期末从业人员数（人）	资产总计（元）	全年营业收入（元）
一住宿业	889	31443	17470878	5064494.8
一餐饮业	1243	32195	6513215.11	4482389.38
房地产业	3025	85138	557702544.1	158057345
居民服务、修理和其他服务业	1871	25485	4895690.36	3560062.35
一居民服务业	743	10653	1944966.16	1031308.05
一机动车、电子产品和日用产品修理业	719	7845	2102269	1410850
一其他服务业	409	6987	848455.2	1117904.3
文化、体育和娱乐业	1799	20111	8614999.41	3465798.16
一新闻和出版业	16	3379	2217598	630942
一广播、电视、电影和影视录音制作业	109	2901	3529863.01	918492.01
一文化艺术业	228	2295	448296.16	414381.15
一体育	190	1921	535712	314042
一娱乐业	1256	9615	1883530.24	1187941
合计	51407	563553	1235318146	1412177570
占宁波市全市范围比例（%）	32.9	13.0	33.0	42.6

数据来源：宁波市第三次经济普查数据。

（四）产业政策分析

2010 年，宁波获批成为全国首批 37 个服务业综合改革试点城市之一，力争通过 5 年努力，建成服务长三角、联合中西部、对接海内外的生产性服务业中心城市。为此，宁波市政府根据《浙江省人民政府关于进一步加快发展服务业的若干政策意见》（浙政发〔2011〕33 号）制定下发了《关于印发宁波市开展国家服务业综合改革试点实施方案的通知》，并出台了《关于进一步加快发展服务业的若干政策意见》（甬政发〔2011〕103 号），明确在为期 5 年的试点期间，宁波市服务业在企业融资、项目建设、资金补助、价格改革、政策先行先试等方面的试点内容；同时发布的《宁波市"十二五"服务业发展规划》提出加快发展四大优势产业、四大新兴产业、四大新型业态和四大生活性服务业。

其后,浙江省政府于 2013 年出台了《关于进一步做好扩大消费工作的意见》(浙政办发〔2013〕104 号)和《关于进一步促进餐饮住宿业持续稳定发展的若干意见》(浙政办发〔2013〕109 号),国务院出台了《关于促进信息消费扩大内需的若干意见》(国发〔2013〕32 号),浙江省政府出台了《关于促进信息消费扩大内需的实施意见》(浙政办发〔2014〕9 号)、《关于加快培育旅游业成为万亿产业的实施意见》(浙政发〔2014〕42 号),宁波市政府出台了《关于促进宁波信息消费的实施意见》(甬政办发〔2014〕205 号)、《关于加快休闲旅游目的地建设的意见》(甬政发〔2015〕50 号)、《宁波市经济社会转型发展三年行动计划》(甬党办〔2014〕9 号)等文件,优化经济结构,以促进消费模式转变,开辟消费新空间,提升消费功能,发展新型业态,挖掘和释放消费潜能。

2015 年以来,宁波市从提高消费能力建设,城乡居民消费需求的升级,新型城镇化的推进,以及美丽乡村建设和"五水共治""四边三化""三改一拆"等重大战略决策的实施,不断提高城乡居民收入水平,再到不断降低部分服装、护肤品、纸尿裤等国外日用消费品的进口关税,增设免税店,"互联网+流通"计划等一系列消费政策密集出台。这些将会进一步通过完善宁波消费环境来增加符合消费升级趋势的产品与服务供给,提振人们对消费升级的需求,满足人们日益增长的消费需求。

第二节　宁波消费性服务小企业发展现状

本次课题组在学习宁波市委党校钟春洋 2014 年对宁波市 494 家中小企业进行调研的基础上,[1]通过问卷调研,主要从产业规模、成长阶段、空间分布、资源要素、技术创新、管理水平六个方面分析了宁波消费性服务小企业的发展现状。

一、宁波消费性服务小企业总体状况

小企业已成为宁波经济社会发展的主要生力军和强大区域竞争力的主要标志。在宁波,消费性服务业已成为"十二五"规划中突出强调的重点发

---

[1]　钟春洋:《技术创新视角下中小企业转型升级研究——基于宁波市中小企业的调研数据分析》,《技术经济与管理研究》2015 年第 4 期,第 77—81 页。

展产业之一,地区消费性服务业集群的发展也呈现出快速发展的态势。根据宁波市统计局资料,从行业分组的 2013 年宁波市消费性服务小企业法人单位数量、期末产业人员数量、资产总计、全年营业收入状况进行分析(见表 7-3)。

表 7-3　2013 年宁波市按行业分组的消费性服务小企业法人单位、从业人员、营业收入和资产总计

项目	小企业数 (个)	期末从业人员数 (人)	资产总计 (元)	全年营业收入 (元)
批发和零售业	5504	78664	238280712	512121920.7
(1)批发业	4634	60683	220234020	489988425.7
(2)零售业	870	17981	18046692	22133495
住宿和餐饮业	758	29847	8840765	4192412.74
(1)住宿业	286	11864	5919084	1635817
(2)餐饮业	472	17983	2921681	2556595.74
房地产业	432	17903	83653167	3233824
居民服务、修理和其他服务业	622	14111	3620493.87	1975705.76
(1)居民服务业	234	5736	1463434.87	621966.76
(2)机动车、电子产品和日用产品修理业	281	5543	1638471	996729
(3)其他服务业	107	2832	518588	357010
文化、体育和娱乐业	382	9115	2361863.41	1635283.41
(1)文化艺术业	67	1549	298935	338802
(2)体育	47	927	178164	67843
(3)娱乐业	216	5078	938397	713675
合计	7698	149640	336757001.3	523159146.6

数据来源:宁波市第三次经济普查数据。

宁波消费性服务小微企业法人单位共计 7698 个,占全市小微企业的 43.1%;从业人员共计 149640 人,占全市小微企业从业人数的 24.5%;资产总值为 33675 亿元,占全市消费性小微企业的 65.1%(见表 7-3)。

从消费性服务小企业的从业人数来看,据表 7-3 所示,批发和零售企业 2013 年从业人员数量达近 80000 人,占比最大;住宿和餐饮业其次,为 29847

人;而居民服务、修理和其他服务业及文化、体育和娱乐业的小企业从业人员比较少。

从 2013 年宁波市消费性服务小企业资产情况来看,据表 7-3 所示,批发和零售业小企业资产总计 23828 万元,房地产业为 8365 万元,住宿和餐饮业资产总计为 884 万元,居民服务、修理和其他服务业资产为 362 万元,文化、体育和娱乐业为 236 万元。总体来看,批发和零售业小企业资产情况处于消费性服务业中最大,尽管文化、体育和娱乐业发展很快,但资产规模还很小,仍需要大力投入。

从营业收入来看,2013 年宁波消费性服务小企业营业收入位于前三位的行业从高到低排序依次为:批发和零售业 51212 万元,住宿和餐饮业 419 万元,房地产业 323 万元,营业总收入在第一名与第二名之间差距还是很明显的。其中文化、体育和娱乐业的小企业数量并不多,但平均营业收入却较高,说明这些文化、体育和娱乐业小企业营业状况较好。此外,由于该行业准入条件较高,行业的进入越来越难,从而也造成已在本行业经营的小企业有机会不断扩大规模,竞争压力相对较小,有利于这些小企业在该行业的发展。而批发和零售业的小企业却需要在互联网＋环境下进行转型升级,与电子商务紧密结合,创新企业经营模式,如 O2O 模式的融入。

二、宁波消费性服务小企业调研样本情况

通过对 275 家消费性服务小企业的调查问卷数据统计(见表 7-4),得出本次调查的企业集中在商贸服务业、房地产业、旅游业、社区服务业和文体娱乐业等五种类型,其中 39.6％的调查企业属于商贸服务业,房地产业占 14.6％,旅游业占 9.8％,社区服务业占 21.8％,文体娱乐业占 14.2％(见图 7-1)。

表 7-4　消费性服务小企业的调查类别与数量

内容	细分	数量(家)	比例(%)
类别	商贸服务业	109	39.6
	房地产业	40	14.6
	旅游业	27	9.8
	社区服务业	60	21.8
	文体娱乐业	39	14.2

数据来源:课题组调研所得。

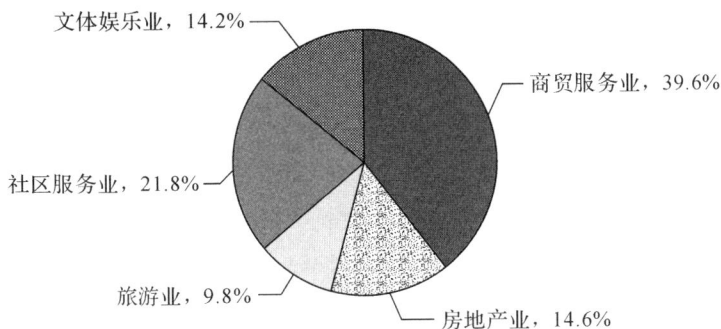

文体娱乐业,14.2%

商贸服务业,39.6%

社区服务业,21.8%

旅游业,9.8%

房地产业,14.6%

图 7-1 消费性服务小企业的调查类别与数量

数据来源:课题组调研所得。

从营业收入来看,在 50 万元以内的消费性服务小企业占到样本数的23.6%,为 65 家;500 万元以下营业收入的企业占到 72.8%,500 万～2000万元的样本企业占到 27.3%(见表 7-5、图 7-2)。

表 7-5 调查样本营业收入情况 （单位:家）

内容	细分	数量	比例(%)
营业收入	50 万元以下	65	23.6
	50 万～100 万元	50	18.2
	100 万～300 万元	45	16.4
	300 万～500 万元	40	14.6
	500 万～1000 万元	35	12.6
	1000 万～2000 万元	40	14.6

数据来源:课题组调研所得。

从调研可知,这些企业的利润额大多数占营业收入的 5%～50% 之间,利润额占营业收入 5% 以下的企业占到 16.3%,利润额占营业收入 50% 以上的占 11.8%(见表 7-6、图 7-3)。这里需要指出的是,普遍来看消费性服务业利润额是比较高的,而且消费性服务业更注重服务的价值体现。对于利润额为负值或利润额增长的情况在本次调研中没有反映出来,这需要我们进一步思考和研究。

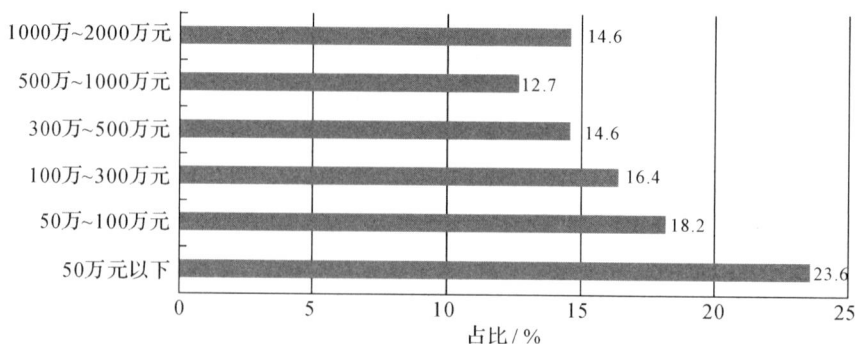

图 7-2　调查样本营业收入情况

数据来源:课题组调研所得。

表 7-6　调查样本利润额占营业收入百分比情况

利润额占营业收入百分比	3%以内	3%~5%	5%~10%	10%~20%	20%~30%	30%~50%	50%~100%	100%以上
样本数(家)	14	29	51	64	36	38	29	2
比例(%)	5.3	11.0	19.4	24.3	13.7	14.5	11.0	0.8

数据来源:课题组调研所得。

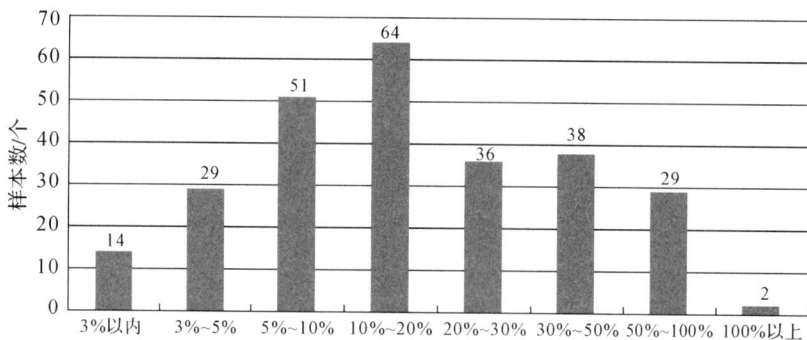

图 7-3　调查样本利润额占营业收入百分比情况

数据来源:课题组调研所得。

从从业人员数量来看,20 人及以下的小企业数量为 108 家,占调研总数的 39.3%;21~50 人的样本数为 60 家,占 21.8%;51~100 人的样本数为 53 家,占 19.3%;101~300 人的被访企业为 30 家,占 10.9%;301~500 人的被访企业 24 家,占 8.7%(见表 7-7、图 7-4)。绝大部分被访小企业本期从业人员数量应该说还是比较少的,很多小企业主为了节约人工成本,在企业中身兼多职,往往视业务情况而采取减少员工的雇用数量或者灵活的用工制度,如在业务增加时临时性地增加一些人员而非固定地招纳人员。

表 7-7　调查样本从业人员情况

内容	细分	数量(家)	比例(%)
从业人员	20 人及以下	108	39.3
	21～50 人	60	21.8
	51～100 人	53	19.3
	101～300 人	30	10.9
	301～500 人	24	8.7

数据来源:课题组调研所得。

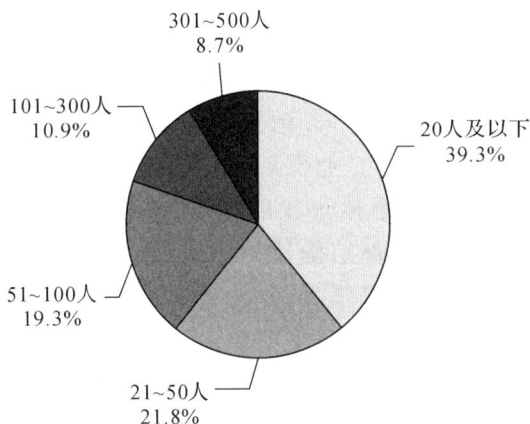

图 7-4　调查样本从业人员情况

数据来源:课题组调研所得。

我们以消费性服务小企业高于平均成立时间的标准差数,将企业分为 I 到 V 五个等级来看(见表 7-8)。统计表明,企业成立 1～2 年的小企业数量为 105 家,占调研样本总数的 38.2%;成立时间 3～5 年为 33 家,占样本总数的 12.0%;成立时间 6～9 年的企业有 94 家,占样本总数的 34.2%;成立时间 10～15 年的有 28 家,占样本总数的 10.2%;成立时间 15～20 年的有 10 家,占样本总数的 3.6%;而成立时间 20 年以上仅有 5 家,占整个样本总数的 3.6%。总体来看,在调研样本中 80% 以上的宁波消费性服务小企业成立时间不到 10 年,成立 16 年以上的只占调研样本数 5.4% 左右。

表 7-8　调查样本成立时间情况

内容	细分	数量（家）	比例（%）
成立时间	1～2 年	105	38.2
	3～5 年	33	12.0
	6～9 年	94	34.2
	10～15 年	28	10.2
	15～20 年	10	3.6
	20 年以上	5	1.8

数据来源：课题组调研所得。

三、宁波消费性服务小企业空间分布

据调研分析和有关数据统计分析，如表 7-9 所示，2014 年宁波市海曙区第三产业在三产中所占比重为 83.5%，江东区为 61.9%，江北区为 62.7%，其他县市区所占比重都低于 40%。调研所得到的数据与宁波市统计局数据相一致，即县域消费性服务小企业发展与宁波本市级服务业发展呈现相似的情况，即宁海限上、限下、个体户发展速度较为均衡，增速处于前列。余姚、慈溪、江东三地服务业内部结构较为类似，全年运行呈现出平稳波动的态势。象山在批零、交通、住宿餐饮、公共管理等主要行业整体增速小幅上扬。江北整体增速逐步走低；海曙服务业主导行业金融、批零、商务服务业面临着高平台上快速增长的瓶颈，表现出增幅逐步下滑；奉化因生产性服务业和公共管理服务业增长同步放缓，呈现下行态势；鄞州新型服务业态增速迅猛，使得整体增速回稳并上升。而北仑、镇海受海运业持续低迷及限上批发业走弱的影响，增速较缓。

本次调研根据统计局提供的第三产业在其设市（县）区所占比重确定最终的样本数，并获得相关数据进行分析。从结果分析看，消费性服务小企业更青睐向海曙区、江东区和江北区等"老三区"集聚，同时对于区位优势较为明显的鄞州区，消费性服务业也有较好的发展，而对地区产业集聚、经济较发达的慈溪、余姚服务业本次没有进行问卷调查，只是实地调研，发现这两个地区的第三产业也得到较好发展，从统计报表数据上看第三产业在其产业结构中占比较小，分别只占到 38.7% 和 37%。

表 7-9　调研样本所属区域

县区	第三产业占比（%）	调查有效样本（个）
海曙区	83.5	65
江东区	61.9	45
江北区	62.7	45
北仑区	39.8	30
镇海区	25.3	45
鄞州区	37.6	45

数据来源：课题组调研所得。

四、宁波消费性服务小企业成长阶段

有关企业成立时间的有效问卷数为 275 份，问卷中消费性服务小企业成立时间分为 1～2 年，3～5 年，6～9 年，10～15 年，15～20 年和 20 年以上，其问卷回答数为：105 家，33 家，94 家，28 家，10 家和 5 家。而通过调研发现被访者自评认为企业处于初创阶段、发展阶段、稳定阶段、转型阶段的回答情况却又与成立时间周期有不同的状况，分别是：初创阶段为 61 家，占 22.2%；发展阶段为 119 家，占 43.3%；稳定阶段为 83 家，占 30.2%；转型阶段为 12 家，占 4.4%（见表 7-10）。

表 7-10　宁波消费性服务小企业所处成长阶段情况

贵企业处于	初创阶段	发展阶段	稳定阶段	转型阶段
样本数（家）	61	119	83	12
比例（%）	22.2	43.3	30.2	4.4

数据来源：课题组调研所得。

通过调研发现，小企业发展到一定阶段后通过品牌效应的积累和市场渠道拓展，往往能够"小升中"，政府对这一块的政策措施也促进了小企业不断扩大规模，提高企业生存的空间和发展的潜力，然而小企业业主对于能够"小升中"却没有时间表和一定的路径图。这说明，每一个行业发展的速度和阶段与成立时间的长短之间没有必然的联系，特别是一些小企业主掌握了一定市场渠道和技术，企业经过一定的初创阶段，发展速度非常快。有的被访者评估认为自己的企业经过 1 年以上已进入发展阶段，也有一些 10 年以上的企业发展稳定，员工和管理者却希望企业进行转型。总体来看，宁波消费性服务小企业成长空间还很大，自评认为需要转型的消费性服务小企

业只有 4.4%,自评认为企业处于发展阶段和稳定阶段占到七成以上(见图
7-5)。另外,我们发现小企业如果发展成为中型企业的平均周期大概为 10
年,而中型企业发展成为大型企业的平均周期大概为 10～15 年,当然这里
需要考虑的影响企业成长因素是很多的,需要下一步深入地进行研究。

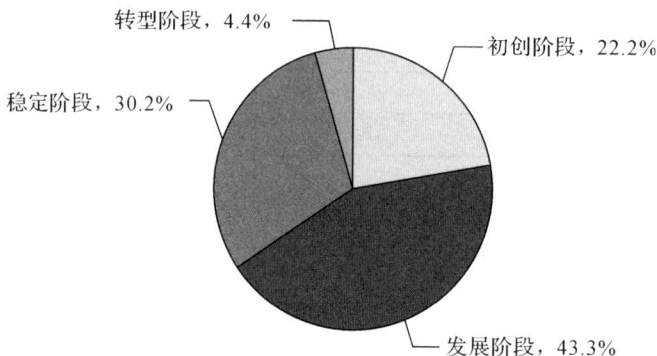

图 7-5 宁波消费性服务小企业所处成长阶段情况

数据来源:课题组调研所得。

五、宁波消费性服务小企业资源要素

由调研可知,对于 65.6% 的被调查企业来说,当前发展急需的资源是人
力资源和资金资源。宁波消费性服务小企业对资源要素的需求排在首位的
是资金资源,需求企业数量为 126 家;排在第二位的是人力资源,需求企业
数量为 112 家;排在第三位的是技术资源,需求企业数量为 50 家;排在第四
位的是政策支持,需求企业数量为 36 家;排在后两位的分别是土地资源 24
家和其他 15 家(见图 7-6)。需要注意的是,由于消费性服务业包含房地产
业、批发和零售业,这两个行业对于土地资源的需求量较大,需要一定的土
地储备以利于发展,因此这项资源还是非常重要的。

(一)人才需求

由调研可知,宁波消费性服务小企业最需要的人才是研发技术管理人
才和销售管理人才,需求量分别为 18.9% 和 18.7%;接着是市场管理人才,
需求为 14.1%;其后为中层管理人才,需求占到总量的 12.8%。这几类人
才占到企业人才需求总量的 64.5%。排在其后的分别是高层管理人才、生
产管理人才、人事行政管理人才、财务管理人才和其他,分别为 10%、8.3%、
7.8%、6.5%、1.3%。除此以外,有 1.5% 的企业表示以上人才资源都不难
招。见表 7-11 和图 7-7。

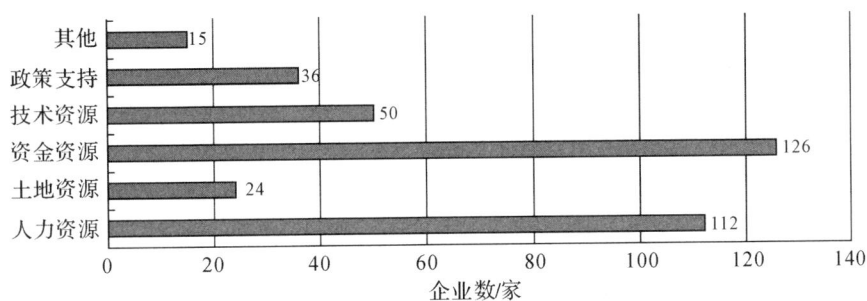

图 7-6　宁波消费性服务小企业资源需求情况

数据来源:课题组调研所得。

表 7-11　宁波消费性服务小企业分行业人才需求情况

人才类别	批发和零售业（家）	住宿和餐饮业（家）	房地产业（家）	居民服务和其他（家）	文化、体育、娱乐业（家）	小计（家）	比例（%）
高层管理人才	5	8	8	12	13	46	10.0
中层管理人才	12	13	8	17	9	59	12.8
研发、技术管理人才	16	16	11	17	27	87	18.9
生产管理人才	7	16	3	3	9	38	8.3
市场管理人才	22	8	10	6	19	65	14.1
销售管理人才	34	21	16	5	10	86	18.7
财务管理人才	6	6	7	5	6	30	6.5
人事行政管理人才	8	8	6	4	10	36	7.8
都不难	3	0	0	3	1	7	1.5
其他	2	2	1	0	1	6	1.3
合计	115	98	70	72	105	460	100

数据来源:课题组调研所得。

可以说,宁波经济的活力主要源自小企业。此外,小企业放宽了弱势群体就业的门槛,为很多女性和年龄较大的劳动者提供了全职和兼职工作机会。尽管很多小企业表示人力成本上涨限制了企业招人的热情,在人才流动已步入常态化的今天,特别是 80 后、90 后员工已成为企业主力的情况下,还是非常担心专业技术人才、市场管理人才、销售管理人才以及普通员工流失,并且由

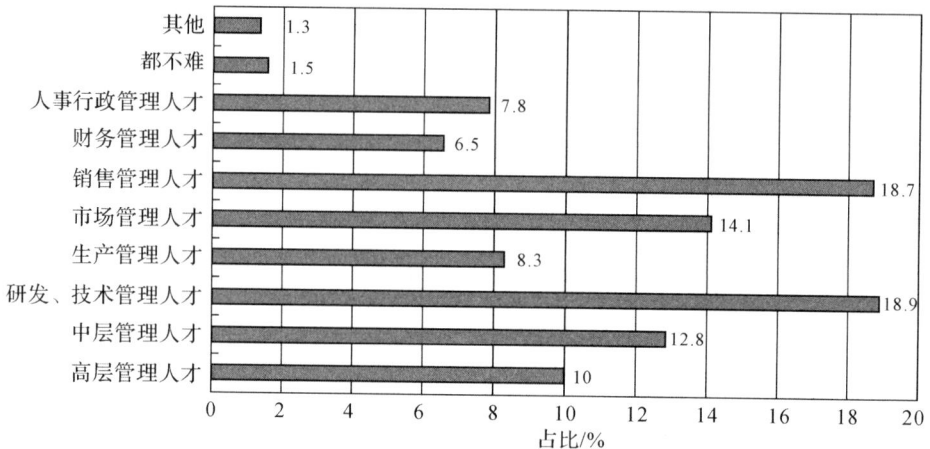

图 7-7　宁波消费性服务小企业分行业人才需求情况

数据来源:课题组调研所得。

于服务行业的特殊性,使得员工在工作过程中容易面对来自消费者的不理解和投诉,因此需要企业的管理者重视企业文化建设,形成留住人才的体制机制。

(二)资金需求

资金是宁波消费性服务小企业比较难获取的资源。从实地调查的情况来看,如图 7-8 所示,53%的消费性服务小企业表示存在资金获取的困难,有25%的消费性服务小企业表示偶尔存在资金获取困难,18%的消费性服务小企业表示资金充足,不存在缺乏资金资源的问题。总体上来说,宁波的消费性服务小企业资金获取困难情况还很严重,资金资源成为阻碍宁波消费性服务小企业成长的障碍之一。经过访谈,其资金获取困难的原因主要受制于行业的特点,往往消费性服务小企业是轻资产经营,在向商业银行贷款的过程中没有足够的抵押品申请贷款,或者需要的资金额度不能够得到满足,这限制了消费性服务小企业扩大经营规模。另外,消费性服务业中的融资大户——房地产业受制于国家政策,其主要融资渠道来自于银行之外的机构,因而在这方面的融资成本高于正常从银行获取资金的成本,这些企业觉得融资难就在情理之中了。

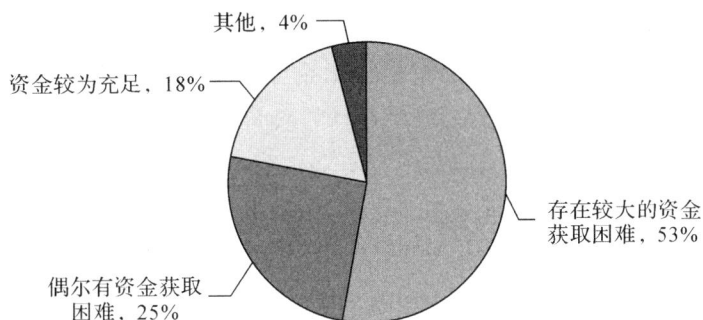

图 7-8　宁波消费性服务小企业资金获取调查情况

数据来源：课题组调研所得。

从资金来源的方式来看，43％的企业采用银行贷款方式借款，17％和14.5％的企业分别采用小额贷款公司贷款和向亲戚朋友借款，宁波消费性服务小企业偶尔也选择向供应商临时赊账这种借款方式，占比为10％；其他借款方式如民间借贷、网络贷款公司贷款，也是消费性服务小企业的借款渠道（见图 7-9）。

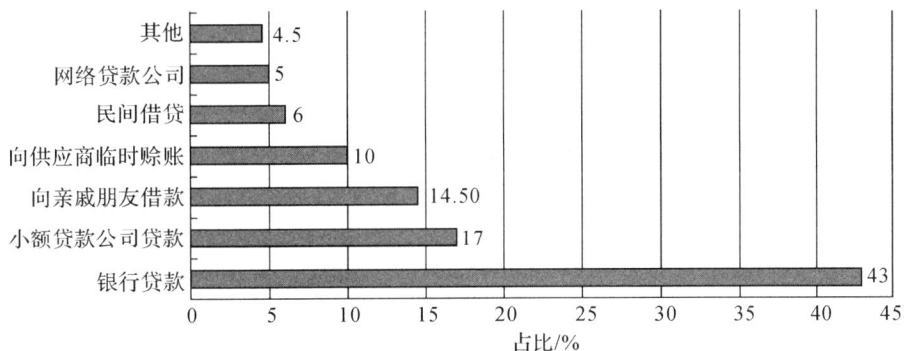

图 7-9　宁波消费性服务小企业借款方式选择

数据来源：课题组调研所得。

随着网贷、P2P、众筹等多种除传统的向银行借贷以外的形式的出现，给消费性服务小企业拓宽了融资的渠道，降低了融资的门槛，同时宁波市政府出台了一系列鼓励扶持发展小企业的政策措施，特别是这些政策中对于破解小企业融资难题有很多具体举措，这会在今后小企业的发展过程中起到推动作用。

(三)政策方面

对于政府在 2011 年出台的减轻小微企业税费负担的政策以及解决中小企业困难的其他相关政策,37％的企业认为对企业经营帮助较小,31％的企业认为帮助很大,28％的企业认为帮助较大,但也有 4％的企业认为没有帮助或者不好说(如图 7-10)。而对于政府的相关政策,小企业在访谈中普遍认为执行力度不够,效果不明显,只有少数觉得政策执行严格,效果很好。

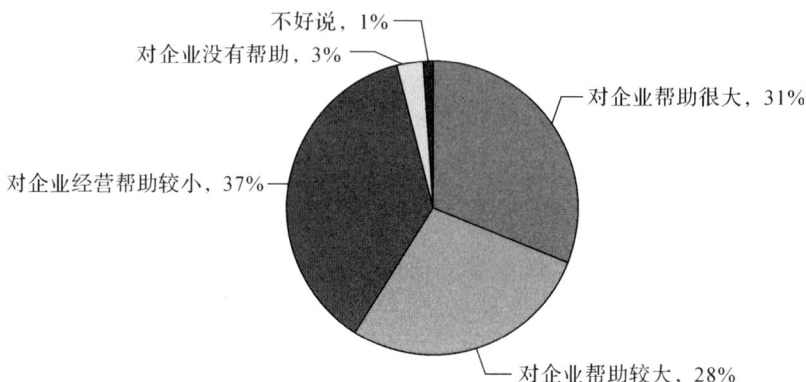

图 7-10 宁波消费性服务小企业对政策方面的感受

数据来源:课题组调研所得。

六、宁波消费性服务小企业技术创新

宁波小企业是技术创新的重要力量,发明创新数量占全市发明创新总数的 52％。宁波小企业不仅有很强的发明创造力,而且科技成果推出快,科技投资期也比大公司短 1/4 左右,小企业发展新技术、新产品效率高于大企业。

根据图 7-11,我们可以直观地看出,31％的被调查宁波市消费性服务小企业在过去的时期中创新领域主要集中在服务改进上,16％的消费性服务小企业主要关注对企业管理方法的改进,11％的消费性服务小企业注重流程改进,而 9％的企业在现有产品线基础上进行新产品的研发,另外 14％的企业关注新的产品线开发,也有 5％的企业没有任何创新,但总体上企业在各个方面都会进行一定的创新改进。

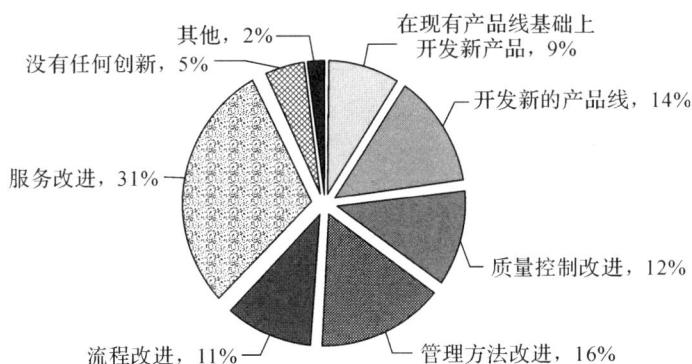

图 7-11　宁波消费性服务小企业创新领域情况
数据来源：课题组调研所得。

从数据方面看，企业的新产品或者服务开发数量较少，50％左右的企业在 2014 年新产品数量为 1～5 个，只有 17.5％的企业新产品数量达到 10 个以上。而企业在研发支出方面的投入相对较小，45.2％的企业研发支出不超过销售收入的 5％，37％的企业研发支出在销售收入的 6％～10％之间。同时，新产品为企业带来的收入在总体收入中所占比重也较小。

七、宁波消费性服务小企业管理水平

对于企业的经营状况，目前宁波消费性服务小企业应该说绝大多数处在比较好或者一般的状态，只有 4.8％的企业经营状况不理想，但经营良好的企业也不多。这些企业面临的管理问题主要表现在缺乏明确的企业发展战略和市场开拓薄弱方面，这两项占到被调查企业总数的 44％；其次为客户维护能力不强、运作效率不高，分别有 14％、13％；而技术研发落后、信息化程度不高、员工激励管理不佳、财务与成本需完善等问题分别为 9％、8％、8％、3％（见图 7-12）。

数据统计显示，39％的企业认为原材料价格上涨和工资成本提高对经营影响较大，另外 23％的企业则认为内部管理不善和无品牌或知名度影响更大，资金紧张或不足、缺乏合适人才、市场需求不足、盈利能力下降、缺乏核心技术和其他等方面的影响则相对较平均，分别为 8％、7％、6％、4％、2％和 1％（见图 7-13）。考虑到消费性服务业大多数属于劳动密集型行业，人力成本占到企业总成本的很大部分，特别是近年来工资年年攀升，因此工资成本的上涨对于企业盈利水平产生很大影响。而原材料成本则是呈现涨跌互现的局面，大宗商品价格 2015 年是持续下降的趋势，但用于餐饮业的食品

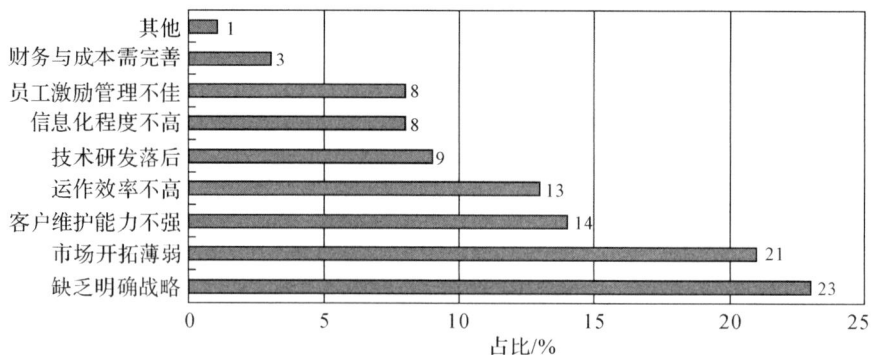

图 7-12 宁波消费性服务小企业管理行为分析

数据来源：课题组调研所得。

等原材料却是上涨的。如果加上企业内部管理不善，企业管理者缺乏管理能力则会使得小企业陷入困境。

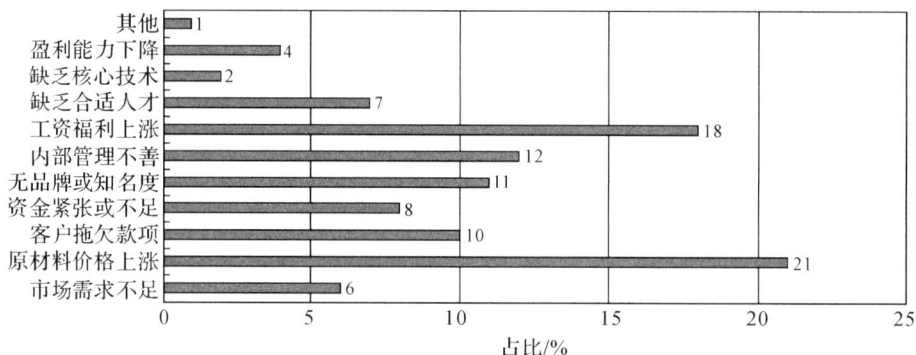

图 7-13 宁波消费性服务小企业盈利受到影响的因素

数据来源：课题组调研所得。

八、其他对营运产生影响的因素分析

从调研中，我们还发现消费性服务小企业非常注重新劳动法的出台给企业带来的影响，认为新劳动法中制定了最低工资标准对工资成本提高起到了一定的推动作用的有 157 人，占调研样本总数的 50.8%；认为新劳动法导致人才流动不易控制的有 116 人，占到 37.5%；其他的有 36 人，占 11.7%（见表 7-12、图 7-14）。

表 7-12　新劳动法对企业经营的影响

新劳动法对企业经营影响	工资成本提高	人才流动不易控制	其他
样本数(人)	157	116	36
比例(%)	50.8	37.5	11.7

数据来源:课题组调研所得。

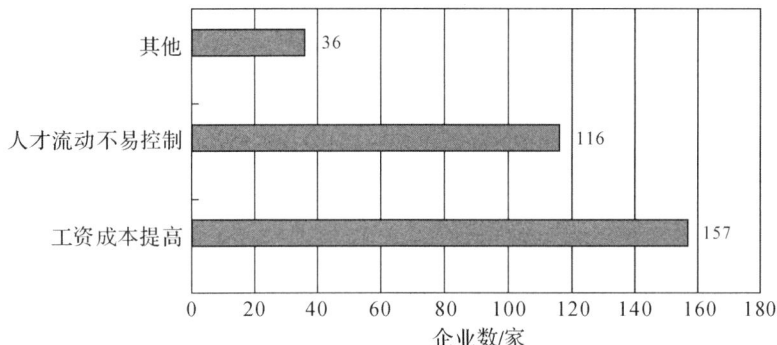

图 7-14　新劳动法对企业经营的影响

数据来源:课题组调研所得。

消费性服务小企业认为企业在环保节能过程中会提高成本的有 120 人,占调研样本数的 39%;而认为其办理有关手续较为复杂的有 64 人,占到 21%;认为环保节能设备价格昂贵的有 80 人,占 26%;其他有 42 人,占 13.7%(见表 7-13、图 7-15)。

表 7-13　环保节能对企业经营的影响

环保节能对企业经营的影响	成本提高	手续复杂	环保节能设施昂贵	其他
样本数(人)	120	64	80	42
比例(%)	39.2	20.9	26.1	13.7

数据来源:课题组调研所得。

在实际走访的过程中,很多小企业认为节能环保作为政府推出的一项限制性要求,对于一些企业会产生影响,如住宿和餐饮企业在创办的过程中就必须严格执行相关的规定,达到一些特殊的要求,避免在企业营运的过程中对社会、环境造成影响。如何减少节能环保措施对消费性服务小企业经营造成影响,这需要政府在制定政策时着力解决。

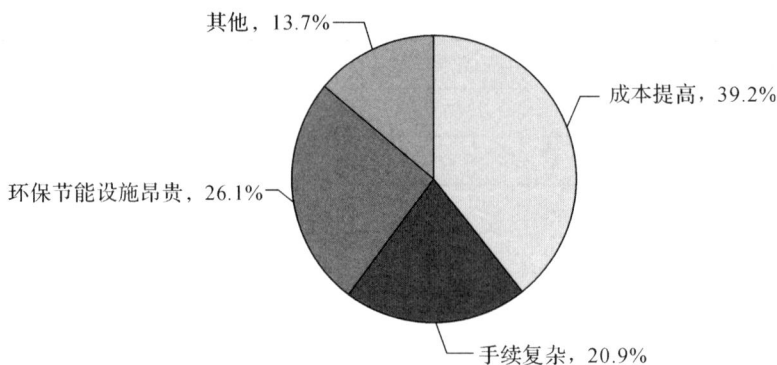

图 7-15   环保节能对企业经营的影响

数据来源：课题组调研所得。

由图 7-16 可以看出，社会上存在着针对小企业的诸如乱收费、乱罚款、乱检查、乱培训、乱评比、乱排名等各种问题，这些都对小企业的正常经营活动产生了不利影响，而这些又是企业经营者非常反感和担忧的，政府在工作中应杜绝和规范这些行为，从而营造更好的小企业生存环境。

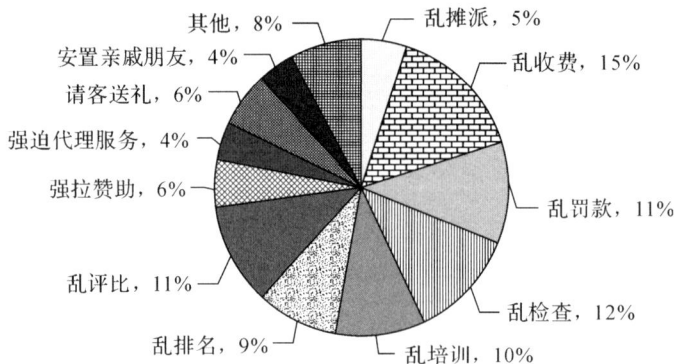

图 7-16   小企业承受的各种负担情况

数据来源：课题组调查所得。

第三节   宁波消费性服务小企业典型案例

一、案例概述：宁波市华禾商贸有限公司

宁波市华禾商贸有限公司成立于 2004 年，注册资本 160 万元，是一家

代理销售美的电器的商贸类小企业。该企业为宁波市美的电器的总代理，凭着美的的品牌优势结合企业主的良好经营手法，近年来该企业发展较为稳定。

每年的夏季以及年底为企业的销售旺季，特别是临近年终的时候，为配合各大商场的年末促销活动，需大量存货。这段时间，企业在业务运营过程中流动资金较为紧张，又由于近年经济形势的影响，资金回笼速度更加受到了影响，眼看着大笔订单接进来，却因为流动资金不足而无法及时备货。如交货时间多次拖延，将大大影响公司信誉，这对稳定及发展自己的客户群极为不利。绝不能在业务发展呈现良好势头的时候，被流动资金周转的问题拖了后腿。

企业想到了通过自有房产抵押，向银行进行流动资金融资。该公司先后与几家国有银行洽谈贷款业务，但都没有成功，主要是由于洽谈过程中遇到了两个问题。

第一，抵押额度未能达到企业的融资需求。由于一般情况下房产抵押贷款额度为评估价值的 7 折，这样企业实际能够得到的融资额度与其融资需求有一定差距，不能完全满足企业的融资缺口。

第二，企业需要的是短期的流动资金贷款，经营收入回笼较快，贷款的需求期较短，所以更适合短期内可以灵活周转的额度产品。如果贷款期限太长，一方面没有必要，另一方面利息费用也是一笔不小的开支，这对于一家并不是"财大气粗"的小企业来说也是一种负担。

在与多家银行洽谈未果后，企业主通过朋友介绍，得知宁波银行有专门针对小企业的一些融资产品，于是就找了宁波银行业务人员洽谈此笔贷款业务。之前与其他银行洽谈过程中存在的两个问题，通过宁波银行的贷易融和押余融两款产品的搭配就解决了。

最后经过洽谈，该企业以其自有房产抵押获取了贷易融授信额度 230 万元，并以抵押品剩余价值申请押余融 100 万元，这两个产品的配套使用满足了企业的融资需求，使企业走出了在销售旺季资金周转不灵的窘境，并为企业今后的业务发展提供了有力的资金保障。

二、经验做法

（一）完善宁波电子商务服务体系

为了更好地服务企业，营造良好的政策服务环境，促进"互联网＋"行动，2015 年 6 月底宁波市电子商务公共服务平台、宁波市电商监测统计系统、阿里巴巴宁波产业带、新版宁波同城购同时上线,长期困扰宁波电子商务的服务体系"短板"一下补齐。宁波市电子商务公共服务平台通过整合电商交易、技术服务、仓储配送、网络推广、代运营、教育培训及售后服务等资源,设有动态资讯、电商学院、人才信息、优质服务商、信用建设和我要创业五个功能板块,为工业品、农产品、生产资料等行业电商运营提供网络零售、网络批发和跨境电商等全方位服务。宁波市电商监测统计系统集数据采集、报送、分析和发布功能于一体,从源头上掌握宁波电子商务信息,实现统计信息资源共享。阿里巴巴宁波产业带聚合了宁波特色产业区域的好商好货,帮助淘宝卖家、批发企业采购原产地优质货源的同时,使生产企业营销成本降低,产品竞争力提升。宁波同城购则是城市O2O购物平台,着眼"同城"资源、物流等优势,展开差异化竞争,覆盖了餐饮美食、休闲娱乐、酒店旅游、生活服务等六大类宁波本土产品服务领域。但由于这些平台的建设还处于初始阶段,所以还需要磨合,企业熟悉这些平台尚需时日。

(二)金融支持小企业发展

针对小企业缺少抵押导致融资难问题,宁波本地商业银行如宁波银行、鄞州银行为区域内小企业客户提供快捷、专业、创新的金融产品。如鄞州银行推出的"鼎力贷",其中新推车易贷系列产品、工薪类系列产品、房易贷系列产品、随借随还业务,从"移动办公""客户评分放款机制""融资贷款无纸化""3G流动银行"等项目改善服务效率,截至2015年6月份,鄞州银行微小贷款业务已累计帮扶7498户小微客户,累计实现社会稳定再就业约6万人。而在钟公庙街道、集士港镇等地也先后推出"就业创业加油站""创业微管家"等形式多样的孵化平台,创业青年都能够享受小额担保贷款、启动资金补助、创业带动就业岗位补贴、创业者社保补贴等一系列帮扶政策。

为拓宽企业直接融资渠道,江北区制定了一系列政策,从税收优惠、资金奖励、政策扶持等方面入手,鼓励成长型企业到"新三板"和区域性场外交易挂牌融资。截至2015年6月,江北区已有4家企业在新三板挂牌,此外还储备了一批拟挂牌新三板的种子企业。

根据《中共中央关于全面深化改革若干重大问题的决定》《国务院办公厅关于政府向社会力量购买服务的指导意见》(国办发〔2013〕96号)和宁波市政府《关于政府向社会力量购买服务的实施意见》(甬政办发〔2015〕23号)精神,到2017年,在宁波全市范围建立起比较完善的政府购买服务制度,形成与宁波经济社会发展相适应的公共服务资源配置体系和供给体系,公共

服务水平和质量显著提升。这为社区服务企业提供了新的发展机遇。截至
2014 年年末,宁波 60 周岁及以上户籍老年人口 125.5 万,占户籍人口总数
的 21.5%,较上年增加 6.8 万,增幅 5.7%,是总人口增幅的 9.3 倍。随着宁
波人口老龄化程度持续加深,一对夫妻需要照顾 4 位老人的情况将会越来
越普遍,有关养老方面的问题将随着时间进一步出现在人们的面前。宁波
市政府出台了《关于进一步鼓励民间资本投资养老服务业的实施意见》,提
出了完善用地用房保障政策,加大财政扶持力度,完善养老机构定价政策,
加强人才队伍建设,促进医养融合发展等十九项措施。宁波全市养老床位
已有 41996 张,宁波 2015 年十大民生实事之一就与养老有关,明确提出新
增养老机构床位 4000 张,新建区域性居家养老服务中心 10 个以上,新(扩)
建城乡居家养老服务站 150 个。到 2016 年宁波达到千名老人拥有养老床
位 40 张,2020 年达到千名老人床位 50 张。如宁波市南门街道就引入第三
方宁波永乐养老服务有限公司作为中间平台,根据社区内老年人不同需求,
分别对外联系专业服务团队为老人提供服务。而郎官社区的家政服务、医
疗保健、老年食堂三项服务下面的 13 条子服务项目已由江北锦祥和家政服
务有限公司、解放军第 113 医院、鄞州久乐久餐饮配送有限公司分别对接,
并已有 200 名老人享受服务。智慧购物、旅游服务等其他 4 项服务将使社
区 75% 的老年人口约 1500 名老年人足不出社区即可专享缴费、网购、租赁、
配药等全套定制服务。

根据国家固定资产加速折旧优惠新政,宁波国税对在 2014 年 1 月 1 日
后购进固定资产的生物药品制造业、专用设备制造业、软件和信息技术服务
业等六大行业企业,采取加速折旧计税。为更好地减轻创业创新企业办税
负担,宁波国税加快行政审批速度,目前全市国税系统纳税服务即日办结事
项占全部涉税申请业务的近 80%,比最新"国标"高出 20 多个百分点。针对
高校毕业生、下岗失业人员、退役士兵等重点就业创业群体,宁波国税实施
税收优惠政策提示、跟踪服务,力争"减税红包"一个都不少。宁波国税局的
统计数据显示,2015 年 1—5 月,月销售额 3 万元以下的增值税小规模纳税
人免征增值税优惠政策,共惠及全市 36.36 万家小微企业和个体户,累计减
免税款近 4 亿元。

第四节　宁波消费性服务小企业存在的问题及对策

一、存在的问题

(一)部分政策落实还不能完全惠及小企业

随着国家、省、市、区针对小企业发展的各项政策的贯彻实施,宁波市小企业发展的环境有了很大改观,特别是服务行业,但仍然存在着部分政策落实不能完全到位的情况。在调研中,我们发现相当多的企业没有享受到任何的国家、省、市、区关于小企业发展的政策好处,这里存在着宣传不力、申请难度较大、统计指标体系不全、效益和效果评价指标不完善等情况,也存在企业税负、收费、摊派等负担过重等实际情况。

(二)生产经营面临较大的困难

受到 2014 年以来宏观经济面和国家经济结构调整等影响,以及来自小企业自身结构性、发展因素的制约,消费性服务小企业面临着诸多的生产经营困难:一是成本过高,如员工工资上涨、地价等生产资料价格上涨等;二是融资难的问题还远未得到有效解决,商业银行对于小企业的信用评估机制和系统还有待完善,特别是银行对于小企业的风险与收益的顾虑等因素,导致小企业直接融资的难度依然很大。

(三)产业转型升级推动力还很缺乏

创新能力和推动力不足是当前小企业急需突破的问题。[①] 从目前宁波小企业的状况来看,小企业对于创新的认识和投入明显是不够的,从事新兴服务业和知识型服务业的企业还需要推进,很多企业仍然对劳动密集型传统服务业情有独钟。这主要是基于小企业以民营经济为主体,多以家族化经营,现代企业制度尚不完善,抗风险能力不够,对于创新主动性不够,支撑创新的人、财、物等要素缺乏造成的。

---

① 俞哲:《大力提高中小微企业创新发展能力》,《企业管理》2012 年第 7 期,第 125—126 页。

二、发展对策

（一）思想重视，增强对小企业发展的政策扶持力度

2015 年 7 月 22 日，工业和信息化部新闻发言人、总工程师张峰认为我国需要以创业创新为重点，加快推进"互联网＋"小微企业。他更指出，需要"加强中小企业综合服务体系建设，完善中小企业公共服务平台网络，探索利用互联网金融缓解小微企业融资难的有效途径；继续实施中小企业信息化推进工程和两化融合能力提升行动，完善'创客中国'公共服务平台，建设一批智慧型小企业创业基地，打造创业创新生态"①。

为全面融入"一带一路"国家战略，结合宁波市"月光经济"发展战略，根据《浙江省人民政府关于进一步加快发展服务业的实施意见》（浙政发〔2008〕55 号）、《宁波市"十二五"服务业发展规划》、《宁波市政府关于进一步加快发展服务业的若干政策意见》（甬政发〔2011〕103 号）、《宁波市关于加快发展生产性服务业促进产业结构调整升级的实施意见》等文件精神，要切实贯彻落实这些文件对于促进服务业的具体措施。各级政府部门要摒弃长期以来"扶强精优"的思想观念，把服务的理念转移到"抓大扶小"的意识上来，要从全局战略的角度考虑消费性服务小企业发展的问题，将推动大中型企业转型升级同引导小企业创新发展有机结合起来，不断将工作重心下移。同时，因地制宜，进行分类指导，研究制定有利于小企业发展的政策措施推动小企业发展，营造良好的政策氛围，推动建立小企业发展的长效机制。

帮助小企业建立健全社会保障制度，实施小企业职工退休金计划。为员工提供广泛的失业、医疗等社会保险服务，减轻小企业的负担。通过建设产业园区和开发区等模式，为小企业提供基础设施和公共服务设施，在各个产业园区内，集中设立为小企业服务的商贸机构、技术指导中心和培训教育中心等第三方服务化的机构，形成协作配套的企业群体和为小企业服务的支撑体系。

特别针对小企业进行设备现代化改造和技术创新，政府可以给予企业免税或者减税的优惠，如对于小企业将部分利润进行技术研发投资的，可享受免税优惠，免税额相当于用于研究开发投资额的 30％，每个企业享受此项优惠总额不得超过 1000 万元以抵扣应交的税款，且不得享受与技术研发有

---

① 工信部着力五方面工作推进"互联网＋"战略行动，中国政府网，www.gov.cn，2015-07-22.

关的其他优惠。

发展网络咨询服务平台。小企业可以通过政府信息网站获得有关小企业创办、发展方面、数据库需要的相关资料。政府管理机构、金融部门和教育培训机构联合合作,可以通过定期出版的有关国内外市场信息的刊物,免费提供创新研究计划、科研成果转移计划以及企业产权交易方面的信息,帮助小企业开发新产品和进行技术攻关,构建中小企业孵化系统,建立一批高新技术企业孵化中心,并通过产业资本和政府专项资本扩大科研网络,推动高新技术产业化和市场化。

(二)转型升级,推进消费性服务新兴产业发展

以信息化为核心,推进消费性服务小企业在技术创新、组织流程创新以及服务模式创新等方面的投入和重视力度。加快培育以大数据、云制造、云计算为载体的消费性服务小企业新兴产业和业态。鼓励通过信息网络、物联网技术,构建专业服务体系,打造个性化、多样化消费性服务业体系。加快传统商贸业提升发展,大力发展特许经营、连锁经营、电子商务等新兴营销方式。推进完善农村商品流通品牌连锁和物流配送体系,推动扩大农村消费,引导农村消费升级。以创建长三角最佳休闲旅游目的地城市为目标,推进休闲旅游基地和商务会议基地建设;创新旅游产品,提升旅游公共服务功能,鼓励特色景区餐饮、休闲健康体育活动联动发展。

推进园区建设、人才培养和招商引资等工作。以梅山保税港区、宁波保税区、宁波空港保税物流中心为依托,进出口并重,培育贸易主体,大力推进跨境电子商务试点工作。加大推进甬南贸易物流区、空港国际物流园区和奉化宝能度假区等重点项目的建设进程。提升海曙电商园、江北电商园、鄞州电商创业矩阵(包括一舟跨境电商园、欧琳电子商务园、空港跨境电商园、九五九电子商务园、厚力网购智慧园区等)等电商园区建设,以及宁波南部商务区、经济技术开发区、软件与服务外包和江东服务外包产业园等四大示范园区集聚水平,促进特色服务外包产业发展,打造海曙、江北服务外包集聚区,支持余姚阳明 188 文化产业园、奉化新城创业园等服务外包园区建设。

推进商务中介服务业发展。鼓励商务中介服务业专业化、规模化、网络化发展,努力促进宁波会计税务、咨询、人力资源、认证认可、检验检疫、旅游中介等商务中介服务业发展,支持本地企业做大做强,积极引进国内外著名企业。

推进科技服务业加快发展。加快推进科技企业孵化器工作,为高成长企业做大做强提供资本、人才、市场等服务。积极发展科技金融服务,推动设立科技金融专营机构,鼓励科技金融业务创新,建设科技金融综合服务平台。积极发展科技咨询服务,开展知识产权、产业研究和科技动态等服务。

(三)着力优化服务环境,完善针对小企业的服务平台

深化"宁波中小企业网"等企业服务平台,创新小企业服务模式,完善小企业数据统计系统,做好跟踪服务和预警监测,及时破解小企业发展的瓶颈问题。加强小企业人才保障。在强化政策引导基础上,进一步突出服务小企业质量和层次,帮助小企业切实解决人才培训、引进等突出难题。加大服务业人才引进扶持力度,围绕全市战略布局和小企业需求,健全完善各项人才奖励实施细则,及时落实服务业人才扶持经费,使更多的服务业人才扎根宁波、建设宁波、服务宁波。

(四)创新融资手段,进一步落实小企业融资政策

2014年1月21日,宁波市出台了《宁波市政府办公厅关于促进小微企业转型升级为规模以上企业的实施意见》,在减轻税费负担、加大财政资金支持、强化融资服务、优化资源配置、加强公共服务等五方面出台了34条专门针对小微企业的扶持政策,政策含金量高,获得了企业的肯定,但需要进一步切实落实这些政策,使小企业享受到政策由点及面、由中心向周遭扩散的效应,不然很多的小企业依然存在不知道如何申请、不敢申请(怕刁难、条件过高等情况)和不清楚办理程序等问题。

2015年4月税务总局发布公告,进一步放宽金融企业涉农贷款和中小企业贷款损失税前扣除条件,将实施简易程序税前扣除限额由300万元提高到1000万元,进一步简化了税前扣除的证据材料,帮助化解金融企业信贷风险,缓解涉农企业和中小企业融资困难。[①] 针对宁波小企业现状,着力落实政策措施,缓解小企业融资难题。按照现行国际已形成的多种小企业融资渠道经验,充分发挥城市金融服务中心功能,大力支持商业银行创新开发针对中小微企业的融资产品。首先拓宽宁波小企业股权融资渠道,特别是做大产业投资基金和创业投资者投资规模,形成多层次资本市场体系,积极支持企业发行股票上市。其次是债权融资渠道,包括私人借款、商业银行

---

① 金融企业涉农贷款和中小企业贷款损失扣除条件放宽,国家税务总局,http://www.gov.cn/xinwen/2015-04/29/content_2854894.htm,2015-04-29.

贷款、财务公司贷款、典当贷款、贸易贷款、发行债券等。最后,需要做好其他融资渠道,包括继续积极发挥小贷公司作用,积极搭建银企合作平台,多方为融资需求较大的小企业提供金融服务和融资支持,包括中小投资机构、融资租赁、税收优惠、财政补贴、贷款援助等,通过这些措施有效破解小企业融资难题。

参考文献

[1] 刘方.我国中小企业发展状况与政策研究[J].当代经济管理,2014(2).

[2] 唐世超.中小企业品牌培育路径及初创、成长期培育战略研究[D].吉林大学,2014.

[3] 王国红,王景霞,邢蕊.面向集群中小企业的创新孵化网络发展路径研究[J].科技进步与对策,2014(11).

[4] 闫敏.企业系统演化复杂性与企业发展问题研究[D].吉林大学,2004.

[5] 余桂玲.国外企业发展理论探索[J].经济界,2009(4):47—50.

[6] 张紫东.中小企业发展理论评析[J].扬州大学税务学院学报,2008(2):73—76.

[7] 谢作渺,宗诚刚.中小企业生存和发展理论综述[J].生产力研究,2009(21):221—223.

[8] 张艳芳.中国企业发展能力的财务评价指标体系研究[D].湘潭大学,2010.

[9] 韩晓舟,孔杰.企业发展能力评价指标[A].中国会计学会高等工科院校分会.中国会计学会高等工科院校分会第十九届学术年会(2012)论文集[C].中国会计学会高等工科院校分会,2012.

[10] 吴湘媛.对中小企业发展能力评价指标体系的研究[D].湘潭大学,2011.

[11] 刘谷金.中小企业发展能力评价指标体系初探[J].湖南财政经济学院学报,2011(3):151—154.

[12] 何燕.企业发展能力分析与评价[D].西安建筑科技大学,2004.

[13] 邢文杰,张德超.欠发达地区小微企业发展能力评价指标体系研究[J].

人民论坛,2013(8):82—83.

[14] 宋运举.民营企业可持续发展能力评价体系研究[D].成都理工大学,2012.

[15] 马秋玲.企业可持续发展能力评价研究[D].西安建筑科技大学,2007.

[16] 张玉明,段升森.中小企业成长能力评价体系研究[J].科研管理,2012(7):98—105.

[17] 于新宇,张铁男,史竹青.创新型中小企业成长能力评价模型研究[J].现代管理科学,2010(5):30—32.

[18] 徐歆.中小企业成长性评价的研究[D].合肥工业大学,2009.

[19] 吕一博.中小企业成长的影响因素研究[D].大连理工大学,2008.

[20] 尹恒.中小企业成长能力研究[D].四川大学,2006.

[21] 臧慧.浙江省中小微企业国际竞争力提升研究[D].浙江大学,2014.

[22] 于水英.小微企业市场适应能力评价研究[D].东北石油大学,2014.

[23] 张楠楠.中小企业可持续发展能力综合评价研究[D].合肥工业大学,2010.

[24] 陈爱成.科学发展观与中小企业成长性评价指标选择[J].技术经济与管理研究,2013(6):72—76.

[25] 李江帆,毕斗斗.国外生产服务业研究述评[J].外国经济与管理,2004,26(11):16—19.

[26] [加]格鲁伯,沃克.服务业的增长:原因与影响[M].上海:上海三联书店,1993.

[27] Browning H. C. , Singelmann J. The Emergence of a Service Society: Demographic and Sociological Aspects of the Sectoral Transformation of the Labor Force in the USA [M]. Springfield, VA: National Technical Information Service, 1975.

[28] 耿莉萍.居民家庭服务消费的特征、制约因素与发展趋势分析[J].商业研究.2007(3).

[29] 程大中,陈宪.生产者服务业与消费者服务互动发展中的提升.载于周振华主编.现代服务业发展研究[M]. 上海:上海社会科学院出版社,2005.

[30] 何德旭,姚战琪,王朝阳.生产性服务业与消费性服务业:一个比较分析框架[J].何德旭主编.中国服务业发展报告 No.6:加快发展生产性服务业.北京:社会科学文献出版社,2008.

[31] 郭世英,王庆,李素兰.中国服务业结构优化升级问题分析[J].河北大

学学报（哲学社会科学版）,2010.3.

[32] 周超,孙华伟.基于消费性服务业的价值链分析[J].江苏商论,2007
(9):71—73.

[33] Miller. Retail Business Clusters in the UK—A First Assessment [R].
Trade and Industry Main Report,2001(10).

[34] Nachum,Marshallian Nodes. Global Networks and Firm Competitive-
ness [R]. University of Cambridge Working,1999:154.

[35] 杜海韬,邓翔.流动性约束和不确定性状态下的预防性储蓄研究——中
国城乡居民的消费特征分析[J].经济学(季刊),2005(1).

[36] 骆祚炎.城镇居民收入结构、收入初次分配格局与消费过度敏感
性——1985—2008 年的经验数据[J].财贸研究,2010(2).

[37] 马超,严汉平,李冀.影响我国内需增长的因素探讨[J].生产力研究,
2010(4).

[38] 胡霞.从需求角度对我国城市服务业发展差异的影响因素分析[J].岭
南学刊,2007(2).

[39] 刘建国.上海市消费服务业的变动趋势与政策选择[J].上海经济研究,
2007(10).

[40] 宁波统计信息网.宁波市现代服务业的界定与统计研究[DZ/OL].
http://www. nbstats. gov. cnreadread. aspx? id=26306. 2015-07-20.

[41] 陈秋玲,李怀勇,等.中国服务产业研究[M].北京:经济管理出版
社,2010.

[42] 宁波市服务业办综合处.2014 年宁波服务业发展情况及 2015 年展望
[J].宁波经济丛刊,2015(1):9—11.

[43] 钟春洋.技术创新视角下中小企业转型升级研究——基于宁波市中小
企业的调研数据分析[J].技术经济与管理研究,2015(4):77—81.

[44] 俞哲.大力提高中小微企业创新发展能力[J].中外企业家,2012(7):
125—126.

[45] 中国政府网.工信部着力五方面工作推进"互联网＋"战略行动[EB/
OL].中央政府门户网站 www. gov. cn. 2015-07-22.

[46] 国家税务总局.金融企业涉农贷款和中小企业贷款损失扣除条件放宽
[EB/OL]. http://www. gov. cn/xinwen/2015-04/29/content_2854894.
htm. 2015-04-29.

[47] 曹利军.循环经济系统分析:结构模式、运行机制与技术创新[J].生产

力研究,2008(20):11—14.

[48] 张大海. 盐城县域经济的发展模式及政策选择[D]. 西北农林科技大学,2005.

[49] 梁嘉骅,葛振忠,范建平. 企业生态与企业发展[J]. 管理科学学报,2002(2):34—40.

[50] 刘刚. 企业成长之谜——一个演化经济学的解释[J]. 南开经济研究,2003(5):9—14.

[51] 姚军,陈晓鸣.民营企业起步阶段融资难的成因分析及对策[J]. 金融纵横,2004(S1):15—17.

[52] 尹柳营,杨凯云. 培育企业核心竞争力的四层面模型及在家电业的应用研究[J]. 经济体制改革,2002(2):65—67.

[53] 储小平,李怀祖. 信任与家族企业的成长[J]. 管理世界,2003(6):98—104.

[54] 孔冬. 民营企业软环境供给创新的新制度经济学诠释[J]. 经济经纬,2005(4):98—100.

[55] 欧内斯特·戴尔.伟大的组织者[M]. 北京:中国社会科学出版社,1991.

[56] 陈佳贵,黄速建. 关于企业生命周期的探讨[J]. 中国工业经济丛刊,1998(2):2—9.

[57] 李业. 企业生命周期的修整模型及思考[J]. 南方经济,2000(2):47—50.

[58] 单文,韩福荣.三维空间企业生命周期模型[J]. 北京工业大学学报,2002(1):117—120.

[59] 尼尔·丘吉尔,弗吉尼亚·路易斯,刘元元. 小型企业成长的五个阶段[J]. 企业管理,1983(10).

[60] 罗伯特·A.巴隆,斯科特·A. 谢恩,创业管理——基于过程的观点[M]. 北京:机械工业出版社,2005.

[61] Larry E. Greiner. Evolution and Revolution as Organizations Grow[J]. Harvard Business Review,1972(7):41.

[62] Stiglitz J. E&Weiss,A. Credit Rationing in Markets with Imperfect Information[J]. American Economic Review,1981,71(3):393-410.

[63] 赵蕾,马丽斌.浅析中小企业如何进行市场战略抉择[J]. 中国商贸,2011(2):35-36.

[64] 郝同亮.浅谈中小企业战略管理缺失的现状、成因及对策[J].中国市场,2010(9):89—90.

[65] 孙会,吴价宝.中小企业人力资源管理人性化与规范化研究——基于员工心理契约动态分析的视角[J].财会通讯,2013(7):28-29.

[66] 陈雪玲.企业文化对企业竞争力的影响研究——基于波特五力模型[J].企业研究,2011(9):168.

[67] [英]E.F.舒马赫.小的是美好的[M].虞鸿钧,郑关林译.北京:商务印书馆,1984.

[68] David L. McKee. Growth, Development and the Service Economy in the Third World[M]. New York: Praeger Publishers In,1988.

[69] [美]阿尔温·托夫勒.第三次浪潮[M].朱志焱,潘琪,张焱,译.北京:生活读书新知三联书店,1983.

索　引

后　　记

　　本书系 2014 年度宁波市社会科学研究基地课题"宁波小企业发展现状调研(JD14XQ)"最终成果。该课题在宁波市小企业成长研究基地的精心组织下,由宁波工程学院经济与管理学院、社科部等老师组成研究团队,运用实地调研、专家咨询、会议研讨等多种形式开展研究。在课题组全体成员的精诚团结和共同努力下,研究任务顺利完成。

　　本课题在调研过程中得到宁波市经济和信息化委员会、宁波市人民政府发展研究中心、宁波市鄞州区商务局、宁波市食品工业协会、宁波市 8718 中小企业公共服务平台等的大力支持和协助。在课题研究过程中得到宁波市社会科学院林崇建副院长、俞建文秘书长、宋炳林副所长等的悉心帮助与指导。本书在写作过程中参考和借鉴了一些研究成果,多数在书中已经做出注释,有些在书中未及一一注释,在此一并表示衷心的感谢!

　　本书具体分工:唐新贵副教授负责研究方案、著作写作大纲的设计以及全书统稿;第一章,习蓉晖博士;第二章,曹泽洲副教授;第三章,郭瑜桥博士;第四章,谢行恒硕士;第五章,彭静副教授;第六章,张晓东副教授;第七章,郭跃教授。

作　　者

2016 年 1 月

图书在版编目(CIP)数据

宁波小企业发展现状研究 / 唐新贵等著.—杭州：
浙江大学出版社，2016.6
ISBN 978-7-308-16048-3

Ⅰ.①宁⋯　Ⅱ.①唐⋯　Ⅲ.①中小企业－经济发展－
研究－宁波市　Ⅳ.①F279.243

中国版本图书馆 CIP 数据核字(2016)第 158659 号

宁波小企业发展现状研究

唐新贵　等著

责任编辑	吴伟伟 weiweiwu@zju.edu.cn
责任校对	杨利军
封面设计	春天书装
出版发行	浙江大学出版社
	(杭州市天目山路 148 号　邮政编码 310007)
	(网址：http://www.zjupress.com)
排　　版	浙江时代出版服务有限公司
印　　刷	杭州日报报业集团盛元印务有限公司
开　　本	710mm×1000mm　1/16
印　　张	15
字　　数	257 千
版 印 次	2016 年 6 月第 1 版　2016 年 6 月第 1 次印刷
书　　号	ISBN 978-7-308-16048-3
定　　价	48.00 元

版权所有　翻印必究　　印装差错　负责调换

浙江大学出版社发行中心联系方式　(0571)88925591；http://zjdxcbs.tmall.com